TWENTYSIX – Der Self-Publishing-Verlag
Eine Kooperation zwischen der Verlagsgruppe Random House und
BoD – Books on Demand

© 2017 Rupsch, Wolfgang

Herstellung und Verlag:
BoD – Books on Demand, Norderstedt.

ISBN: 9783740732455

LEBEN UND AUFWACHSEN IN EINER INSTANT-GESELLSCHAFT

VORWORT

Bevor ich mit dem eigentlichen Buch beginne möchte ich mich herzlich bei allen Erstleser*innen bedanken: Ali Cengiz, Giovanna Cozzupoli, Rita Rupsch und Roland Rupsch. Außerdem danke ich auch allen, die indirekt an der Schaffung des Buches mitgewirkt haben, indem sie Stoff für Anekdoten und Beispiele geliefert haben, insbesondere meine Schüler*innen und Kolleg*innen in Hagen, sowie, in gewisser Hinsicht, allen Ausbilder*innen an der Universität Münster, die mich mit dem Grundwissen ausgestattet haben, um das Thema überhaupt in Angriff nehmen zu können.

Ihnen danke ich bei dieser Gelegenheit auch schon einmal dafür, dass Sie für dieses Buch Interesse zeigen, es sich vielleicht sogar schon gekauft haben. Wenn Sie noch unsicher sind, ob sich die Lektüre des Buches überhaupt lohnt, kann ich vielleicht einige kleine Hinweise auf die mögliche Eignung dieses Buches geben. Wenn Sie ungefähr in meinem Alter sind, könnte Sie der nostalgische Rückblick interessieren, den ich hier wage. Vielleicht haben Sie junge Kinder und fragen sich, was zwischen digitaler Kindertagesstätte und stetiger Verwünschung des Handys als Agent des Teufels ein unbeschadetes Aufwachsen Ihres Nachwuchses überhaupt möglich ist. Eine direkte und pauschale Antwort liefere ich nicht, aber möglicherweise enthält das Buch einige neue Perspektiven und Denkanstöße, um die Frage in einem ganz neuen Licht zu betrachten. Vielleicht wollen Sie aber auch einfach ein wenig über die Kuriositäten lachen, die meine Altersgruppe geprägt haben und die uns eigentlich verbieten, die heutige Jugend von einem hohen Podest aus zu beobachten. In jedem Fall wünsche ich Ihnen, dass Sie beim Lesen dieses Buches eine Menge Freude haben.

INHALT

Einstieg und Grundlagen	5-6
Kernfragen und Anliegen	6-9
Generationen, Zeitalter und Gesellschaften	9-14
mein Leben zwischen Golfern und Millennials	15-18
Füttere nicht die Trolle!	18-19
harmloser Spaß im Netz	19-22
Probleme aus dem Netz	23-24
Erziehung und Schule mit neuen Technologien	24-25
Aufstieg der Smartphones	25-28
angekommen in der Gegenwart	28-31
meine Hassfreundschaft mit dem Smartphone	32-34
Zwischenfazit	34
die Instant-Gesellschaft und die Medien	35-38
viel zu große Auswahl	39-41
Angst vor Redundanz	41-43
Kampf um Quoten	43-50
postfaktische Politik und Gesellschaft	50-59
neue Rolle der Informationsmedien	59-65
wie uns die digitale Wende beeinflusst	65-68
Erfolgsgeschichten und Peinlichkeiten	68-73
die digitalisierte Jugend	74-75
definierende Eigenschaften und Zuschreibungen	75-82
Weltbild und Eigenständigkeit	82-88
Biographie	88-96
Lebensstil	96-99
Eskapismus und Internetsucht	99-108
Überstimulation	108-114
Selbstdarstellung	114-122
Identitätssuche	122-128
Gender-Identitäten	128-132
Integration	132-141
Cyber-Mobbing	141-148
Wertewandel	148-155
Medienkompetenz	155-163
Elternhäuser in der Instant-Gesellschaft	163-164
körperliche Überlegenheit	164-165
geistige Überlegenheit	166-169
monetäre Gewalt	169-175

soziale Gewalt: Selbst- und Fremdwahrnehmung	175-182
Überforderung	182-187
Überbehütung	188-189
Autorität durch Vorbildfunktion	190-192
Lernen zwischen Handy und Anachronismus	193
Konzentrationsverlust und Lernschwierigkeiten	193-196
das harte Los, Lehrer zu sein	196-201
digitales Lernen als Segen und Fluch	201-203
Wissen und Wahrheit	203-207
Denkprozesse und Gedächtnis	207-214
Google und Wikipedia	214-217
digitale Medien in der Schule	217-220
Motivation und Transparenz	220-223
Erlebnisse und Erfahrungen	223-226
Vermischung von Leben und Lernen in der Institution	226-230
notwendige Konsequenzen	230-232
die Schwierigkeit, bestehende Systeme zu verändern	232-241
Ist Wandel überhaupt möglich?	241-243
Perspektiven für die Schule	243-251
Mini-Reformen im Unterricht	251-255
Brauchen wir ein neues Internet?	255-266
Was kann die Erziehung leisten?	266-270
Welche Entwicklung ist ersichtlich?	270-272

EINSTIEG UND GRUNDLAGEN

"Hallo. Mein Name ist Wolfgang, und ich bin ein Millennial." Mit diesem Satz stellte ich mich meinen Schülern[1] vor, als ich bei einer kurzen Recherche im Computerraum herausfand, dass auch ich noch zu der selben bemitleideten und gleichzeitig so ungeliebten Generation gehöre, wie meine lieben 13er. Netterweise haben mich die Schüler direkt mit den Worten "Hallo Wolfgang", zurück gegrüßt.

In diese Situation waren wir geraten, als wir uns für die Vorbereitung auf das Englisch-Abitur mit einem von Prof. Dr. Tomas Chamorro-Premuzic verfassten Artikel aus der britischen Tageszeitung "Guardian" befasst hatten[2]. Der Artikel trug den Titel "Are Millennials as bad as we think?" und enthielt eine eher unrühmliche Auflistung der verschiedenen Konflikte und Zwiespälte, mit denen die Generation, die man als Millennials bezeichnet, scheinbar aufwachsen. Außerdem war der Artikel in einem leicht reißerischen Ton geschrieben, was zum Unmut der Betroffenen beitrug. Zuvor hatte ich jedenfalls noch eben diesen Artikel mit der Klasse analysiert und diskutiert und mich insgeheim und mit einem gewissen Hohn selbst von dieser Kritik ausgenommen. Dann fragte eine Schülerin nach einer Definition des Begriffs "Millennial", und plötzlich saßen wir im selben Boot. Nach einer kurzen Pause, in der ich total bedröppelt vor dem Bildschirm saß und die Schüler ihr Grinsen nicht verbargen, schaute ich noch einmal schnell bei einer zuverlässigeren Quelle als Wikipedia nach und stellte immerhin fest, dass ich ja eigentlich am ganz späten Ende der Generation Golf bin und deshalb noch gar nicht zu den Millennials gehöre. Und die Golfer kämen ein wenig besser weg, versprach ich. Was die Schüler daraufhin auf der Projektionsfläche lesen konnten

---

[1] Schon an dieser Stelle möchte ich um Entschuldigung dafür bitten, dass ich die geschlechtliche Differenzierung in diesem Buch nicht durch eine der gängigen Methoden, wie das Gendersternchen oder das Symbol für "beiderlei Geschlechts" vornehme. Wenn es Sie tröstet: Ich habe das Gendersternchen beim Schreiben des Buches konsequent genutzt und habe es zugunsten des Redeflusses von Hand wieder entfernen müssen, was sehr viel Zeit in Anspruch nahm. In der Regel meine ich immer beide Geschlechter, und wenn nur eines gemeint ist, werde ich es ausreichend klar machen.

[2] https://www.theguardian.com/media-network/media-network-blog/2014/jan/24/millennials-generation-gap

überzeugte sie nicht wirklich, also musste ich mich am Ende dann doch geschlagen geben. "Sorry, aber Sie sind genauso kacke wie wir.", kam die wenig ermutigende Zusammenfassung.

Fairerweise muss man erwähnen, dass Chamorro-Premuzic auch eine gewisse Teilschuld bei der Elterngeneration und den Institutionen, sowie den neuen Medien sieht und den Millennials auch einige positive Fähigkeiten zurechnet. Aber insgesamt zeichnet sich das gleiche betrübliche Bild ab, das von einer sehr langen Reihe an kritischen und allgemein negativ-problematisierenden Beschreibungen der Jugend getragen wird, die in vielfältiger Weise online und offline in Büchern, Blogs, Reportagen und Fernsehsendungen publiziert und nur von sehr wenigen Gegenreden, dann meist von der betroffenen Generation selbst, kontrastiert wird. Und die immer wieder benannten Probleme spiegeln sehr deutlich die Debatten wieder, denen ich bei Diskussionen im Lehrerkollegium, auf Fortbildungen und Lehrertagungen beiwohnen konnte.

<u>Kernfragen und Anliegen</u>

"Die Schüler ändern sich. Alles ändert sich." Als ich über den Flur ging, traf ich auf zwei Kollegen, die wohl ein längeres Gespräch abgeschlossen hatten, und einer von ihnen sprach nach einer längeren Pause mit nachdenklicher Stimme diese Worte. Mit diesem Spruch fasste er sehr gezielt die vielen Debatten zusammen, die sich zuvor in unserem Kollegium über die Lebenswelten der Schüler und die Auswirkungen auf ihr Lernverhalten ereignet hatten. Es war ein hervorragendes Fazit, aber auch ein Anlass für mich, mir die Frage zu stellen, ob die Schüler wirklich anders geworden sind, und wenn ja, warum. Und wie können wir damit umgehen?

Als frisch gebackener Inhaber eines zweiten Staatsexamens hatte ich die außergewöhnliche Freude, erst einmal quer durch das Ruhrgebiet zu tingeln und Vertretungsstellen zu besetzen, bis ich meine Schule gefunden hatte. Dadurch konnte ich wenigstens einen Einblick in eine Reihe von Schulen erhalten und in einigen Lehrerzimmern Mäuschen spielen, wo sich die Veteranen über ihre Wahrnehmungen zu der Entwicklung der Schülerschaft austauschten. In einfachen persönlichen Gesprächen kam schon einmal der Ausdruck "... und in jedem Jahr wird es schlimmer", vor, aber die fachlichen und offiziellen Besprechungen in Schulkonferenzen waren trotz ihrer inhaltlichen Kongruenz etwas gemäßigter. Die waren aber rar, weil es der Stundenplan und das teils gewaltige Kollegium, sowie die Organisationsstrukturen oft nicht hergeben. Dafür hat man dann Fachtagungen, Teilkonferenzen und Fortbildungen. An meiner kleinen Waldorfschule trifft man sich dagegen an fast jedem Donnerstag für zweieinhalb Stunden mit der ganzen Besatzung und bespricht Themen des Schulalltags. Das habe ich zu schätzen gelernt, weil ich in den letzten acht Jahren meiner Lehrtätigkeit auch manchmal mit Situationen konfrontiert worden bin, die mich nachdenklich gemacht haben. Außerdem werden Kollegen vertrauensseliger, wenn man ein echter Lehrer und keine Aushilfe mehr ist, also habe ich auch so einige Beschwerden und Grübeleien angetragen bekommen.

Die Konferenzen helfen, zu sortieren, und im Verlauf des Schuljahres haben wir mehrere Sitzungen gehabt, die in regelrechte Selbsthilfegruppen ausgeartet sind. Dabei gab es auch zahlreiche interessante Vorträge von Kollegen und Hinweise auf Literatur und Maßnahmen von anderen Schulen. Der Tenor war aber insgesamt recht klar: Es herrscht eine große Besorgnis um die Unterrichtbarkeit der Schüler und deren Befinden im Rahmen der Schule. Berichtet wurde über Verschleißerscheinungen in Form von Schulangst und Burnout schon in jungen Jahren, vor dem wir uns an unserer K-13 Schule (einer Schule, an der die Schüler vom ersten bis zum dreizehnten Schuljahr verweilen) eigentlich sicher gefühlt hatten. Gleichzeitig kamen oft auch Fälle auf, in denen Schüler schon im achten Schuljahr das Gefühl bekamen, alles gelernt zu haben, was sie im Leben gebrauchen können. Für den Rest würden sie sich nicht mehr interessieren oder könnten alles, was sie sonst gebrauchen könnten, viel schneller selbst lernen, statt die Schulbank zu drücken. Aus diesem oder ähnlichen Hintergründen würden manche Schüler die Schule schwänzen oder sich so sehr im Unterricht langweilen, dass sie diesen eigentlich nur noch mit Unsinn verbrächten. Andere Schüler in den oberen Klassen hätten ihren Lernfortschritt gar nicht mehr im Auge. Es wirke geradezu so, als würden sie im Gottvertrauen, dass sie irgendwie schon bestehen würden, die letzten Schuljahre einfach absitzen, während sie Übungsmöglichkeiten wie Hausarbeiten und

Schreibaufgaben nur noch sporadisch erledigten. Das Fach Mathematik, bei dem das Schicksal scheinbar seit jeher für jedes Kind eine Münze wirft, um zu entscheiden, ob es das Fach gut oder gar nicht bewältigt, scheint diese Münze auf der einen Seite verbogen zu haben. Logische Verknüpfungen zwischen den zahllosen Einzelteilen, die das Grundregelwerk der Schul-Mathematik ausmachen, könnten gar nicht mehr hergestellt werden. Gemein ausgedrückt würde den Schülern das logische Denkvermögen abhanden kommen.

In den Konferenzen wurde darüber beraten, wie der eindeutig nicht wünschenswerten Entwicklung entgegen gewirkt werden könnte, aber es wurde auch Ursachenforschung betrieben, um einen Ansatzpunkt zu finden. Dadurch bewegte sich die Diskussion immer wieder auf den Hauptschuldigen zu, den ein Großteil des Kollegiums zum Bösewicht auserkoren hatte: Den Lebenswandel der Schüler, bei dem neben einer Priorisierung von Parties und sonstiger Freizeitgestaltung auch das Internet und sein allgegenwärtiger Agent, das Handy, eine gewaltige Rolle spielen. Fairerweise sei hier angemerkt, dass kleinere Arbeitskreise dann doch noch einmal einen genaueren Blick auf die Schule geworfen haben, statt sich in der Hoffnung, das Problem durch ein einfaches Stellschräubchen zu lösen, vehement für eine Durchsetzung des Handyverbots einzusetzen.

Warum schreibe ich also dieses Buch? In meinem Studium der Erziehungswissenschaft und der artverwandten Disziplinen an der Westfälischen Wilhelms-Universität in Münster wurde ich oft mit dem Thema des Aufwachsens in einer digitalisierten Gesellschaft konfrontiert. Die Befunde und Kommentare, die ich vorgetragen bekam oder lesen konnte, stellten vielseitig dar, wie die Vertreter der Sozialwissenschaft und dadurch die älteren Generationen die Auswirkungen der neuen Medien auf Kinder und Jugendliche wahrnehmen. Nun, da ich inzwischen seit acht Jahren selbst als Lehrer tätig bin und mit Kindern und Jugendlichen arbeite, habe ich in zahllosen Gesprächen viele Eindrücke erhalten und die andere Seite dieser Geschichte geschildert bekommen. Alle diese Eindrücke möchte ich in erster Linie für mich sortieren. Dass ich mich für Belletristik entschieden habe, statt ein wissenschaftliches Sachbuch zu schreiben, hat seine Grundlage darin, dass ich mir meiner Limitationen sehr bewusst bin und mir nicht anmaßen kann, die

Wahrheit über alles zu wissen, was dieses Thema betrifft. Außerdem ermöglicht mir das Genre eine Wortwahl, die mir wesentlich mehr liegt, als staubtrockene Formulierungen, die zwar eine Kunstform für sich sind, die ich aber als sehr ermüdend empfinde. Wie dem auch sei: Meine Expertise dauert, wie geschrieben, bislang acht Jahre. Mein Studium habe ich an einer renommierten Universität absolviert, aber auch da bin ich nur einem kleinen Ausschnitt der gesammelten wissenschaftlichen Befunde ausgesetzt worden und bin selbst kein Forscher, der sich auf dieses Feld spezialisiert hat. Außerdem bin ich Lehrer in Nordrhein-Westfalen. Was ich lernen und beobachten konnte und kann beschränkt sich daher auf eine sehr ausgewählte Gruppe von Jugendlichen in einem geographisch und kulturell sehr eingeschränkten Feld. Dennoch habe ich nicht vor, frei von der Leber zu schreiben und lediglich meine persönliche Meinung und Interpretationen zu präsentieren. Statt dessen werde ich mich möglichst auf die Verfügbare Fachliteratur und ausgiebige Recherchen stützen. Die Quellen werde ich am Rand vermerken, und wenn es weitere Literatur oder erläuternde Anmerkungen gibt, werde ich sie ebenfalls einfügen.

Im Folgenden möchte ich also nun der Frage nachgehen, ob die als Millennials bezeichnete Generation ihrem scheinbar schlechten Ruf gerecht wird, ob sie wirklich so anders ist, als alle ihre Vorgänger und welche Rollen insbesondere der technologische Fortschritt und der Umgang der Elterngeneration damit spielen.

<u>Generationen, Zeitalter und Gesellschaften</u>

Auch wenn ich auf die zugeschriebenen Besonderheiten der Millennials später noch einmal genauer eingehen will, möchte ich an dieser Stelle zunächst einmal ein wenig Aufklärung über den Generationsbegriff an sich betreiben. Wenn Sie mit dem Terminus vertraut sind wird das jetzt leider ein wenig müßig, und sofern Sie nicht schon beim Lesen des ersten Abschnittes Google bemüht haben, schreibe ich an dieser Stelle auf, was das alles zu bedeuten hat. Bei dem Generationsbegriff, so wie er hier verwendet wird, geht es um einen soziologischen, also gesellschaftswissenschaftlichen Fachbegriff. Der Sozialwissenschaftler Karl Mannheim führte den

Generationenbegriff im frühen 20. Jahrhundert in die Soziologie ein und legte dadurch das Fundament für die entsprechenden verallgemeinernden Beobachtungen. Es handelt sich um eine mehr oder weniger pauschale Einteilung von Altersgruppen, die bestimmte weltpolitische, technologische oder gesellschaftliche Entwicklungen durchlebt haben und dadurch eine gewisse Mentalität, Überzeugungen und Lebensweisen miteinander gemein haben.

Die Einteilung nenne ich pauschal, weil konstant in Schritten von 15 Jahren vorgegangen wird. Das macht aber auch sehr viel Sinn, weil ansonsten auf zahllosen Ebenen ebenso zahllose unterschiedliche Generationen ausgemacht werden müssten. Es müsste jeweils einen eigenen Generationsbegriff für jede Kultur, jeden politischen Raum, jeden historischen oder technologischen Umbruch geben und so weiter. Das wäre unheimlich kompliziert und wenig praktikabel. Tatsächlich schwirren momentan immer mehr Begriffe durch die Gegend, bei denen Wissenschaftler und nicht-Wissenschaftler versuchen, einer beobachteten Gruppe für ihre besondere Situation einen passenden Namen zu verpassen. Das Intervall von jeweils 15 Jahren hat bislang jedenfalls ganz gut für die Gesellschaften des westlichen Kulturkreises funktioniert, weil es einfach und überschaubar ist.

Es gibt trotzdem gewisse kulturelle Unterschiede auch innerhalb dieses eng gesteckten Rahmens. Wenn Sie Begriffe lesen, wie Generation X, Y oder Z, Baby-Boomer, 68er oder Generation Praktikum, sind das zusätzliche Einteilungen oder Benennungen, die parallel zu dem einheitlicheren soziologischen Begriff bestehen und bestimmte als sehr prägend empfundene Umstände betreffen. Ich beschränke mich, um das Buch lesbar zu halten, auf die zwei Generationen, die sich im Sprachgebrauch innerhalb von Deutschland bislang durchgesetzt haben. Wie erwähnt gehe ich jetzt erst einmal auf die Generation ein, an deren späten Ende ich geboren bin, während sich der wesentliche Teil des Buches mit der Generation befasst, die als Millennials bezeichnet werden[3].

Dem Autoren Florian Illies ist es zu verdanken, dass die so genannte

---

3 Entsprechend der Strauss-Howe-Generationentheorie sind Millennials diejenigen, die zwischen 1982 und 2004 geboren sind. Die beiden Herren sind auch die Schöpfer der Bezeichnung.

"Generation Golf"[4] durch sein gleichnamiges Buch neben einem chicen Spitznamen auch eine Definition ihres Lebensgefühls und ihres generellen Charakters erhalten hat. Achten Sie darauf, dass der Begriff wesentlich für Deutschland gültig ist. Eine ähnliche Definition, die auf eine ähnliche Altersgruppe bezogen war (geboren von 1965-1980), aber vor dem Hintergrund des Zeitgeists Nordamerika betrachtet wurde, nahm der Kanadier Douglas Coupland vor. Er prägte die ebenfalls oft aufzufindende Bezeichnung "Generation X" in seinem ebenfalls gleichnamigen Buch. Er griff diese schnippisch gemeinte Bezeichnung seiner Zeit anders als Illies in einem Roman auf, statt ein Sachbuch zu verfassen[5].

Es lohnt sich natürlich, Illies' Buch zu lesen, und wer es schon kennt, den will ich nicht langweilen. Daher will ich nur die Kurzform bemühen. Generation Golf, das sind diejenigen Deutschen, die in relativem Frieden aufgewachsen sind und sich durch die wirtschaftliche und politische Sicherheit weitestgehend frei entfalten konnten. Sie konnten die Früchte des Wirtschafts-Booms ernten, den ihre Vorgänger erarbeitet hatten, ohne die moralischen Konsequenzen zu tragen, und erscheinen im Großen und Ganzen als egoistisch, hedonistisch, unpolitisch und konsumorientiert. Insgesamt keine besondere Auszeichnung. Immerhin bleibt, dass die Generation Golf laut Illies auch ein besonderes Selbstbewusstsein auszeichnet, mit dem sie ihr Leben selbstbestimmt hat gestalten können. Außerdem gab es für die Generation nur wenige wirkliche Prüfsteine, an denen sie sich hätte beweisen können, auch wenn das ein ziemliches Luxusproblem gewesen sein dürfte.

Insgesamt kann ich mich als 1984er zwischen späten Golfern und frühen Millennials, was die allgemeinen Zuschreibungen angeht, nur zwischen Pest und Cholera entscheiden, wie es aussieht. Naja, gnädigerweise erwähnen die meisten Autoren zumindest am Rande, dass man eine Generation nicht so einfach über einen Kamm scheren kann und dass es Ausnahmen gibt.

Als Grundlage dieses Buches ist es auch notwendig, einen Blick auf zwei weitere Labels zu werfen, die die Soziologie und andere

---

4 Illies, F. Generation Golf. Frankfurt am Main, Fischer, 2001.
5 Coupland, D. Generation X. Aufbau, 1994.

Wissenschaften oder auch einfach populäre Publikationen in die Welt gerufen haben. Während ich bei den verschiedenen Gesprächen, die ich geführt habe, erstaunt war, dass die verschiedenen Generationsbegriffe kaum jemandem wirklich bekannt sind (und ich musste ja auch ein wenig recherchieren, um die genauen Differenzierungen vornehmen zu können), dürften die Gesellschafts- und Zeitalterbegriffe weniger problematisch sein, weil sie überall in unserem Alltag herumschwirren.

Autoren aus allen möglichen Disziplinen haben in den vergangenen Jahrzehnten Namen herausgearbeitet, um den jeweiligen Zeitgeist in einer geeigneten Form einzufangen. Eine große Kategorie ist die Benennung der Epochen oder Zeitalter. Hier geht es eigentlich immer um die Frage, was unsere Zeit am Meisten prägt, und ist teilweise hochgradig subjektiv oder an das jeweilige Thema gebunden. Informationszeitalter, digitales Zeitalter, Kommunikationszeitalter und andere Begriffe wurden schon für die verschiedenen Prägungen verwendet und sind im Kern sehr neutrale Bezeichnungen. Sie bauen alle auf einem die Welt verändernden Ereignis, einem Durchbruch, einem epochalen Ereignis oder einer graduellen Entwicklung auf, die erst durch die wachen Augen der jeweiligen Personen zutage gebracht wurden.

Ein Nebenprodukt dieser Zeitalter ist immer auch die Gesellschaft, die aus ihr hervor geht. Und die Namen dieser Gesellschaften sind eher selten von Enthusiasmus geprägt. Hier zeigt sich ein ähnlich kritisches Bild, wie bei den Generationen nach den Baby-Boomern und Gen-X-ern, die sich auf den Lorbeeren ihrer Vorgänger ausgeruht haben, ohne viel Eigenes zu schaffen. Oft wird zum Beispiel gewarnt vor einer Konsum-, Überfluss-, oder Wegwerfgesellschaft. Die Begriffe sind auch heute noch allgegenwärtig, und obwohl es schon seit dem Beginn der Industrialisierung Naturschutzbewegungen gegeben hat, ist die ganze Bewegung in den 70er und 80er Jahren noch einmal besonders stark aufgeblüht. Dies schuf eine völlig neue Art der Aufmerksamkeit für unsere Umwelt. Plötzlich war es gar nicht mehr okay, Atommüll einfach stumpf in den Ärmelkanal zu werfen, und auch mit der Endlagerung in einem Hochsicherheits-Salzstollen war man irgendwie nicht zufrieden. Plastik war plötzlich gefährlich wie Blei, und Recycling und Mülltrennung wurden zu Dingen, an die man sich zwangsweise gewöhnen musste.

Wenn zwischendurch von einer Industriegesellschaft gesprochen wird, kann man ein wenig aufatmen, bevor man dann zum Beispiel Ulrich Beck begegnet, der wiederum vor einer Risikogesellschaft gewarnt hat und in seinem gleichnamigen Buch eine zeitgenössische Einschätzung der wirtschaftlichen und gesellschaftlichen Entwicklungen präsentiert, auch wenn das Buch inzwischen ein wenig in die Jahre gekommen ist und eher als historische Referenz interessant ist[6].

So sehr es sich auch um eine Verkürzung einer Gesamtbetrachtung eines gesellschaftlichen Zustands handelt sind diese Label sehr praktisch zur Orientierung. Für meine eigene Bestandsaufnahme habe ich mich für den Begriff "Instant-Gesellschaft" entschieden. Ironischerweise ergab eine kurze Recherche im Internet bereits, dass dieser Ausdruck, an den ich dachte, schon von zahlreichen anderen Sprechern und Autoren genutzt worden ist, also kann ich ihn mir leider nicht ans Revers heften. Überhaupt baut ein substantieller Teil meiner Ausführungen in diesem Buch auf angelesenem Fachwissen auf, das ich wesentlich mit eigenen Erfahrungen und Reflexionen ergänze. Die bisherigen Advokaten der "Instant-Gesellschaft" nutzen den Begriff sehr unterschiedlich. Der US-amerikanische Pastor Greg Laurie erläuterte sogar in einem Vortrag unter Verwendung genau der Begriffe, die ich im ersten Entwurf für die Spitzmarke vorgesehen hatte, wie die Gesellschaft immer mehr durch das Bedürfnis geprägt ist, alles sofort und möglichst ohne eigenes Schweißvergießen zu bekommen und besonders offen für Stimmen zu sein, die eine schnelle und einfache Lösung für alltägliche und sogar weltbewegende Probleme versprechen[7]. Dies sei auch ein spirituelles Problem. Laurie ist bei der Darstellung der Problematik sehr humorvoll und selbstreflektiert, ähnlich wie der ebenfalls US-amerikanische Journalist und Schriftsteller Bill Bryson, der in seinem Buch "Streiflichter aus Amerika" über seine Erfahrungen mit Garagentoren

---

6 Beck, U. Politik in der Risikogesellschaft. Frankfurt am Main, Suhrkamp, 1988.
7 hier ein Ausschnitt eines Vortrags: https://www.youtube.com/watch?v=S6ntRMULjkE Es gibt noch zahlreiche weitere Artikel und Internetseiten, auf denen der Begriff verwendet wird, aber ich beziehe mich auf Laurie, da sein Vortrag die früheste für mich zurückverfolgbare Erwähnung enthält.

berichtet und feststellt, dass unsere Gesellschaft, oder zumindest die US-Amerikanische, begeistert von der Idee ist, die modernen Technologien alle Dinge des Alltags erledigen und vereinfachen zu lassen, wobei sie oft eher genau das Gegenteil tun[8]. Allein für die Erzählung über Garagentorheber sollte man das Buch mal gelesen haben. Diese beiden Beispiele werden durch eine ganze Reihe von Kabarettisten und Autoren ergänzt, die diese Entwicklung mit Kritik, Spott oder Sorge betrachten und damit den Begriff überformen.

Die "Instant-Gesellschaft", wie sie von mir bearbeitet wird, hat zunächst zwar auch einen negativen Beigeschmack, aber diesem geht eine positive Prämisse voraus. Als direkter Begleiter der Konsumgesellschaft leidet sie zwar unter dem Problem der Behäbigkeit und mangelnden Umsicht, ist aber gleichzeitig mit der Fähigkeit gesegnet, produktive, intellektuelle und soziale Aspekte des eigenen Lebens ohne große Mühe zu bewältigen. Ihr Problem ist, dass sie noch nicht gelernt hat, das dadurch gegebene riesige Potential effizient oder intelligent zu ihrem eigenen Vorteil zu nutzen. Einen wesentlichen Beitrag zur Entstehung dieser Gesellschaft hat die digitale Wende geleistet[9]. Diese bezeichnet einen Prozess, der in den 70ern startete und durch den der technologische Fortschritt mit immer schnelleren Computersystemen und deren Kommerzialisierung in die Gesellschaft integriert wurde und das Leben nachhaltig veränderte.

Zwar bin ich nicht am Anfangspunkt der digitalen Wende geboren, bin aber in einem wesentlichen Teil ihrer Blütezeit aufgewachsen. Dies werde ich im folgenden Abschnitt gewissermaßen als Zeitzeugenbericht darstellen. Es muss aber erwähnt werden, dass auch hier einige Verzerrungen existieren. Manche Technologien waren lange verfügbar, bevor sie in Deutschland eingeführt oder alltäglich wurden, und mein Heimatstädtchen war bei der Einführung und Nutzung neuer Medien sicherlich genauso wenig ein Pionier wie meine eigene Familie.

---

8   Bryson, B. Streiflichter aus Amerika. Goldmann, 2002.
9   Eigentlich heißt der Begriff "digitale Revolution", aber da ich keinen Anlass sehe, diesen geradezu kämpferischen Begriff zu nutzen, verbleibe ich lieber bei dem Ersatzwort "Wende". Bitte verzeihen Sie mir also die absichtliche Ungenauigkeit.

MEIN LEBEN ZWISCHEN GOLFERN UND MILLENNIALS

Bei der Vorbereitung dieses Kapitels fiel mir auf, wie unheimlich schwierig es ist, sich an meine Kindheit und Jugend zu erinnern. An sich ist mein Gedächtnis sehr gut, aber tatsächlich oder rein nach meinem Gefühl hat sich mein alltägliches Lebensumfeld so deutlich verändert, dass es aus der heutigen Sicht fast nicht mehr nachvollziehbar ist. Und ein wenig kann ich es verstehen, wenn mich Schüler ungläubig anstarren, wenn ich ihnen davon erzähle, dass wir die ganzen digitalen Annehmlichkeiten, die heute so selbstverständlich und teils unentbehrlich sind, weder hatten, noch vermissten. Es ist im wörtlichen Sinne für heutige Jugendliche schon gar nicht mehr vorstellbar, wie ein Leben ohne Google, Facebook, Wikipedia und ein internetfähiges Handy überhaupt funktionieren konnte. Trotzdem habe ich es dann doch mit der Hilfe einiger Gespräche mit meiner Familie und Altersgenossen hinbekommen, die Zeit meines Aufwachsens zu rekonstruieren und werde sie nun skizzieren.

Meine Familie war weder besonders wohlhabend, noch bettelarm. Wir lebten in Greven, einer relativ kleinen Stadt nördlich von Münster, in einem Einfamilienhaus in einer ruhigen Wohngegend. Das Wohngebiet wurde neu erschlossen, so dass dort fast ausschließlich junge Familien lebten. Dadurch hatten meine drei Geschwister und ich reichhaltigen Kontakt zu sehr vielen weiteren Kindern gleichen Alters direkt in der Nähe. Der nächste Kindergarten und die Grundschule waren fußläufig zu erreichen, es gab eine riesige Wiese zum Spielen und einen ebenso großen Spielplatz direkt hinter unserem Haus. Die Bedingungen unseres Aufwachsens waren also für moderne Verhältnisse absolut großartig. Inzwischen ist die Wiese aber wesentlich bebaut, und das Waldstück mit dem Bach, an dem wir gespielt und Dämme und ein Drittel Baumhaus gebaut haben, wurde abgeholzt und zubetoniert, um ein weiteres Wohngebiet zu ermöglichen.

Wir hatten neben all diesen schönen Gegebenheiten aber auch Videospielkonsolen und einen Familiencomputer. Der hatte zunächst keinen Zugang zum Internet und stand im Arbeitsraum meines Vaters. Das Gerät war wenig reizvoll für uns Kinder, außer für die wenigen Videospiele und lustigen Programme, wie "Paint" oder "World Map".

Geschrieben wurde am Computer nicht, zumindest erst einmal. Meine Eltern wussten, dass es sinnvoller war, das handschriftliche Arbeiten nicht aus den Augen zu verlieren, und wollten nicht, dass wir Hausarbeiten und Referate auf Word schrieben.

Auf dem Rechner lief aber auch "Leisure Larry" von der Software Firma Sierra, ein Spiel, das so eigentlich gar nichts für Kinder ist, wobei es für heutige Verhältnisse eher zahm wirken dürfte. Der wesentliche Inhalt des Spiels war es, eine Figur durch eine Nachbarschaft zu steuern und Befehle einzutippen, die sie dann ausführte. Ziel des Spiels war es, innerhalb eines bestimmten Zeitlimits ein Date ausfindig zu machen und mit ihm zu schlafen. Wir, also mein großer Bruder (12) und ich (10), waren weniger daran interessiert, dem armen Larry bei der Schürzenjagd zu helfen, bevor er sich am Morgen das Hirn mit einer Pistole raus pustet. Wir fanden einfach das Spiel an sich witzig. Es faszinierte uns schon als Kinder, dass man fast alles schreiben konnte, und das Spiel konnte so ziemlich jeden noch so albernen Unsinn verstehen, den wir eingaben. Meistens teilte es uns zwar lediglich mit, dass das, was wir Larry befahlen, totaler Stumpfsinn war, aber es war trotzdem ulkig. Das Spiel hatte nur zwei Haken: Es handelte sich um ein vollständig englischsprachiges Videospiel. Um es zu spielen saßen wir mit einem Wörterbuch neben dem Rechner. Dadurch lernten wir tatsächlich schon viele Vokabeln. Aufgrund des Inhalts des Spiels waren das allerdings hauptsächlich die Wortfelder "Beziehungen", "Alltagshandlungen", "Barbesuch" und "Flirten", aber im Endeffekt war es doch ganz okay. Zweitens musste man, um zu beweisen, dass man schon 18 war, eine Reihe von Fragen beantworten (auch auf Englisch). Bis ich herausfand, dass es ein Tastenmakro gab, mit dem man die Fragen umgehen konnte, arbeiteten wir viel mit "trial and error" und eigneten uns ein wenig Hintergrundwissen an, um die politischen oder geschichtlichen Fragen beantworten zu können.

Trotz der tollen Spielereien hatte der Rechner noch kein CD-Laufwerk, und dass wir damit im technologischen Neandertal waren wurde mir erst durch den Besuch eines Experten an meiner Schule bewusst, der ungefähr im achten oder neunten Schuljahr stattfand. Wofür der Mann ein Experte war? Ich weiß es nicht mehr. Was er getan hat, worüber er aufgeklärt hat oder was überhaupt sein Anliegen war ist vollkommen im Nebel meiner Erinnerungen verloren gegangen. Was ich noch weiß ist, dass er uns eine CD mitgab, die den Titel "Im Netzwerk gefangen" trug. Mitschüler sagten mir, es enthalte ein "point-and-click" Abenteuer, in dem ein Teenager irgendeinen Kriminalfall aufdeckt. Die CD lag bei uns nur herum, und ich war ein wenig enttäuscht, es nicht spielen zu können. Aber so super wird das Spiel nicht gewesen sein, weil es auf dem Schulhof nicht zum großen Thema gemacht wurde und ich keinen sozialen Nachteil davon hatte, es nicht spielen zu können.

Eine Internetverbindung hatten wir erst kurz vor der Jahrtausendwende. Zuerst wählten wir uns mit einem analogen 56k Modem ein, einem von diesen lauten Dingern, die über die Telefonleitung das Internet nutzen und deshalb das Haustelefon blockieren, wenn man online ist. Ja, man konnte nicht telefonieren, wenn man im Netz war, und nicht ins Netz, wenn man telefonierte. Relativ schnell wechselten wir dann aber zu einem DSL-Modem. Natürlich hatten wir keine Flatrate abonniert. Die Möglichkeit gab es da zwar schon bei einigen Anbietern, aber kaum jemand in unserer Gegend hatte irgendeine Verwendung dafür. Mit der Möglichkeit, privat und beruflich E-Mails zu nutzen, fremdelten viele noch, und ich kenne zahlreiche Eltern, die heute immer noch keine E-Mail-Adresse haben, die sie regelmäßig nutzen oder abrufen. Immerhin handelt es sich bei diesen Menschen um die Generation knapp über meiner. Und man darf nicht vergessen, dass die Gebühren für die Nutzung des Internets ziemlich hoch waren. Das machte den regelmäßigen Gebrauch nicht besonders attraktiv, gerade weil ganz zu Beginn die allerschlimmsten Hacker, Viren, Würmer und Betrüger unterwegs waren, die den Leuten durch Programme und andere Wege kostenpflichtige Dienste über die Telefonrechnung aufschwatzten oder einfach die Datenverbindung klauten, um auf Kosten des Opfers im Netz zu surfen und Gott weiß was in dessen Namen anzustellen.

Für die Jugendlichen bot das Netz auch nicht den allergrößten Reiz, wenn es um die Gestaltung der eigenen Freizeit ging. Zur Unterhaltung nutzte man die gängigen Videospielkonsolen oder widmete sich halt offline-Aktivitäten. Multiplayer-Spiele spielte man mit Freunden oder den eigenen Geschwistern am selben Bildschirm, oder man sah einem Freund beim Spielen zu und wechselte sich ab.

Letztens sah ich noch einige Bilder im Netz, auf denen eine typische LAN-Party aus den 90ern zu sehen ist. Fröhliche junge Leute schleppen körbeweise Kabel, Tower, Monitore und noch mehr Kabel nebst Fressalien und Getränken entweder zu Fuß oder im Kofferraum eines Autos an und bereiten sich darauf vor, den Rest des Tages oder des Wochenendes in einem Raum zusammen mit mehr oder weniger bekannten Leuten zu verbringen. Der Aufwand würde sich ansonsten ja gar nicht lohnen, und geplant war das Event sicherlich schon lange im Voraus.

Erlauben Sie mir bitte an dieser Stelle einen kleinen Exkurs, bevor ich zum Bericht zurück kehre.

<u>Füttere nicht die Trolle!</u>

Bei dem Versuch, mich an möglichst viele Einzelheiten aus meiner Jugendzeit zu erinnern, fiel mir auf, dass ein Kritikpunkt, der dem Internet zugeschrieben wird, eigentlich weder ein Produkt der heutigen jungen Leute, noch des Internets an sich sein dürfte. Dieser Kritikpunkt betrifft die (fehlende) Kommunikationskultur, die sich durch Unhöflichkeit und Maßlosigkeit auszeichnet, und die durchzogen ist von Sexismus, Rassismus und so ziemlich jedem anderen unschönen -ismus geprägt ist. Aber warum sind Menschen im Netz so wie sie sind? Eine Erklärung ist, dass das Internet anonym ist und man mutiger und eher bereit ist, unangenehme Positionen zu äußern, weniger Hemmungen hat, seinen Emotionen freien Lauf zu lassen und sich verbal auch nicht zurückzuhalten. Das trifft meines Erachtens durchaus zu, aber ein wichtiger Faktor, der bei diesem schlechten Ruf zum Tragen kommt und in den Berichten und Publikationen zu dem Thema "Jugend im Netz" allzu selten zum Tragen kommt, ist das so genannte "Trolling".

Es gibt Nutzer, denen die Anonymität des Internets die Möglichkeit bietet, den inneren Spaßvogel zu erwecken. Diese Menschen ziehen durch die Foren, Youtube-Kommentare, Beratungsseiten oder Gästebücher und ziehen ernsthafte Themen ins Lächerliche, indem sie provokante Nachfragen schreiben, so tun als verträten sie eine vollkommen abwegige Haltung zu einem sensiblen Thema oder einfach irgendeinen Unsinn schreiben. Das Ziel ist es, Leute zu ködern und zu provozieren, damit diese selbst eine extreme Position äußern, sich aufregen oder auf irgendeine andere Art heftig reagieren. Das amüsiert dann den "Troll", der es dann oft auch nicht bei einem Eintrag belässt, sondern seine Ziele weiter anstachelt.

Das Problem ist natürlich, dass im Netz nur wenige Möglichkeiten bestehen, eine ernsthafte und eine im Scherz vertretene Meinung voneinander zu unterscheiden. Dadurch werden "Trolle" zu Multiplikatoren für die bestehende Grundgesamtheit von unangenehmen Personen und deren Gedankengut. Mit großer Wahrscheinlichkeit gibt es im Internet weit weniger böse Menschen, als es den Anschein hat. Manche sind einfach nur Menschen mit einem Dachschaden, die sich auf Kosten anderer einen Spaß gönnen, indem sie einen Zankapfel in den Raum werfen und dem Spektakel zugucken, das sich daraus entfaltet. "Trolle" sind ein wenig wie der eine Typ, der bei einer ernsthaften wissenschaftlichen Debatte mit am Tisch sitzt und aus Frustration darüber, dass er nicht mitreden kann, irgendwann anfängt, Unsinn oder abwegige Kommentare in das Gespräch einzuwerfen, um das Thema zu wechseln oder das Gespräch kaputt zu machen.

harmloser Spaß im Netz

An dieser Stelle muss ich zugeben, dass ich den Wendepunkt zwischen dem ursprünglichen Internet und dem so genannten "Internet 2.0" nicht mitbekommen habe. Ganz ursprünglich war das Internet ein Kommunikationsnetzwerk zwischen einzelnen Rechnern des US-amerikanischen Verteidigungsministeriums und wurde dann aufgrund seiner Nützlichkeit zum weltweiten Netz ausgebaut. Die erste Instanz wurde in den 80er Jahren hauptsächlich von Universitäten und Unternehmen verwendet. Es war für den normalen Nutzer nicht attraktiv. Am Ende der 80er fand eine Kommerzialisierung statt. Nach und nach wurden Möglichkeiten eingeführt, das Internet benutzerfreundlicher zu gestalten und ihnen eine aktivere Rolle bei der Nutzung einzuräumen. Aber erst ab 2003 war die Kommerzialisierung mehr oder weniger abgeschlossen.

Es waren über den Verlauf dieser großen Zeitspanne fünf wesentliche Neuerungen, die dem Netz den Weg ins Herz der Nutzer ebneten. Es gab Suchmaschinen, mit denen man schnell Internetseiten zu Themen finden konnte, die einen interessierten. Man konnte auf Seiten aufmerksam werden, die man ansonsten nie hätte ausfindig machen können, und das wahrnehmbare Angebot und die Unabhängigkeit von den vorgegebenen Seiten der Anbieter erweiterte sich drastisch. Eine komplett eigene Internetseite einzurichten war noch sehr lange schwierig, aber man konnte sich eine Subdomain holen, die man sehr einfach mit einem Baukastenprogramm zusammen stellen und relativ frei gestalten konnte. Dadurch wurde das Internet zu einem aktiv genutzten Medium. Auch die Interaktivität erhöhte sich durch die Entstehung sozialer Netzwerke. Daneben entstanden auch Netzwerke und Banken für Daten, Informationen und Unterhaltung. Auch wurde durch online-Banking und Dienste wie PayPal das spontane und impulsive Einkaufen auf Seiten wie dem Auktionshaus eBay und dem Versandhändler Amazon möglich. Der Vergleich zwischen dem alten Internet und dem Internet 2.0 ist etwa der zwischen einem kargen Ödland, in dem man nachts orientierungslos herumstolpert, und einem gigantischen und bunt beleuchteten Vergnügungspark, der immer geöffnet hat, mit Karussells und Attraktionen, aber auch Infoständen und Verkaufsbuden an jeder Ecke.

So etwa um 1998 herum, als ich 14 und mein großer Bruder 16 war, bot das Netz also schon weit mehr Möglichkeiten, sich auszutoben - und Gefahren. Erst kurz davor hatte ein Betrüger unseren Eltern irgendwie eine sehr heftige Rechnung eingebrockt, und ich hatte meinen Vater davon überzeugt, dass es sinnvoller wäre, eine Flatrate zu abonnieren, als das Internet ganz aus dem Haus zu schaffen. Damit rannte ich offene Türen ein, auch wenn die Flatrates nicht gerade billig waren. Denn während wir Kinder Online-Communities für uns entdeckten, war mein Vater von den zahlreichen politischen Foren begeistert, die ihm die Möglichkeit gaben, vom Arbeitszimmer aus aktiv zu werden. Der Nebeneffekt war, dass wir den einen Rechner, den die Familie hatte, unter vier bis sechs begierigen Personen aufteilen mussten, die alle extensiven Tätigkeiten nachgehen wollten. Meine Mutter war mit dem Internet nie ganz warm geworden, aber sie spielte gerne Solitär. Meine beiden Brüder und ich fanden Gefallen an einem Online-Videospiel, und mein Vater nahm in den politischen Foren allmählich so richtig Fahrt auf, was auch zu Kontakten führte, die er zu pflegen hatte.

Auf einer Entdeckungsreise im Netz stießen meine Brüder und ich auf eine Seite mit dem Namen "Cycosmos". Es handelte sich um einen Chatroom. Das Besondere war, dass man sich einen Avatar, also eine Figur, erstellen konnte, mit der man per Mausklick quer durch einen großen Raum gehen konnte. Wenn man etwas eintippte, erschienen die Schriftzeichen direkt über der Figur. Man schrieb also nicht an alle im Raum, sondern nur an diejenigen, die ihren Avatar gerade in der Nähe platziert hatten. Dadurch entstand eine gewisse Dynamik, aber auch viel Platz für Unsinn. Mein Bruder (16) erstellte sich einen Mann mit einem Autoreifen unterm Arm und begann in einer Art Rollenspiel zunächst, anderen ihre imaginären Autos zu reparieren oder ihnen den Ersatzreifen zu "verkaufen", fand aber recht schnell heraus, dass man das Forum auch nutzen konnte, um Mädchen anzusprechen. Er lernte dort schließlich seine erste langjährige Freundin kennen. Ich hatte statt dessen nur Unsinn im Kopf, weil ich keinen echten Nutzen in dem Forum fand und vielleicht noch etwas doof im Kopf war. Ich erstellte mir einen dicken Mann in einer Priesterrobe und rannte Menschen hinterher, die ich zu meiner Kartoffelsekte zu bekehren versuchte - mit mäßigem Erfolg.

Wir spielten aber sehr gerne auch ein Videospiel mit dem Titel "Ultima Online". Man konnte sich einen Charakter erschaffen, der entweder Handwerker, Magier oder Krieger war, und in einer riesigen Welt herum laufen, Ressourcen ernten, Waffen und Rüstungen bauen, Monster bekämpfen oder mit anderen Spielern Gespräche führen. Das funktionierte ähnlich wie bei Cycosmos. Wichtig war, dass man "in-character" bleiben musste, also die Atmosphäre eines Fantasy-Romans beibehalten musste, indem man seine Spielfigur auf eine bestimmte Art sprechen ließ und entsprechend auch handelte. Im Spiel gab es natürlich neben zahlreichen tollen Leuten viele Spielverderber, die sich nicht an die Regeln hielten, aber insgesamt war es eine Menge Spaß.

Geregelt wurde das Spiel über ein Forum. Meine Schüler haben mir übrigens neulich gesagt, dass der Begriff fast niemandem unter 16 mehr geläufig ist, was ich gruselig finde. Jedenfalls gab es zwei Dinge, an die ich mich erinnere und wegen denen ich das mit den "Trollen" und der fragwürdigen Kommunikationskultur erwähnt habe.

Im Organisationsforum wurde immer wieder dazu aufgerufen, die eigene Meinung zu einem Thema mit mehr als nur einem Ja oder Nein kundzutun und diese ausführlicher zu verschriftlichen. Ein Administrator schrieb etwa: "Leute, schreibt bitte nicht dauernd als Antworttext 'Ja' in die Betreffzeile und dann keinen Text in die eigentliche Nachricht." - ein gefundenes Fressen für die Spieler, die darauf hin einen großen Spaß daran fanden, in die Nachrichten "kein Text" zu schreiben, wodurch sie gewissermaßen ja einen Text hatten. Wenn im Forum jemand eine unpopuläre Meinung hatte und dafür von jemandem gescholten wurde gab es dafür immer wieder etwas, das man heute vielleicht als "Meme" bezeichnen würde. Wer Mist erzählte bekam vom nächsten User ohne weiteren Kommentar ein Bild als Nachricht, auf dem eine junge Person dabei ist, über das Geländer einer Brücke zu steigen. Das Bild enthielt die Textzeile "Du nervst, geh sterben!". Wenn ein Nutzer nach allen Regeln der Kunst fertig gemacht wurde, weil er etwas Dummes geäußert hatte, also "geflamed" wurde, gab es fast immer irgendeinen Nutzer, der ein animiertes Bild hinterließ, auf dem eine Person mit einem Flammenwerfer ein Zimmer in Brand setzt.

Ich erwähne das, weil die ersten Trolle schon im Netz unterwegs waren, als es noch in den Kinderschuhen steckte. Es handelte sich dabei nicht um Menschen, die durch das Internet sozialisiert wurden oder mit neuen Informationstechnologien aufgewachsen waren, und es handelte sich auch nicht um ein kulturell gewachsenes Phänomen des Internets. Vielmehr liefert das Internet den Menschen eine Plattform, um eine inhärente charakterliche Eigenheit vor einem gigantischen Publikum auszuleben. Das Netz ist ein umgekehrter Katalysator für den emotionalen Schmutz, den wir von außen in es herein tragen, oder eine Lupe für unsere verborgenen unangenehmen Seiten. Daher sehe ich es eher als Brutstätte, nicht als Ursprungsort für soziale Übel unserer Gesellschaft oder der verrohten Jugendkultur. Aber dazu schreibe ich später separat noch etwas, anstatt meine "Memoiren", um die es in diesem Abschnitt geht, noch weiter zu unterbrechen.

Probleme aus dem Netz

Ein großes Problem entstand zusammen mit den vielen Annehmlichkeiten aufgrund der Annahme von Eltern und Kindern, dass das Netz ein sicherer Ort ist. Immerhin hatte doch jeder Nutzer einen Computer im Haus, der über eine Standleitung ins Netz verbunden wurde. Und viele Eltern gingen wohl davon aus, dass das Internet etwa so funktionierte, wie das Fernsehen, also dass es zwar neben den offiziellen Staatsseiten auch private Sender gibt, dass diese aber angemeldet seien und kontrolliert würden. Spätestens die Telekom oder die anderen Anbieter würden über seltsames Surfverhalten Bescheid geben können, oder? Dass man trotzdem im Wesentlichen anonym ins Netz gehen und allerhand Unfug anstellen konnte, war vielen nicht bewusst. Es gibt einen sehr unterhaltsamen Werbespot zur Sicherheit im Internet, in dem eine naive Mutter immer wieder zur Tür geht und erst Neonazis, dann Prostituierte, eine Verbrecherbande und einen gewalttätigen Videospielcharakter ins Haus lässt, um sich mit ihrem Sohn zu treffen. Am Ende gibt sie einem Mann, der ihrer Tochter seinen Hasen zeigen möchte, diese an die Hand. Der Spot endet mit der Nachricht "Im wirklichen Leben würden Sie Ihre Kinder schützen.", und bietet einen Dienst zur Sicherung des Internetzugriffs für Kinder an. Über die Gefahr aus dem Netz wurde seither immer wieder aufgeklärt und gewarnt.

Das Problem der Jugendgefährdung allerdings ist vorrangig mit Placebos und wirkungslosen Barrieren behandelt worden, und teilweise kann man da niemandem wirklich einen Vorwurf draus machen, weil Hürden zum drüber Springen da sind. Eine markante Ausnahme bilden sinnfreie Aktionen wie das 2009 eingeführte Stoppschild für Seiten mit Verdacht auf Kinderpornographie, das ungefähr die gleiche Erfolgsrate hatte, wie sein Gegenstück im Straßenverkehr. Der Kabarettist Volker Pispers sagte dazu einmal, dass das Stoppschild eigentlich passend für die ganze Initiative ist. Man hält kurz an, guckt ob niemand kommt, und fährt weiter. Und die rein formalen Abfragen auf Seiten mit Jugend gefährdenden Inhalten, ob man denn schon 18 sei, ist auch nur eine reine Sicherheitsmaßnahme, damit sich der Betreiber nachher darauf berufen kann, gewarnt zu haben. Um Jugendschutz geht es hier weniger.

Erziehung und Schule mit neuen Technologien

Viele Grundlagen des positiven Umgangs mit den technologischen Errungenschaften lagen auch in den vorhandenen sozialen Netzwerken, wesentlich in den Elternhäusern und der Erziehung. Meine Teilgeneration, welches Label sie auch immer tragen mag, wuchs im Zwiespalt zwischen dem anhaltenden Technologie-Boom und den bestehenden Werten ihrer Elterngeneration auf. Und ich glaube, dass es gut so war, auch wenn das eine erwartbare Aussage für jemanden ist, der sich ansonsten eine verkorkste Kindheit eingestehen müsste. Für uns war das Internet, waren Konsolen mit immer besserer Grafik und viel mehr Inhalten, waren neue Wege der Kommunikation und Vernetzung witzige Gimmicks, Spielereien, ja, Spielzeug. Im besten Fall waren es dankbar zur Kenntnis genommene Hilfen für den Alltag, aber nichts, was man wirklich ernst nehmen oder sein Leben davon nachhaltig beeinflussen lassen musste.

Meine Mutter erklärte mir, dass ich eine Neuerung ausgelassen hatte, die ich hier nachholen muss. Eine Sache, die an mir so ziemlich vorbei gegangen war, für meine Elterngeneration aber wohl eine umfassende Änderung des Alltagslebens darstellte, war die Befreiung des Telefons von seiner Schnur. Damals konnte man froh sein, wenn man ein verlängertes Kabel bei der Deutschen Post beantragen konnte, die sich damals übrigens noch um das Telefonnetz kümmerte. Ein Telefonat konnte ansonsten nur dort geführt werden, wo sich der Apparat befand. Nun konnte man aber längere Gespräche führen und gleichzeitig andere Dinge erledigen, sich allgemein frei bewegen und bei Bedarf auch in ein Zimmer gehen, um Lärm oder unerwünschten Zuhörern zu entgehen. Es war also mehr als nur praktisch, sich vom Telefonhalter wegbewegen zu können. Wir jungen Menschen waren dankbar, dass wir die Telefonate mit unseren Freunden, die immer sehr wichtig waren und auf keinen Fall von den neugierigen Eltern mitverfolgt werden durften, im eigenen Kinderzimmer durchführen konnten. Manchmal nahmen wir das Telefon auch mit ins Zimmer, wenn wir auf einen Anruf warteten, was dann oft zu Stress mit dem restlichen Haushalt führte.

Es gab mit der Zeit natürlich auch im Bereich der Software Neuerungen, die für die Schule heute ebenso wenig wegzudenken sind. Powerpoint war beeindruckend, aber nicht jeder nutzte es in meiner Klasse, und Lehrer wurden durchaus mal sauer, wenn ein Schüler einfach nur eine Handvoll Stichwortkarten benutzte und eigentlich im Endeffekt nur vorlas, was auf der Präsentation zu lesen war. Handschriftliches war so wichtig, dass sogar den Kindern mit entsetzlichen Handschriften geraten wurde, bitte auf den Computer zu verzichten. Wir hatten vielleicht Fernseher und Konsolen in unseren Zimmern, aber wir hatten auch Ruhezeiten und Eltern, die uns die Hölle heiß gemacht hatten - nein, hätten -, wenn wir an einem Abend vor dem nächsten Schultag noch bis spät Abends gespielt hätten. Wir spielten wirklich viel, aber meistens im Beisein von Freunden oder Geschwistern, und dann lieber Spiele, die man direkt zusammen spielen kann, als Einzelspieler-Spiele. Wir hatten aber auch genügend Anreize, auch mal nach draußen zu gehen, Fahrrad zu fahren oder einfach irgendwas zu spielen. Es gab zwar den einen oder anderen Gameboy bei uns in der Schule, aber nur wenige haben mit dem Gerät dann auch im Unterricht gespielt. Es war auch einfacher für die Lehrkräfte, die Verbannung dieser reinen Unterhaltungselektronik zu legitimieren. Natürlich waren wir keine lieben Engel, die nur da saßen und dem Lehrpersonal begeistert zugehört haben, aber wir waren uns bewusst, dass man sich in einem gewissen Rahmen zu benehmen hat und dass das, was wir lernen, später wichtig sein könnte, selbst wenn "später" die nächste Klassenarbeit war. Bei der Frage nach Handys spaltete sich meine Teilgeneration dann aber ein wenig.

<u>Aufstieg der Smartphones</u>

Handys gab es für den gewöhnlichen Verbraucher auch schon vor der Jahrtausendwende, aber teilweise waren sie sehr teuer und klobig. Die frühen Modelle hatten für heutige Verhältnisse eine recht wackelige Verbindung und keine gute Tonqualität. Klingeltöne waren Reihen von elektronischen Pieptönen, und auch wenn viele der alten Handys schon ein Telefonbuch enthielten, war der Speicher der Geräte damit schon so ziemlich ausgelastet. Nicht einmal für Musik war Platz. Dafür brauchte man noch einen tragbaren Kassetten- oder CD-Spieler.

Das Display war deshalb klein, weil es nur die angerufene Nummer enthielt oder kurze Textnachrichten anzeigen musste. Diese Nachrichten musste man über das Tastenfeld eintippen, und mit dem Telefonieren und Senden von Kurznachrichten hatten sich die Funktionen und Vorteile des Gerätes bereits erschöpft. Viele sahen darum im Besitz eines Handys keine wirklich große Bereicherung ihres Lebens. Man musste es mitschleppen, und wenn man unbedingt schnell irgendwo anrufen musste gab es Telefonzellen an jeder Ecke, also war es überflüssig. Es waren zunächst die Eltern, die das Handy positiv aufgriffen. Sie begrüßten die Möglichkeit des Erwerbs eines Handys, weil es mehr Sicherheit bot. Würde irgendetwas passieren und keine Telefonzelle in der Nähe sein, würde das Kind zu Hause anrufen oder von dort aus angerufen werden können.

Das war es aber schon. Denn darüber hinaus war das Handy ein eher unwillkommener Gast bei jedem erdenklichen Anlass. Fast ausschließlich spiegelte sich in den Medien das Bild des Wichtigtuers, der zu den unpassendsten Zeitpunkten ein mehr oder weniger großes Handy herausholte, um mit irgendeiner Person auf der anderen Seite lautstark Gespräche über finanzielle Geschäfte zu führen, auch wenn es die Menschen in seinem Umfeld unheimlich störte. Schauplätze waren dann klassische Konzerte, Theater oder Restaurants. Handys waren nur sozial akzeptiert für diejenigen, die aus beruflichen oder besonderen Gründen auf ihren Gebrauch angewiesen waren, und ansonsten begegnete man denjenigen, die scheinbar grundlos ein Handy hatten und sich wohl lediglich als wichtig empfanden, mit einer gewissen Abneigung.

Irgendwann um die Jahrtausendwende gab es aber einen Bruch. Handys wurden recht plötzlich salonfähig und für den normalsterblichen Nutzer erschwinglich. Teilweise machten die Jugendlichen auch Druck bei ihren Eltern, um an ein Handy zu gelangen, das sie entweder über einen separaten Vertrag laufen ließen oder über den Vertrag der Eltern nutzten. Die überwiegend Jugendlichen wurden also mehr oder weniger flächendeckend mit diesen Geräten versorgt. Die meisten Handys hatten immer noch nur zwei Funktionen, nämlich Anrufe zu tätigen und getippte Kurznachrichten zu versenden. Trotzdem nutzten die Jugendlichen den zweiten Dienst, der auch mal bis zu 20 Cent pro Kurznachricht kosten konnte, so ausgiebig, dass den Eltern gewaltige Telefonrechnungen ins Haus flatterten und diese nicht selten das Handy ihrer Kinder schnell wieder einkassierten. Dasselbe passierte dann, als durch neue Geräte kostenpflichtige Downloads, hauptsächlich von Musik, möglich wurden. Das Problem war, dass der Gebrauch des Handys wie auch der des Internets am Computer und des Festnetzes fast ausschließlich über den selben Telefonvertrag geregelt wurde und keine Obergrenzen existierten, während die Tarife, wie zuvor beim Internet daheim, sehr hoch waren. Dieses Problem wurde gelöst, als die Telefonanbieter Pre-paid und Flatrates anboten, die den Datenverbrauch und das Kaufverhalten kontrollierbar machten. Die monströsen Rechnungen verschwanden vom Tisch, und die Geldbörsen der Eltern konnten erst einmal aufatmen.

Obwohl es erste Smartphones, also ganz generell internetfähige Handys, schon in den 90ern gab, verhielt es sich mit ihnen ähnlich wie mit dem Internet der selben Zeit. Zuerst einmal war die Technik noch nicht so ausgereift, und das Internet war auch noch nicht bereit für die Symbiose. Logischerweise waren diese Geräte auch noch deutlich teurer, als normale Handys, boten aber kaum Funktionen, die man wirklich als Bereicherung oder absolute Notwendigkeit sehen konnte. Warum, so lautete die Frage, sollte man unterwegs unter erschwerten Bedingungen (dem kleinen Bildschirm, dem Fehlen einer ordentlichen Tastatur und Maus, sowie der generell schwachen Rechnerleistung und unzuverlässigen Verbindung ins Netz) Dinge tun, die man auch in Ruhe daheim erledigen kann? Und wer auf Reisen wirklich arbeiten muss, kann sich doch einen Notizblock mitnehmen oder sollte sich im Ernstfall lieber einen Laptop zulegen. Die hatten sich zum Ende der 80er ja auch kommerziell durchgesetzt.

Genauso wie die ersten erfolgreichen Laptops brachte Apple das erste moderne Smartphone im Jahr 2007 auf den Markt, welches das alte Handy ablöste und genauso wie das Notebook seinem Vorgänger den Namen abknöpfte. Noch heute werden meine Schüler ein wenig sauer, wenn ich ihnen gegenüber von Smartphones spreche, weil sie es aufgrund der Tautologie (weißer Schimmel, nasses Wasser) als herablassenden Begriff empfinden. Alle Handys sind smart. Es gibt heute keine "Dumbphones". Diese Umkehrung des Begriffes ist übrigens bei Kritikern des modernen Smartphones beliebt, wie es scheint. Diese beziehen sich einerseits auf den mangelnden Weitblick und die fehlende Intuition der Geräte, die bei automatischen Korrekturen auf berühmt witzige Weise versagen oder andere logische Mängel aufweisen. Aber schon zu Beginn dieser neuen Ära wurde der Verdacht laut, dass diese Geräte, immerhin erst seit 2007 so richtig im Einsatz, die Denkfähigkeit und Eigenständigkeit der Jugend zunichte gemacht hätten. Wirkliche Maßnahmen wurden aber nicht ergriffen, und ergriffen waren nur die Erwachsenen, weil das neue Spielzeug nun auch unterwegs eine Menge Spaß bereiten konnte.

angekommen in der Gegenwart

Inzwischen ist die Lage natürlich ganz anders, und es ist fast müßig, jetzt einen Kontrast zu beschreiben. Der aus unserer heutigen Perspektive als grauenhaft mühselig erscheinenden Lebensweise steht eine unheimliche Leichtigkeit gegenüber, und wir sitzen an einer reich gedeckten Festplatte, die umstandsloses und hemmungsloses Schlemmen verspricht. Wenn nötig kommen die Informationen wie in einem Schlaraffenland direkt in unseren Hals geflogen. Ein (relativ) schneller Zugriff auf das Internet ist hierzulande fast überall jederzeit möglich und bezahlbar, und so ziemlich jedes Haushaltsgerät verfügt inzwischen über eine Möglichkeit, kabellos von einem Computer oder Smartphone bedient zu werden oder selbst eine permanente Verbindung zum Internet zu haben. Ob man nun seinen Kaffee per Webcam überwachen lässt, eine Meldung von seinem Toaster bekommt, wenn er fertig ist, oder einen Kühlschrank besitzt, der twittern kann; Alles ist im Netz oder kann einen Zugriff darauf haben, egal wie sinnvoll es erscheint.

Die Leistung der Standrechner, Smartphones, Tablets und Notebooks verbessert sich immer noch in einem rasenden Tempo. Was früher einen ganzen Raum ausfüllte passt heute in eine Hand, und der Speicherplatz einer SD-Karte von der Größe eines Fingernagels ist teilweise größer als die Festplatte eines Standrechners von vor weniger als 20 Jahren. Zwischenzeitlich hatten und haben Computer eine Halbwertszeit von etwa zwei bis drei Jahren, nicht weil sie dann kaputt sind, sondern weil sie dann mit den Anforderungen der neuesten Programme oder Apps nicht mehr mithalten können oder nicht über die notwendigen Fähigkeiten verfügen, die seitdem neu hinzugekommen sind. In Filmen und Erzählungen gab es schon zu meiner Kindheit das Klischee der zeitreisenden Person aus dem Mittelalter, die in die Neuzeit gerät und sich bewundernd bis verängstigt über die "pferdelosen Kutschen" äußert. Wenn ich daran denke, wie Internet-Router, Drucker, Computer, Tablets und Smartphones durch die Luft Daten miteinander austauschen und sich stetig miteinander vernetzen, während sie Programme in erstaunlichem Detail abspielen und komplizierteste Prozesse durchführen, kann selbst ich als mehr oder weniger technologisch versierter Mensch manchmal das Gefühl bekommen, dass wir eine gewisse Form der "Zauberei" geschaffen haben. Und ein technologischer Zenit ist scheinbar noch nicht wirklich erreicht worden.

Mein liebstes Beispiel aus meinem eigenen Erleben ist der Moment, in dem mich meine Mutter gebeten hatte, sie beim Kauf eines neuen Laptops zu beraten. Ich besorgte ihr etwas, aber es war halt kein Laptop. Ich hatte im Laden vergessen, explizit darauf hinzuweisen, dass es auch wirklich ein Laptop sein sollte. Statt dessen packte sie ein Notebook aus. Zuerst war sie ganz zufrieden und dankbar, aber sehr schnell stellte sich eine gewisse Skepsis ein. Sie schaute das Ding an und fragte sich sofort, warum die Benutzeroberfläche denn so seltsam angeordnet sei, was diese ganzen vollkommen anderen Zeichen bedeuten und was denn bitteschön eine App sei. Besonders regte sie sich aber über die ständige Werbung auf, die sie immer wieder bombardierte, Apps, die sie beim Öffnen daran erinnerten, dass sie sich zu registrieren habe, die Vollversion kaufen solle oder neue Features gegen einen Aufpreis kaufen könne. Selbst ich hatte es ein wenig schwer, ihr geliebtes Spider-Solitaire zu finden und es direkt auf den Desktop zu verlinken, so dass sie sich nicht jedes Mal durch einen Dschungel an Apps und Verlinkungen arbeiten musste. Aber auch hier zeigte sich die ständige Vernetzung, denn das Spiel funktionierte nicht, wie meine Mutter es vom alten Rechner gewohnt war. Immer wenn ein Spiel beendet war erschien eine Nachfrage, ob sie das Ergebnis denn auf Facebook und Twitter teilen wolle oder einen Blick auf weitere tolle Spiele-Apps werfen wolle. Das konnte ich ihr nicht abstellen. Keine Frage: Meine Mutter war nicht glücklich damit. Sie stellte dann eine Frage, die ich sehr programmatisch finde: "Warum belästigt mich der Laptop ständig mit Werbung? Ich habe das Ding doch gekauft." Zuerst habe ich ihr erklärt, dass es so ein wenig ist wie mit den Tageszeitungen, die eigentlich nur noch aus Werbung bestehen, weil sie sich darüber zum großen Teil finanzieren. Aber um ehrlich zu sein habe ich nicht den nötigen Einblick in die Firmenpolitik der Notebook-Hersteller, um nachvollziehen zu können, ob es wirklich etwas mit der Finanzierung zu tun hat und das Notebook ansonsten viel teurer oder schlechter ausgerüstet wäre, oder ob andere Marktinteressen dahinter stecken.

Anders als meine Mutter schienen sich seit der Jahrtausendwende die meisten Menschen bestens mit der neuen Technologie zu amüsieren. Ständig liefen in den gängigen Fersch-Journalen und Magazinen begeisterte Beiträge über "Smart-Homes". So genau kann ich mich nicht erinnern, in welchem Format das genau vorkam, aber in einer Sendung wurde erst sehr lang und breit über Naturschutz und nachhaltige Energien, sowie unsere Verantwortung für die Umwelt berichtet, und dann kam direkt im Anschluss ein Beitrag zu eben jenem "Smart-Home". Es wurde gezeigt, wie die nötigen Kabel verlegt werden, um im gesamten Apartment die zahllosen elektronischen Geräte in Betrieb zu nehmen, damit man sich selbst nicht darum mühen muss, beim Eintritt in das traute Heim die Klimaregelung zu bedienen oder die betretenen Räume zu beleuchten. Es wurde erklärt, wie das Haus selbstständig den Fernseher ein- und ausschaltet, der Kühlschrank den Inhalt überprüft und die Nutzer darüber informiert, wenn bestimmte Lebensmittel fehlen, während auf dem Display Tipps für Gerichte erscheinen, die man mit den vorhandenen Waren mal ausprobieren könnte, und nach Belieben könne auf gesprochenen Befehl auch stimmungsvolles Licht und entsprechende Musik durch die vielen Lautsprecher im Haus ausgelöst werden. Feuermelder, Löschanlagen, Überdachung und Sicherheitsschlösser waren selbstverständlich auch verfügbar. Das Haus denke mit, es höre zu und sorge für das Wohlbefinden und die Sicherheit seiner Bewohner. Dass das die Zukunft des Wohnens sei wurde vielfach betont, dass es mehr oder weniger unerschwinglich für die meisten Einkommen war und dass man zu dessen Bau eigentlich die kompletten Wände mit Kabeln, Sensoren und elektrischem Firlefanz zupacken musste, was das Haus dadurch zu einer gravierenden Umweltsünde machte, wurde dezent ignoriert. Irgendwann während des Beitrags stellte mein kleiner Bruder bei der Betrachtung der Kabelbäume, die in die zum bersten gefüllten Wände gepresst wurden, fest, dass das der beste Zeitpunkt wäre, zu erwähnen, dass diese Kabel alle natürlich biologisch abbaubar sind, damit man den vorherigen Artikel überhaupt noch ernst nehmen könne.

Jetzt muss ich aber auch fair sein und erwähnen, dass man inzwischen für das gleiche beeindruckende Haus kaum mehr Kabel benötigen würde und alles ein wenig günstiger zu erwerben sein könnte, egal, was das trotzdem noch für ein luxuriöser Unsinn wäre. Nur als Randnotiz habe ich mich aber immer gefragt, ob der ganze so genannte "Elektrosmog", der schon in einem normalen Haushalt anfällt, irgendwelche Risiken birgt. Wenn eine eingehende Nachricht auf einem Handy damals schon die Lautsprecherboxen am nahe stehenden PC hat quäken lassen, bin ich mir nicht so sicher, was die ganzen Signale, Lämpchen, flackernden Bildschirme, Abgase, die elektrische Statik und Hintergrundgeräusche mit uns anstellen. Dass Geräte, die ständig piepen und surren oder jederzeit damit loslegen könnten, wahre Schlafräuber sind, ist nochmal ein anderes Thema.

Genauso wie die Geräte sind auch die Menschen inzwischen vernetzt, denn ein Smartphone besitzen inzwischen auch fast alle. Alte Leute, junge Leute, sehr junge Leute und sehr sehr junge Leute haben inzwischen ein blaues Leuchten im Gesicht. An die Allerkleinsten wird derzeit in der Fernsehwerbung schon geradezu aggressiv vermarktet, während die Hersteller elektronischer Unterhaltungsmedien implizieren, dass es eine vorenthaltene Entwicklungschance ist, das eigene Kind nicht frühestmöglich an das erste eigene Smartphone oder Tablet heranzuführen. Erkennbar ist auch, wie selbstverständlich es zu sein scheint, dass Kinder Internetmedien nutzen und dies auch in ihrem Sinne ist. Gerade wird auch wieder heftig über die Einrichtung digitaler Kindertagesstätten debattiert, und auch wenn scheinbar ein Großteil der Eltern in den Einzelbefragungen der Meinung zu sein scheint, dass das Unsinn und vielleicht sogar schädlich sein könnte, wird das wohl dann doch kommen.

meine Hassfreundschaft mit dem Smartphone

Neben den Veränderungen, die das Internet und die Smartphones mit sich gebracht hatten, kam auch ein altes Problem wieder auf, diesmal in einer sehr viel subtileren Form. Die Rede ist von Mikrotransaktionen, mit denen die finanziellen Obergrenzen durch Pre-paid und Flatrates umgangen werden konnten. Die Möglichkeit zum schnellen und impulsiven Ausgeben von Geld auf der einen Seite konnte zu schnellen Einnahmen auf der anderen Seite genutzt werden. Schon seit dem Beginn der Idee des bargeldlosen Handels stand der Vorwurf im Raum, dies vermindere das Bewusstsein für den Wert von Geld. Und es scheint sich zu bewahrheiten.

In den letzten 15 Jahren konnte ich immer wieder lesen, dass die Kaufkraft von Kindern und Jugendlichen stetig steigt. Und ein großer Teil der Ausgaben, wie zumindest seit fünf Jahren erwähnt wird, geht in den Erwerb, Erhalt und Gebrauch des eigenen internetfähigen Mediums, vorrangig des Smartphones. Die Methoden, unbemerkt einen Teil dieser Kaufkraft zu nutzen, sind inzwischen vielfältig und sehr erfolgreich. Aber was sind Mikrotransaktionen? Der Anbieter einer App stellt sein Produkt kostenlos zum Download zur Verfügung. Um bestimmte Aspekte der angebotenen App zu nutzen, muss aber ein kleiner nicht allzu schmerzhafter Geldbetrag bezahlt werden. Die häufigste solche Situation ist, wenn zum Beispiel ein Spiel "Energie" nutzt, also eine bestimmte Anzahl von Punkten zur Verfügung stellt, mit der der Nutzer bestimmte Aktionen durchführen kann. Wenn alle Punkte aufgebraucht sind, kann der Spieler das Spiel nicht weiter spielen, es sei denn er wartet eine Weile bis sich die Punkte wieder auffüllen, meistens in einem sehr langsamen Tempo, oder der Nutzer kann für einen kleinen Echtgeldbetrag seine Ausdauer wieder auffüllen und weiter spielen. Es ist ein wenig so wie in den damaligen Spielhallen, wo man für ein Spiel erst einen Chip oder echtes Kleingeld in den Spielautomaten werfen musste, um weitermachen zu können. So neu ist diese Marketing-Idee also eigentlich nicht, außer dass die Spielhalle jederzeit präsent ist, statt aktiv aufgesucht werden zu müssen. Wie omnipräsent dies in den Apps und anderen Programmen des Handys ist, merke ich erst so richtig beim Kauf meines ersten Smartphones, welches mein altes Handy ablöste. Für eine Weile war ich in der gleichen Position wie meine Mutter, als sie ihr Notebook zum ersten Mal nutzte.

Ich selbst bin mit dem Smartphone tatsächlich erst sehr spät in Berührung gekommen. Als ich 2007 fast mit dem Studium fertig war, kaufte ich mir zum ersten Mal ein Handy. Wie geschrieben sah ich bis dahin keinen Sinn darin, eines zu haben. Aber bald würde ich als Lehrer auf Klassenfahrten auch erreichbar sein und telefonieren müssen, falls sich ein Zwischenfall ereignet. Also sah ich es als sinnvoll, ein Handy zu kaufen. In diesem Fall meine ich mit "Handy" aber wirklich einen der alten Backsteine, die man damals für 20€ kaufen konnte. Das Handy kam innerhalb der nächsten 7 Jahre nur einmal zum Einsatz. Dass ich es dann ausrangierte lag daran, dass ich bei diesem einzigen Einsatz merkte, wie schwach und unbeständig die Verbindung war. Schon einige Wolken konnten einen merkbaren Einfluss wirken. Und ursprünglich wirkte es wie eine gute Idee, direkt zu einem Smartphone aufzurüsten. Ich sollte eine Klassenbetreuung übernehmen, und weil jedes Kind in der Klasse WhatsApp hatte, dachte ich mir, es sei ganz praktisch, eine Info-Gruppe aufzumachen, in der Fragen gestellt oder Bekanntmachungen gepostet werden können. Wenn spontan Unterricht entfiele, eine Änderung im Plan notwendig sei, eine wichtige Erinnerung notwendig würde, könnte man direkt den Kindern Bescheid geben, ohne auf die langwierige Telefonkette vertrauen zu müssen. Das hatte auch wirklich gut geklappt, und als erzieherisches Element konnte ich auch ein wenig dafür sorgen, dass die Info-Gruppe ordentlich genutzt wurde ohne dass Unnötiges geschrieben oder die Regeln der Netiquette gebrochen wurden. Man wäre bei vermehrten Verstößen nämlich aus der Gruppe geworfen worden, was einen dann direkt von einer wichtigen Informationsquelle abgeschnitten oder zumindest die Besorgung der Informationen erschwert hätte.

Leider machte ich den Fehler, mein altes Handy in den Ruhestand zu schicken und das Smartphone-Handy zum neuen Wecker zu machen. Dem netten Rat Herrn Dr. Spitzers bin ich also nicht gefolgt und habe mir nicht einfach einen tatsächlichen Wecker gekauft. Dadurch lag mein Handy immer neben mir, stets dazu bereit, für Ablenkung zu sorgen, wenn ich mal nicht schlafen konnte oder ansonsten nur als Ausrede zu dienen, an einem Sonntag erst sehr spät aufzustehen, weil fast alle wichtigen Sachen ja direkt im Bett erledigt werden konnten. Bislang habe ich mich wohl nicht dazu durchgerungen, das Handy vom Nachttisch zu verbannen, weil es eben auch die Möglichkeit bietet, mitternächtliche Halbschlaf-Gedanken direkt zu notieren, bevor sie am Morgen nicht mehr verfügbar sind. Auf Dauer wird das aber kein gutes Gegengewicht sein. Wie ich immer deutlicher merke, haben es jüngere Mitglieder meiner Generation wohl wesentlich schwieriger, sich in Anbetracht der Umstände, in denen sie leben, dem Medienkonsum zu entziehen oder Wege zu finden, ein gesundes Leben im digitalen Informationszeitalter zu führen. Und ich merke, dass es auch für mich schwieriger wird.

Zwischenfazit

Beide Neuerungen im Bereich des Internets und des Handys sehe ich als einen gravierenden Einflussfaktor für das Aufwachsen der Millennials und die Lebensgestaltung aller Menschen heute. Die beschriebenen Veränderungen zeigen auf, wie unsere Konsumgesellschaft durch den Aspekt der Instant-Gesellschaft erweitert wurden. Das Smartphone konnte schon bei seiner Einführung recht viel, wurde aber immer vielseitiger. Es warnt uns inzwischen als stetiger Begleiter wie eine liebende Mutter (oder ein fürsorglicher Vater) vor drohendem Regen, nennt uns die besten Orte, um einzukaufen oder zu essen (und wir glauben ihm auch meistens, dass es die besten Orte sind), hilft uns, in unbekannten Gebieten den richtigen Weg zu finden, gibt uns Zugriff auf das Internet, ist ein stets griffbereites Diktiergerät, eine Kamera und ein Fotoapparat. Ich könnte jetzt noch eine lange Lobrede an das Smartphone schreiben, aber Sie haben mit sehr großer Wahrscheinlich selbst ein Smartphone - Verzeihung, Handy - und wissen, was das alles kann. Ich erwähnte aber auch, dass es für einige Umbrüche gesorgt hat, die weniger willkommen sind, und deshalb will ich den Versuch unternehmen, die persönlichen Beobachtungen noch einmal genauer auf der Grundlage meines Fachwissens und weiteren Recherchen zu betrachten.

DIE INSTANT-GESELLSCHAFT UND DIE MEDIEN

Dann komme ich mal zum Kernbegriff, dem ich durch die ausladenden Beschreibungen aus meinem Leben bislang zugearbeitet habe. Abgesehen davon, dass das Handy ein sehr effizienter und geradezu perfider Schlafräuber ist, moniert Dr. Manfred Spitzer in seinem Buch "Digitale Demenz" außerdem, dass die Begeisterung der Politik für die Digitalisierung der Klassenzimmer und sogar Kindertagesstätten trotz deutlicher Warnungen aus der Gehirnforschung unvermindert anhält[10]. Auch wenn ich Anzeichen des viel zu frühen Konsums digitaler Medien an meinen Schülern ebenfalls täglich zu spüren bekomme, würde ich allerdings zwischen Kindern, Jugendlichen und Erwachsenen durchaus unterscheiden. Wenigstens die letztere Gruppe hätte es nötig und würde unermessliche Vorteile daraus ziehen, die neuen Medien zu verstehen, sich in ihrem Gebrauch zu schulen, "up to date" zu bleiben und dieses Können auch beruflich und privat zum eigenen Vorteil zu nutzen. Während ich später noch einmal einen Blick auf die Schule werfen möchte will ich hier noch einmal darstellen, wie die heutigen Eltern und Erwachsenen, also diejenigen, die vielleicht mit einem Fernseher im Haus, aber ohne die neuen digitalen Internetmedien aufgewachsen sind, durch die mitunter rapiden technologischen, sozialen und kulturellen Änderungen beeinflusst wurden.

Ich erwähnte ja zuvor, dass das Handy an sich eine große Menge von tollen Möglichkeiten bietet und unsere Fähigkeiten als Menschen potentiell vervielfältigt, zumindest was den Erwerb von Informationen, unsere Flexibilität und unsere Fähigkeit, uns mit anderen Menschen zu vernetzen, angeht. Programmatisch finde ich aber, wie wenig genau dies genutzt wird. Auf 9gag.com, einem von vielen Sammelbecken für lustige Bilder und kleine Comics, fand ich vor inzwischen zwei Jahren einen Kommentar, dessen Ursprung im Netz für mich aber leider nicht mehr auffindbar war. Die Spur verliert sich irgendwo auf Reddit.com. Dieser Spruch fasste jedenfalls sehr schön das zusammen, was mich gedanklich seither immer wieder beschäftigt hat: "Das Schwierigste, das ich einem Zeitreisenden aus der fernen Vergangenheit erklären müsste, wäre, dass fast jeder von uns ein Gerät

---
10 Spitzer, M. Digitale Demenz. Droemer HC, 2012.

besitzt, mit dem er innerhalb von Sekunden auf das gesamte Wissen der Menschheit zugreifen kann, und dass wir dieses Gerät bloß nutzen, um uns Katzenvideos anzugucken und uns mit Fremden zu streiten."

    Jetzt wurde hier von Wissen geschrieben, und ich habe das Wort nicht verändert, obwohl es notwendig wäre. Wir haben ja tatsächlich Zugriff auf alles an Daten, das die Menschheit im Internet zusammen getragen hat. Das reicht von wissenschaftlichen Befunden über mehr oder minder legal hochgeladene Bibliotheken an Publikationen zu Video-Anleitungen von variierender Nützlichkeit, dann weiter zu politischen Positionen und Nachrichten aus aller Welt in jeder erdenklichen Fassung. Darunter befindet sich natürlich sehr vieles, das entweder völlig nutzlos, gefährlich oder einfach nur falsch ist. Wenn man im Netz aufmerksam sucht, findet man für viele obskure Dinge irgendwo etwas. Das Kochrezept für das phantastische indische Dessert, das ich letzten Sonntag essen durfte, findet sich nur wenig einfacher als die Bauanleitung für Waffen und Bomben, deren Komponenten man sich in jedem beliebigen Baumarkt kaufen kann, oder Anlaufstellen für Drogen. Man findet auch Anregungen, auf die man selbst ohne Weiteres nicht gekommen wäre, etwa dass es ganze Bücher über erfolgreiche Steuervermeidung gibt. Seit dem Skandal um die "Panama-Papers" im Jahr 2016 wurde die Öffentlichkeit sorgfältig über Briefkastenfirmen informiert, und im Netz finden sich problemlos Tutorials, wie man sich so etwas einrichten kann. Natürlich muss man erst einmal wissen, dass es das, was man suchen könnte, überhaupt gibt und wie man das Netz zur Suche benutzt. Man muss auch im Klaren darüber sein, was genau man sucht. Nach dem Amoklauf in München im Juli 2016 waren die Nachrichten ja genau wie bei den "Panama-Papers" so unheimlich freundlich, die breite Bevölkerung, also auch die Jugendlichen und Kinder, durch tagelange Reportagen zu jeder Tageszeit auf die Existenz des Tor-Browsers und des "Deep Web" aufmerksam zu machen und bei der Gelegenheit gleich noch mitzuteilen, was man da alles machen kann und wie schwierig es ist, erwischt zu werden.

    Aber genauso wie das Was und Wie für kriminelle Aktivitäten und illegalen Konsum gilt, gilt es für wertvolle und hilfreiche Daten, von denen das Netz ebenfalls reiche Schätze bereit hält. Es wissen halt nur vergleichsweise wenige Menschen, wie man diese ans Tageslicht bringt. Davon wiederum haben nur wenige, und da meistens die Vertreter der Elterngeneration, die Distanz und Neutralität, aber auch den Durchblick, um Informationen aus dem Netz nicht wie ein Schwamm aufzusaugen, sondern mit eigener Vorbildung und einer gewissen Skepsis zur Kenntnis zu nehmen. Die negativen Auswirkungen, die das digitale Zeitalter für uns bereit hält, haben wir uns aber durch unser eigenes Konsumverhalten und unsere Unachtsamkeit selbst angeeignet.

Ein Beispiel dafür, wie sehr wir unserem eigentlichen Potential hinterher hinken: Wir leben in einer Konsum- und Wegwerfgesellschaft. Filmemacher, wie Werner Boote (Plastic Planet), Politiker, wie Al Gore, Organisationen, wie Green Peace und Amnesty International, weisen unentwegt darauf hin, selbst wenn sie oft gegen Windmühlen kämpfen. Und man muss es sich auch mal vor Augen führen, dass es zwar einige Dinge gibt, die umstritten sind, aber es gibt gleichzeitig zahlreiche Missstände, die durch die Globalisierung ironischerweise sowohl hervorgerufen als auch aufgedeckt wurden. Die größte globale Wahrheit ist die, dass Reichtum der einen bedingt wird durch die Armut der anderen, und es geht nicht um die 1%, sondern um den hohen Lebensstandard der gesamten westlichen Welt. Was machen wir mit diesen Erkenntnissen? Die kurze Antwort ist: nicht nichts, aber wenig. Der Rest der Antwort ist Stoff für ein ganzes weiteres Buch, das ich nicht schreiben werde, weil es schon tausende davon gibt. Jedenfalls sehe ich es für jeden, der nicht völlig unter einem Stein lebt, als müßig an, die genauen Details der Konsumgesellschaft, ihre Herkunft und Mechanismen zu beschreiben.

Warum passiert nichts? In den meisten Publikationen, Vorträgen und Filmen wird die nachvollziehbare, wie auch unschöne Antwort gegeben: weil wir als Gesamtheit zu faul sind, etwas zu verändern. Wir sind an den Luxus unseres verschwenderischen Lebens gewöhnt, und es macht für uns keinen Sinn, Zeit und Arbeit zu investieren, um unseren eigenen Lebensstandard zu senken. Statt dessen fordern wir, dass die Bedingungen in den Ländern, aus denen unsere Rohstoffe kommen und in denen unsere Zulieferfabriken stehen, verbessert werden müssen und dass die Menschen dort selbst für ihre Lage und deren Verbesserung zuständig sind.

Auf der anderen Seite sind wir dankbar für alles, was unser Leben noch bequemer und einfacher macht. Ob man nun mit dem Flugzeug ans andere Ende der Welt in den Urlaub fliegen kann, ob man in den USA, wie es Bill Bryson beschreibt, in der überdachten und klimatisierten Mall Joggen geht oder zum 20 Meter entfernten Geschäft mit dem Auto fährt, Transport wird einerseits in einer Form möglich, die damals nicht denkbar war, andererseits übernehmen Hilfsmittel für uns immer mehr Aufgaben, die wir auch ohne sie hätten bewältigen können. Haushaltsgeräte Waschen für uns die Wäsche, Spülen das Geschirr und erledigen die vielen kleinen zeitraubenden Dinge, die wir sonst von Hand hätten machen müssen. Und bei guter Pflege fallen die Sachen auch nicht so schnell auseinander, wie oft behauptet wird, zumindest wenn man ein wenig Energie aufwendet, um nach dem besten Preis-Leistungsverhältnis zu suchen. Denn auch das ist ein Teil unserer sich immer mehr dynamisierenden Gesellschaft. Man muss nicht mehr auf Testberichte vertrauen, die das Hauswirtschaftsmagazin der Wahl herausgibt. Man kann sich aktiv im Netz umschauen, Testberichte dutzender unterschiedlicher Portale und Vereine einsehen, Kundenrezensionen anschauen und schnell und einfach das Produkt der Begierde mit reihenweise anderen bauähnlichen Maschinen vergleichen. Wenn man skeptisch ist, ob Berichte nicht gesponsert wurden und die fragliche Maschine deshalb so toll abschneidet, kann man sicher gehen, dass bestimmt nicht sämtliche Kunden oder Konsumentenportale geschmiert worden sein können.

Der Punkt ist, dass alles einfacher, bequemer und schneller geworden ist. Was für den Konsummarkt toll ist, ist für das Informationswesen bislang eine Katastrophe gewesen. Weil wir es gewohnt sind, alles sofort und ohne große Umstände serviert zu bekommen, haben wir als Konsumenten die gleiche Einstellung gegenüber Informationen entwickelt. Und sowohl die Globalisierung der Informations- und Kommunikationstechnologien, als auch die Umwälzungen des Marktes haben gerade unsere wichtigsten Quellen für Informationen aus der ganzen Welt schwer beschädigt, gerade weil sie immer vielfältiger geworden sind. Es gibt zwei wesentliche Probleme, die für die Schädigung der Informationsmedien verantwortlich sind.

<u>viel zu große Auswahl</u>

Wer früher wissen wollte, was in der Welt vor sich geht und nicht damit zufrieden war, in seinem eigenen Mikrokosmos herumzudümpeln, der war auf die Zeitungen, Magazine und Nachrichtensendungen angewiesen. Klar, es gab auch da schon verschiedene Angebote, aber meistens kaufte man sich nur eine Zeitung oder sah ein Nachrichtenprogramm an, und es gab ein gewisses Grundvertrauen, dass das, was man berichtet bekam, relevant und korrekt war. Man konnte halt nicht einen Boten entsenden, um mal nachzugucken, was am anderen Ende der Welt passiert und ob sich das mit dem Zeitungsartikel deckt. Das Angebot, das jetzt besteht, ist dagegen sehr vielfältig. Ein Nachrichtenformat, sei es eine Zeitung oder ein Nachrichtenprogramm, kann, genauso wie jeder Nutzer, auf Berichte von Kollegen aus der ganzen Welt zurück greifen und Blogs, Videos, Fotos und live-Berichte weltweit innerhalb von Sekunden abrufen.

Das Problem: Genauso wie wir auf die Medien angewiesen sind, um an Informationen aus Orten zu gelangen, an die wir nicht eben mal selbst gehen können, um nachzuschauen, sind auch die lokalen Medien darauf angewiesen, dass die Informationen, die sie von Nachrichtenagenturen bekommen, korrekt sind und die gegebene Lage richtig darstellen. Ich brauche hier gar nicht den Verdacht ins Spiel zu bringen, dass die Nachrichten durch politische, wirtschaftliche oder ideologische Motive absichtlich verfälscht werden, wie es ein beliebter Vorwurf ist. Denn eine Nachricht muss durch mehrere Filter gehen, bevor sie es in die täglichen Nachrichten schafft. Man muss sie erst einmal im Informationsdschungel finden, denn auf unserem kleinen Planeten passiert täglich sehr, sehr viel. Dann muss die Information den ersten Filter überleben, der darin besteht, dass sie als relevant und bedeutsam genug empfunden wird, um für die Nachrichten aufbereitet zu werden. Im schlimmsten Fall muss sie sich trotz ihrer eigentlichen Bedeutsamkeit gegen aktuell viel wichtiger erscheinende Nachrichten durchsetzen und kann dann trotzdem entweder wegfallen oder zur Randnotiz verkommen. Dann stellt sich die Frage, wie viel der verfügbaren Sendezeit oder des verfügbaren Platzes in der Zeitung damit gefüllt werden kann. In jedem Schritt haben viele Menschen die Finger im Spiel, die subjektiv sehr unterschiedliche Ansichten oder Perspektiven haben und unterschiedliche Kriterien dafür ansetzen, ob das Thema wichtig genug ist. Dass über eine eigentlich wichtige Sache - oder eine für die Leserschaft als wichtig empfundene Sache - nicht berichtet wird, kann also einfach an der Kompetenz, der Sachlage oder der Qualität des Materials liegen.

Problematisch ist auch, dass die Massenproduktion von Informationsmaterial schon oft zu dokumentierten und glücklicherweise schnell erkannten Fällen von falscher Berichterstattung geführt hat. Bei den zahllosen Aufständen und Bürgerkriegen der letzten Jahre, die in Ägypten, Libyen oder auch Syrien vor sich gingen, wurde mehr als einmal das Bildmaterial vertauscht, was aber glücklicherweise schnell bemerkt und korrigiert wurde, weil die Motive sehr unterschiedliche Eskalationsgrade suggeriert hatten. Früher nannte man solche Pannen eine "Ente", also eine nicht bestätigte Nachricht (NT = not testified), also gab es das auch schon damals.

Derzeit (Anfang Januar 2017) gibt es eine Debatte über Fehlmeldungen, bei denen Politikern und anderen Personen absichtlich rufschädigende Statements in den Mund gelegt wurden. Einer der Auslöser ist ein angebliches Zitat Renate Künasts zu dem Anschlag auf den Weihnachtsmarkt in Berlin im Dezember 2016 gewesen[11]. Dass das ein bekanntes Phänomen für das Nachrichtenwesen ist, und leider völlig normal für das Internet, war bislang nicht relevant für die Debatte um die Glaubwürdigkeit der Medien. Viel unglücklicher ist ein Vorfall, über den eher weniger berichtet wurde. Der britische Sender "Sky News" hatte im August 2016 eine Enthüllungs-Doku gesendet, in der rumänische Söldner Waffen an Terroristen verkaufen. Dummerweise waren die Söldner Schauspieler und einer von ihnen erläuterte, dass er für die Reportage engagiert worden war. Die britische Tageszeitung "Guardian" hatte das herausgefunden[12]. Der Sender nahm die Reportage aus dem Netz, aber unabhängig davon, ob es ein bewusster Täuschungsversuch des Senders oder des Reporters war, oder ob Sky einem "Fake" auf den

---

11 https://www.tagesschau.de/inland/kuenast-strafanzeige-101.html
12 Artikel von Jasper Jackson und Sorin Cristian Semeniuc vom 10.08.2016: https://www.theguardian.com/media/2016/aug/10/sky-news-defends-report-on-gun-running-amid-claims-of-faked-meeting

Leim gegangen ist, ist das natürlich ein Desaster für die Glaubwürdigkeit.

Aber auch da haben wir ja genügend andere Zwischenfälle vor unserem digitalen Zeitalter, die aufzeigen, dass das Internet nicht die Wiege aller (versehentlichen) Fehlmeldungen. Man denke nur an die Übertragung von H.G. Wells' "Krieg der Welten" 1939 im Radio von New York, die, weil manche Zuhörer erst später das Radio angeschaltet hatten und den Kontext verpasst hatten, wirklich dachten, Aliens würden die Erde angreifen. Die von Konrad Kujau gefälschten Hitler-Tagebücher, denen das Wochenmagazin "Stern" 1983 zum Opfer fiel, sind ein weiteres Beispiel dafür, dass wir auf das Internet mit seiner verwirrenden Auswahl an Informationen und der Unmöglichkeit, jede Quelle genau zu überprüfen, gar nicht angewiesen sind, um einen gelegentlichen Griff in die Kloschüssel zu machen.

<u>Angst vor Redundanz</u>

In einer Instant-Gesellschaft bieten Nachrichtensender einen angenehmen Vorteil. Informationen werden handverlesen, vorgekaut und dem Konsumenten bereitwillig regelmäßig geliefert, so dass er eigentlich nicht die Notwendigkeit hat, sich die Mühe zu machen, alles selbst zu recherchieren. Gleichzeitig wissen gerade die Macher und Moderatoren von Nachrichtensendungen der verschiedenen Radio- und Fernsehsendern, dass sie nur eine langweilige oder unbequeme Nachricht davon entfernt sind, mit der Fernbedienung weggeklickt zu werden. Und während die Reporter einen Zugriff auf Informationsquellen weltweit haben, wissen sie nur zu gut, dass ihre Kunden die gleichen Möglichkeiten haben. Der einzige wesentliche Vorteil, den sie haben, ist ihre professionelle Expertise, mit der sie gute von schlechten Quellen unterscheiden können. Sie verfügen über Kontakte, die sie geknüpft haben und haben sich von Berufs wegen Medienkompetenzen angeeignet, um alle gefundenen Informationen sinnvoll zu bündeln und schön zu verpacken, um sie ansprechend zu präsentieren.

Leider ist das inzwischen aber nur die halbe Miete. Denn die Angst, aus Langeweile weggeklickt zu werden, wird ergänzt um die

Befürchtung, dass man als Nachrichtenmedium mit einem regelmäßigen festen Termin einfach zu langsam ist. Die Nutzer haben zwar vergleichsweise relativ selten den wirklichen Durchblick, um gut recherchierte Quellen von schnellen Infos zu unterscheiden, aber sie wollen, wenn sie irgendwoher eine interessante Neuigkeit hören, natürlich schnellstmöglich alles darüber wissen. Sie wollen auch selbst entscheiden, worüber sie informiert werden. Denn das ist die Achillesverse gerade der gedruckten Medien. Sie liefern Informationen für eine breite Masse, selbst wenn sie sich spezialisieren. Manche Leser*innen sind vielleicht mehr an Politik interessiert, andere wollen ganz genau über lokale Ereignisse informiert werden, noch einmal andere haben vielleicht ein persönliches Interesse an Nachrichten aus einer Region, mit der sie sich besonders verbunden fühlen. All dem können die Medien nicht grundsätzlich gerecht werden. Es gibt natürlich inzwischen für fast jedes Nachrichtenformat Foren, Ticker, einen Twitter-Kanal, eine Facebook-Seite und Apps, so dass die eigentlichen Nachrichten am Ende mehr oder weniger nur noch eine Zusammenfassung dessen darstellen, was über den Tag hinweg so berichtet wurde. Aber hier entsteht der Wettbewerb, denn der schnellste Anbieter bekommt die Aufmerksamkeit der Nutzer.

Und es sind beileibe nicht nur professionelle Nachrichtendienste oder Berufsreporter, die die Informationen liefern oder die Nachrichten machen. Weil jeder mit einer Kamera durch die Gegend läuft, kann auch jeder vor Ort Fotos und Aufnahmen machen und sich somit Aufmerksamkeit verschaffen, sei es wegen des eigenen Youtube-Kanals, oder um schnellstmöglich Freunden zu berichten, was gerade passiert ist, oder um das Material vielleicht einer Agentur anzubieten. Dass man nahezu gezwungen ist, schnellstmöglich zu berichten, hat zur Konsequenz, dass die Qualität der Reportagen gehörig nachgelassen hat. Als klassisch dafür, wie lächerlich das wird, sehe ich die Berichterstattung um Amokläufe an Schulen, insbesondere im Fall Winnenden. Als ein Junge in Winnenden im März 2009 an seiner Schule einen Amoklauf startete, wurde live im Radio darüber berichtet. Eine Moderatorin kündigte an, dass ein Reporter gerade am Ort des Geschehens sei und nun live berichten könne. Der Reporter wurde zugeschaltet und gefragt, was denn passiert sei. Zunächst bemerkte er, dass noch immer Schüler aus dem Haus flohen und die

Polizei gerade einträfe. Er könne aber nicht viel mehr sagen. Er selbst sei ja gerade erst angekommen. In den Tagen darauf wurde spekuliert, warum die Tat begangen worden war, was genau passiert war und wer die Verantwortung für die Tat trug. Und immer wieder wurden andere Informationen genannt. Obwohl sich der Amokläufer erschossen hatte wurde zwischendurch sogar berichtet, er sei verhaftet worden. Es war ein fürchterliches Durcheinander. Und wozu?

<u>Kampf um Quoten</u>

Eine der zentralen Annahmen, die ich als Jugendlicher bezüglich der öffentlich rechtlichen Sender hatte, war dass die Informationsmedien die vierte Gewalt im Staat darstellen und die Aufgabe haben, politisch neutral und unabhängig zu arbeiten. Da hatte es mich sehr gewundert, dass Politiker in den Aufsichtsräten der Sender sitzen. Und dass diese einen Einfluss auf die Auswahl von Inhalten und die gewählten Perspektiven haben könnten, den sie dann für persönliche oder politische Interessen ausnutzen, ist ein oft gehörter Vorwurf, der von anderen Medien genauso aufgegriffen wird, wie von den Gruppen, die sich lautstark über eine "Lügenpresse" beklagen.

Früher dachte ich auch immer, dass die öffentlich-rechtlichen Sender gar nicht von Quoten abhängig sind. Werbung wird dort nicht gesendet, und durch die Gebühren sind alle Kosten ja abgedeckt. Wie es aussieht, ergeben sie sich dennoch dem Wettbewerb, in dem sich sämtliche unabhängige Zeitungen und Radiosender befinden. Die Quote lässt sich durch moderne Technologien leicht ablesen, sowohl im Fernsehen, als auch im Internet. Dabei stehen scheinbar sogar sehr genaue zusätzliche Informationen zum Konsumverhalten der Zuschauer zur Verfügung. Bei Youtube sprach am Ende eines Videos ein Vlogger an, dass seine Statistiken zeigen, dass sich kaum einer den Abspann des Videos ansieht und der Großteil der Nutzer 20 Sekunden vor Ende des Vlogs die Seite verlassen. Und wenn man bei Youtube wissen kann, wann die Nutzer einschalten, wie viel sie sehen und wann sie das Video abschalten, dann kann man das bei Sendern sicherlich auch. So oder so sind Quoten schon lange messbar gewesen, und die Möglichkeiten sind sicherlich nicht weniger geworden.

Aber womit macht man Quote? Die Antwort scheint zu sein, dass es vor allem das ist, was aufschreckt, heftige Emotionen erweckt und die Menschen aufwühlt. Gute und freudige Nachrichten sind da geeignet, aber die daraus resultierenden Gefühle von Euphorie und Glückseligkeit halten selten lange an. Angst und Hass dagegen sind zwar weniger starke Gefühlsregungen, aber sie bleiben wesentlich länger erhalten und können leichter ausgelöst werden. Ob der Grund nun im Thanatos liegt, den der Tiefenpsychologe Sigmund Freud damals als Drang zur Vernichtung und Begeisterung vom Tod postuliert hat, oder ob es ein anderer Teil er menschlichen Natur ist, der uns so empfänglich für negative Nachrichten macht, kann ich nur erahnen. Den Thanatos hat Freud selbst immerhin als hochgradig spekulativ bezeichnet. Vielleicht hat es einfach damit zu tun, dass wir als Menschen einen gewissen Selbsterhaltungstrieb haben und deshalb sensibel auf alles reagieren, was uns direkt oder indirekt in Gefahr bringen oder in irgendeiner Weise negativ beeinflussen könnte. In jedem Fall dominieren die negativ behafteten Themen sehr deutlich die täglichen Reportagen. Das wird häufig moniert, aber wenn man sich einfach mal durch die Mediatheken durchwühlt, fällt das auch auf.

Ich sehe grundsätzlich die Tagesschau im ARD. Und wenn man das Wetter und den Sportteil nicht mitzählt, ist mindestens die Hälfte der Sendezeit reserviert für negative Schlagzeilen, in den letzten Jahren waren das eher politische Skandale, Kriege und Aufstände, sowie Terrorismus und Epidemien. Der Rest besteht aus neutralen oder tröstlichen Meldungen, die von der Linderung eines schlimmen Zustandes berichten. Im Jahr 2016 hat sich das alles immer mehr in Richtung Terrorismus, Immigration, Rechtspopulismus, das europäische Schisma und den Wahlkampf in den USA verlagert. Extrem überrascht war ich an Heiligabend. Der Terroranschlag auf den Berliner Weihnachtsmarkt war seit dem 19.12. immer wieder in den Nachrichten, und zu dem Thema wurde keine Nuance ausgelassen. In dieser Sendung kam aber nebenher noch ein zweiminütiger Bericht, in dem darüber informiert wurde, dass ein Impfstoff gegen Ebola gefunden wurde, der nur geringe Nebenwirkungen hat. Mal daran gemessen, wie ausführlich über die Epidemie drei Jahre früher berichtet wurde und wie groß die Angst war, dass die Krankheit auch in den USA und in Europa wüten könnte, müsste man ja glauben, dass die Meldung zur Impfung Begeisterung über Wochen auslösen könnte. Tatsächlich befasste sich das zweiminütige Segment neben der Feststellung, dass es jetzt einen effizienten Impfstoff gibt, mit einer erneuten Zusammenfassung über den Verlauf der Epidemie selbst. Das Segment schloss mit der Feststellung, dass das Medikament vor drei Jahren dringend gebraucht worden wäre.

Während dessen ist zu dem Zeitpunkt, an dem ich dieses Kapitel schreibe, der 5.1., und das Medikament wurde seither nicht wieder erwähnt. Dafür hat es weitere Details über die Auswirkungen des Anschlags von Berlin gegeben, unter anderem eine erneute Debatte zum Einsatz von Überwachungsanlagen und mehrere Schuldzuweisungen bezüglich der notwendigen Abschiebung, sowie Fragen zum Abschiebe- und Einwanderungsprozess. Und Amri hat wohl am Bahnhof irgendeine Handgeste gemacht. Außerdem wurde an den Anschlag auf Charlie Hebdo erinnert. Der Anschlag von Istanbul übernahm nach Silvester so langsam die Sendezeit, und auch wenn er vergleichsweise schnell wieder verschwand, wurde Anfang Januar Kritik seitens der Partei AfD (Alternative für Deutschland) laut, man habe den Anschlag von Berlin nicht angemessen betrauert, und dem Anschlag in Istanbul werde viel mehr Aufmerksamkeit geschenkt. Obwohl es sehr viel Trauer, Schweigeminuten und ein Meer von Kerzen gegeben hatte, durften die Politiker die Kritik der Minderheit scheinbar nicht auf sich sitzen lassen und richteten im Bundestag noch in der Mitte des Monats eine weitere Schweigeminute während einer Sitzung im Bundestag ein. Soweit ich das absehen kann, war das Thema am 19.1. aber so langsam ausgereizt.

Wäre man mit der guten Nachricht genauso umgegangen, wie mit den Schreckensmeldungen, wäre am ersten Tag von der Existenz des Impfstoffes berichtet worden, dann hätte es ein Profil der Forschungsgruppe und des beteiligten Personals gegeben, es wäre über die ersten Impfungen berichtet worden, in denen strahlende Bürger Guineas ihre Erleichterung darüber ausdrücken, nicht länger bedroht zu sein und ihr Leben leben zu können, es wäre auch über die Erleichterung in den USA und Europa berichtet worden, darüber dass Tourismus und Flugverkehr wieder unbedenklich sind, zumindest was die Krankheit angeht, dann hätte man noch darüber berichtet, wie

Politiker und Organisationen die flächendeckende Versorgung mit dem Impfstoff nun bewerkstelligen müsse, und und und. Das Ganze hätte sich dann auch über einen knappen Monat hingezogen. Das sollte jetzt natürlich mehr ein Beispiel sein, als das, was wirklich passiert ist. Ob sich wirklich jetzt alle freuen und alles jetzt viel besser wird, kann ich nur mutmaßen oder müsste es recherchieren, weil es mir die täglichen Nachrichten ja nicht mitteilen. Statt dessen weiß ich jetzt so ziemlich alles über Anis Amri und frage mich gleichzeitig, ob die unglaublich dichte Berichterstattung trotz aller "Wir lassen uns nicht unterkriegen"-Nachrichten nicht wieder genau das bewirkt hat, was die ursprüngliche Intention war.

Jetzt muss ich besonders vorsichtig sein, um nicht pietätlos zu wirken, aber wozu wurde über den Anschlag so umfassend berichtet? Ist es das, was die Nachrichten tun sollen? Oder berichten sie von diesen Dingen, weil die Macher glauben, dass es das ist, was die Zielgruppe hören will? Es gibt ein psychologisches Phänomen, das mit der "Self Fulfilling Prophecy" verwandt ist und vielleicht einen Teil der Erklärung liefern könnte. Sowohl die SFP, als auch den so genannten "Pygmalion-Effekt" lernt man in der Lehrerausbildung kennen, weil sie gerade im Schulwesen sehr deutlich hervor treten. Die SFP ist noch der bekannteste psychische Mechanismus, weil sie immer wieder Erwähnung findet, ein eigentlich alltägliches und bekanntes Phänomen beschreibt und in jedem Selbsthilfe-Buch und den meisten Sammlungen von Aphorismen vorkommt. Wenn ich ganz fest davon ausgehe, dass ich etwas schaffe, sorge ich automatisch dafür, dass ich auch Erfolg habe. Das kann einerseits eine rein mentale Angelegenheit sein, die nach außen gar nicht bemerkbar ist. Andererseits beeinflusst das positive Denken auch das Handeln im Zusammenhang mit der positiven Einstellung, zum Beispiel dass ich mehr Mut entwickle, mich weniger aus dem Konzept bringen lasse und mit mehr Motivation an eine Arbeit herangehe. Wenn ich davon ausgehe, dass ich ein sehr geschickter Schreiner bin, gebe ich nicht so schnell auf, auch wenn mein Vogelhaus aussieht, wie eine Todesfalle. Selbst wenn ich trotzdem scheitere baue ich wahrscheinlich ein neues Haus, weil ich mir sicher bin, dass der Fehlversuch mein Können nur bestärkt hat und mich zu einem noch besseren Holzarbeiter gemacht hat - oder das Holz war halt schlecht. Natürlich funktioniert der ganze

Trick auch im Negativen...

Der Pygmalion-Effekt funktioniert sehr ähnlich, aber eben nicht in der Form einer Selbstbeeinflussung, sondern er geht von einer fremden Person aus. Um es kurz zu skizzieren: Wenn ich glaube, dass eine Schülerin oder ein Schüler besonders intelligent und fleißig ist, kann das meine Neigung erhöhen, dieses Kind besser zu bewerten, Fehler zu ignorieren oder sogar mehr Energie in die Förderung des Kindes zu investieren, weil ich davon ausgehe, dass es sich lohnt. Dadurch dass ich das Kind besonders fördere und ihm mehr Lob und Gratifikationen zukommen lasse, steigere ich mit großer Wahrscheinlichkeit auch das Selbstvertrauen des Kindes und mache es tatsächlich zu einem besseren Schüler. Auch das funktioniert gleichermaßen im negativen Sinn, und man muss sich als Lehrkraft immer bewusst sein, dass die eigenen Dispositionen und Erfahrungen, Charaktereigenschaften und die aktuelle Verfassung Verzerrungsfaktoren darstellen können, die teilweise gravierend sein können. Weil der Pygmalion-Effekt im Sinne des Rosenthal-Effekts sogar wirkt, wenn wir einfach nur negativ oder positiv denken, wird man als Lehrkraft zu möglichst positiven Sichtweisen bei dem Umgang mit Schülern angehalten, um sie stets im bestmöglichen Licht zu beobachten.

Ein Beispiel zur Veranschaulichung: Es ist eine beliebte Übung in Studienseminaren, angehenden Lehrern Klausuren vorzulegen und diese anhand gegebener Kriterien bewerten zu lassen (inzwischen ist die Korrektur von Klausuren in der Oberstufe ja so durchreguliert, dass scheinbar kaum mehr Platz für subjektive Interpretationen bleibt). Es kommt dann oft heraus, dass die gegebenen Noten bei identischen Klausuren und Kriterienrastern teilweise um eine komplette Note abweichen können. Dies verschärft sich dann, wenn vorher ein Profil des Kindes mitgeliefert wird, in dem es als besonders begabt oder besonders unbegabt dargestellt wird. Übrigens können schon so kleine Dinge wie Namen einen Einfluss darauf haben, ob wir ein Kind als tendenziell schlauer oder dümmer betrachten, wie der Spiegel aus einer Studie der Uni Oldenburg berichtet[13]. Nennen Sie Ihr

---

13 Oliver Trenkamp "Kevins bekommen schlechtere Noten". In: Spiegel, 24.08.2010. Online:
http://www.spiegel.de/lebenundlernen/schule/grundschullehrer-vorurteile-kevins-

Kind vielleicht besser nicht Kevin.

Inwiefern gilt das für den Umgang der Medien mit ihrem Publikum und sich selbst? Auch hier greifen sicherlich beide Effekte. Und hier zeigt sich ein Missverständnis, das sich im Alltag beobachten lässt. Denn trotz aller gegensätzlichen Meinungen haben die Medien, also Zeitungen, Magazine, Radio und Fernsehen, immer noch einen gewaltigen Einfluss auf die Gesellschaft und ihre Wahrnehmung. Während die Skepsis gegenüber der Wahrhaftigkeit der berichteten Inhalte immer lauter zu werden scheint, wird gleichzeitig immer noch in der Politik, aber auch in Satiren und im Kabarett angeprangert, dass die Öffentlichkeit nur so lange an einem Thema interessiert ist, wie es in den Medien präsent ist. Und damit wird nicht Youtube, Twitter oder das Internet an sich gemeint. Zum Beispiel hat der Kabarettist Volker Pispers immer noch ein Jahrzehnte altes Segment in seinem Programm, in dem er die kurze Aufmerksamkeitsspanne des durchschnittlichen Medienkonsumenten kritisiert. Dieser lasse sich immer noch von jeder Hiobsbotschaft nach Belieben hin und her jagen. Wenn über BSE, also die Rinderseuche, berichtet wird, fallen die Verkaufszahlen von Rindfleisch erst einmal auf ein Rekordtief, aber wenn drei Wochen später nicht mehr berichtet wird, futtern alle wieder wie gehabt, obwohl sich an der Lage nicht viel geändert hat. Und so funktioniere das in jedem Jahr immer wieder. Auch ärgerte er sich, dass die Nachrichten im Jahr 2010 über Wochen hinweg jeweils zwei Minuten ihrer wertvollen Zeit über Terry Jones berichteten, einen US-Amerikanischen Prediger, der angekündigt hatte, den Koran zu verbrennen. Zudem monierte er, dass die Medien dem Terrorismus in die Hände spielen. Denn wenn man in Relation setzt, wie viele Menschen durch Terrorismus sterben und wie viele durch vermeidbare Fehler, wie die Übermüdung von Lastwagenfahrern oder Keiminfektionen in Krankenhäusern, die durch regelmäßiges Händewaschen nicht stattgefunden hätten, merkt man, dass es genau das ist, was Terrorismus bewirken soll. Jetzt könnte man sagen, dass gerade durch die Aufmerksamkeit, die der Bedrohung des Terrorismus gewidmet wird, eben dieser so eingedämmt wird, dass es nur zu so wenigen Anschlägen kommt. Aber das ist ein wenig wie der legendäre Witz

---
bekommen-schlechtere-noten-a-712948.html

vom magischen Stein, der Geparden aus der Innenstadt fern hält, was sich ja durch die geringe Zahl an Geparden in der Innenstadt beweisen ließe.

Wem die Aussage eines Komikers nicht genügt, der schaue sich doch einfach den Fall von Marianne Bachmeier an, die im Jahr 1981 einen Akt von Selbstjustiz ausübte, als sie den Mörder ihrer Tochter im Gerichtssaal erschoss. Die Tat an sich ist hier weniger relevant, als die Reaktionen, die in den Nachrichten gezeigt wurden. Der Sender Phoenix strahlte am 17.4.2006 eine Sendung mit dem Titel "Die Rache der Marianne Bachmeier" aus. Der kurze Bericht enthält neben dem Hergang an sich auch Umfragen, die auf der Straße durchgeführt wurden. Die präsentierte Meinung der Passanten war deutlich. Man hätte selbst wahrscheinlich genauso gehandelt. Was Frau Bachmeier getan habe sei vollkommen richtig gewesen. Auch der NDR berichtete und zeigte eine entsprechende Dokumentation. Als die Nachrichten immer mehr Details zu den sozialen Hintergründen Bachmeiers preisgaben und die Tat in einem anderen Licht erschien, wandelte sich auch die Meinung in den Umfragen. Was sie gemacht habe sei ein Vertrauensbruch gegenüber der Justiz gewesen. Sie habe nicht das Recht gehabt, eigenmächtig zu entscheiden, es sei ein Skandal. Ich gehe jetzt grundsätzlich davon aus, dass die Interviews nicht selektiert wurden, um die jeweilige Haltung widerzuspiegeln.

Der Punkt ist, dass die Informationsmedien einen großen Einfluss auf die Haltungen und Gefühlslagen der Bevölkerung hatten und diesen immer noch haben. Dadurch haben sie die Möglichkeit, auch aus ihrem neutralen Modus herauszutreten und moderierend positiv auf die Gesellschaft einzuwirken. Nun tritt mit dem freien Internet in zweifacher Weise ein äußerst mächtiger Gegenspieler auf. Erstens vervielfachen sich die Anbieter alternativer und größtenteils sehr subjektiver Perspektiven und zusätzlicher schnell zugänglicher Informationen, und zweitens können die Konsumenten ihre passive Rolle abstreifen und selbst heraussuchen, was sie interessiert. Und weil der normale Nutzer wenig differenziert und tendenziell die Informationen sucht, die die eigene Position untermauern, ist ein Bereich, in dem das Internet den etablierten Informationsmedien den Rang abläuft, die (politische) Meinungsmache. Und das ist bedenklich eben weil das Internet an sich ein fast völlig unkontrolliertes Medium ist. Dass die etablierten Medien kontrolliert sind meine ich hier allerdings nicht so, dass politische Eliten sie für ihre eigenen Agenden missbrauchen, sondern dass das Konzept, dass sich die wesentlichen Anbieter von Nachrichten gegenseitig korrigieren, durch die Vielzahl kleinerer Kanäle aufgelöst wird und letztlich nur noch Verwirrung existiert, die den einzelnen Nutzer dazu zwingt, sich allein auf die Wahrheitssuche zu begeben. Bei dieser Gelegenheit kann ich dann auch mal auf ein sehr leidiges aktuelles Thema eingehen, das sich seit 2014 aufgebaut hat und derzeit in seiner vollen Blüte steht.

postfaktische Politik und Gesellschaft

Die Gesellschaft für deutsche Sprache hat das Wort "postfaktisch" zum Wort des Jahres 2016 gemacht (nicht zum Unwort, denn das war "Volksverräter"). Und ich gehe davon aus, dass die mit der Entstehungsgeschichte des Begriffs verbundene Glaubwürdigkeitskrise für die Politik und die Presse ein hausgemachtes Problem ist. Rückgreifend auf den Pygmalion-Effekt und den Umstand, dass die verschiedenen Medien über Jahrzehnte hinweg eine gut kultivierte Position in unserer Gesellschaft bekleidet haben, gehe ich davon aus, dass die Organe der Presse durch verschiedene Ereignisse den Eindruck gewonnen haben, dass die Gesellschaft ihrer Berichterstattung nicht mehr vertraut und dass die von einigen lauten Stimmen proklamierten Ängste und Stimmungen wirklich allgemein geteilt werden. Als Reaktion haben es die Medien immer wieder thematisiert und problematisiert, wodurch sie, wie sie es schon immer gemacht haben, die öffentliche Meinung immer weiter in eben diese Richtung gelenkt haben. Hätte man in der Sache etwas souveräner reagiert oder etwas weniger über die Querulanten berichtet, die diese Situation befeuert haben, wäre uns die ganze Misere vielleicht erspart geblieben. Denn wenn es wahr wäre und wir in einer postfaktischen Gesellschaft angekommen sind, wird das eine echt bittere Zeit. Der Begriff "postfaktisch" impliziert nämlich den Gedanken, man habe in einer Zeit der Lügen und Manipulationen keinerlei Chance, überhaupt noch jemandem vertrauen zu können. Deshalb müsse und dürfe alles das als wahr gesehen werden, was man selbst als wahr und richtig empfinde.

Dass diese Verkünder von Angst und Unbehagen langsam auch in eben jene kritisierten Medien strömen zeigt sich in den Interviews und Kommentaren, die zum Beispiel der Journalist Claus Strunz in der Talkshow Maischberger oder im Morgenfernsehen beim Privatsender Sat1 äußert. Während er bei Maischberger sehr sachlich argumentiert, verkürzt er bei seinem Kommentar bei Sat1 seine Aussagen, so dass er Tatsachen, Diskutables und persönliche Gefühle miteinander so vermischt, dass man ohne genau zuzuhören nicht mehr auseinander halten kann, was nun was ist, und dabei jede Sachlichkeit und Neutralität, die sein Berufsstand fordert, vermissen lässt. Aber bitte schauen Sie sich zur Überprüfung des Eindrucks die Clips selbst an, die in den Mediatheken und auf Youtube sind[14].

Naja, eigentlich sollte ich mich gar nicht beschweren. Wenn es stimmt, dass wir in einer Gesellschaft angekommen sind, in der Fakten nicht mehr wichtig sind, sondern nur noch Gefühle und Meinungen zählen, und in der die Stammtische mit akademischen Forschungseinrichtungen gleichziehen, bräuchte ich eigentlich gar nicht mehr so viel für mein Buch zu recherchieren und müsste nur einige oberflächlich glaubwürdige Gedanken präsentieren, die den meisten Menschen eingängig sind, wenn ich sie nett verpacke. Immerhin macht es viel Mühe, darauf zu achten, Aussagen möglichst genau zu recherchieren und sie, wenn es nicht anders geht, als Gedanken und Meinungen zu markieren. Das klingt zunächst albern und übertrieben trotzig, aber bedenken Sie, dass wir in einer Gesellschaft leben, in der Thilo Sarrazin, ein Volkswirt, ein Buch mit dem Titel "Deutschland schafft sich ab" schreiben kann, in dem er unter anderem platte Rassenkunde und Pseudogenetik betreibt und allein wegen seiner skandalösen Aussagen reißenden Absatz und große Aufmerksamkeit gefunden hat, obwohl schon sehr früh deutlich erkennbar war, dass ein wesentlicher Teil seiner Aussagen inhaltlich falsch und kulturell unsensibel war.

Wenn man der Presse glauben kann, etwa Panorama oder Zapp, dann schwindet das Gefühl, dass man den Medien glauben kann, immer weiter, weil vermutet wird, dass die Inhalte allzu sehr von politischen

---

14 https://www.youtube.com/watch?v=y--8rfACAAY
    https://www.youtube.com/watch?v=3yUTDWXBNYA

Interessen gelenkt werden, die Medienmacher wenig kompetent sind und, wie zuvor dargestellt, die klassischen Nachrichten inzwischen nicht mehr relevant sind. Deshalb wendeten sich auch einige Menschen damals an das Magazin Kopp oder in den letzten Jahren mehr an Russia Today. Beides sind Programme, die der normalen Berichterstattung diametral gegenüber stehen. Und aus einer gesellschaftswissenschaftlichen Perspektive ist das genauso witzig, wie erschreckend zu beobachten. Denn mit einem ähnlichen sozialen Mechanismus wenden sich diejenigen, die glauben, dass die Presse lügt, denjenigen zu, die so extreme und offensichtlich propagandistische Meinungen verbreiten, dass dadurch die professionelle Berichterstattung der etablierten Medien zu einem gefühlten Gegenpol einer gleichwertigen alternativen Wahrheit gemacht wird. Dann wird das, was man ansonsten als Wahrheit akzeptiert hätte, in eine neu kreierte Mitte verschoben. Welche Quellen aufgerufen werden, um diese Mitte beliebig zu verschieben, das liegt aber noch größtenteils bei dem Konsumenten selbst.

Aber warum wird das gemacht? Warum suchen sich Menschen ihre subjektive Wahrheit? Und warum scheint das Vertrauen, das die Menschen in eine Wahrheit, die ihnen täglich auf dem Silbertablett gereicht wird, nicht mehr zu bestehen? Ich will mich jetzt weniger mit den politischen Kampagnen zur Demontage der etablierten Medien befassen oder mit Einzelfällen, die deren Glaubwürdigkeit beschädigt haben, sondern mit einer wesentlich grundlegenderen Entwicklung in unserer Kultur. Zuerst eine kleine Erläuterung: Wenn ich mit meinen Schülern Themen behandle, wie Kurt Lewins Experiment zur Wirkung verschiedener Führungsstile, oder die Ideen der Reformpädagogik, insbesondere Ellen Keys Bild vom Kind oder Maria Montessoris Einfluss auf die Gestaltung von Bildung für kleine Kinder, ruft das nicht selten Verwirrung hervor. Meistens merkt jemand an, dass das doch keine bahnbrechenden Ideen sind, für die man lange nachdenken muss. Dass eine komplett autoritäre Gruppenleitung mit starken Hierarchien, wenig Wertschätzung, Druck und vielleicht sogar Gewaltanwendung nicht so effizient ist, wie eine freundlich leitende, aber grundlegend demokratische und wertschätzende Führung, liege doch auf der Hand. Dass diese Erkenntnisse aber zu einem bestimmten Punkt in unserer Geschichte wirklich ungewöhnlich oder vielleicht sogar undenkbar, skandalös oder einfach lächerlich waren und erst durch die Wissenschaft in die Politik und schließlich in das kollektive Bewusstsein der Bevölkerung gelangen mussten, um zu alltäglichem Denken zu werden, muss erst einmal verstanden werden, um solche scheinbar nahe liegenden Gedanken wertschätzen zu können.

Seit Urzeiten beschäftigt sich auch die Philosophie, und daran anknüpfend und ausbauend die Psychologie mit der Frage, wie Wissen entsteht und was wir überhaupt als wahr empfinden können. Der Wahrheitsbegriff ist in der Philosophie schon von den alten Griechen erforscht und debattiert worden. Das Höhlengleichnis von Platon ist wahrscheinlich jedem bekannt, der irgendwann in seinem Leben Religions- oder Philosophieunterricht erhalten hat. Besser bekannt und relevanter für die gegebene Situation ist René Descartes' Gedankenexperiment, in dem er sich Anfang des 17. Jahrhunderts, kurz zusammengefasst, dem Szenario widmete, dass vielleicht alles, was er als real wahrnimmt, tatsächlich nichts als eine elaborierte Täuschung ist. Man könne sich nie ganz sicher sein, ob nicht alles ein realistischer Traum oder eine Fassade ist. Einzig greifbar bleibe die Existenz des getäuschten Selbst. Anders gesagt kann ich alles leugnen und alles für eine elaborierte Lüge halten, aber nicht mich selbst.

Bekanntheit bekam Descartes' Gedankengut durch den Film "Matrix", dessen Geschichte im Kern auf diesem Grundgedanken aufbaut. Natürlich haben die verschiedenen Zweige der Philosophie diesen Gedanken aufgegriffen und weiterentwickelt. Und Descartes ist zusammen mit John Locke oder Gottfried Wilhelm Leibniz nicht der Urheber, aber ein wesentlicher Vordenker für den radikalen Konstruktivismus, den der Philosoph Ernst von Glasersfeld im 20. Jahrhundert aus der Erkenntnistheorie ableitete, und der eine Erläuterung der aktuellen Situation liefern kann. Es geht darum, dass alles, was wir wissen und alles, was wir in dieser Welt als wahr oder real bezeichnen können, letztlich auf unseren eigenen Konstrukten aufbaut und den Erfahrungen, die wir selbst gemacht haben.

Als ich in Unna Schüler unterrichtete, lasen wir eine Statistik, derzufolge 18% der Kinder in Unna von Armut bedroht sind. Inzwischen liegt die Zahl übrigens bei 21%. Jedenfalls kam sofort Skepsis auf. Die Gymnasiasten der 9. Klasse, die ich gerade unterrichtete, wendeten ein, dass dann ja in dem Klassenraum mit 22 Schülern mindestens vier betroffen sein mussten. Keiner könne sich wirklich einen Reim daraus machen, denn die Gegenden, aus denen die Kinder kamen, waren ganz gut situiert. Bis zu der Erkenntnis, dass es auch in Unna viele arme Familien gibt, die man nur nicht immer vor Augen hat, lebten die Schüler also, subjektiv betrachtet, in einer Stadt, die für jeden einen gewissen Lebensstandard bietet, so dass Armut nur eine bloße Randerscheinung ist. Und Statistik hilft auch eher selten, jemanden von einer Sache zu überzeugen.

Manchmal verblüfft mich die Energie mit der manche Menschen harte Fakten an den Rand drängen, damit ihr Weltbild stabil bleibt. Gerade erinnere ich mich auch an eine Kommilitonin, mit der ich ständig die gleichen Seminare belegt hatte, und die es sehr gut verstand, gestandene Professoren zur Weißglut zu bringen, indem sie fast grundsätzlich gesicherte empirische Studien und Statistiken in Frage stellte, weil sie irgendein obskures Gegenbeispiel kannte, die fragliche Sache selbst anders beobachtet hatte oder einfach nicht der gleichen Meinung war, wie der Professor oder die Professorin. Manch eine Lehrperson hätte sie sicherlich durch das geschlossene Fenster aus dem Raum geworfen.

Mit Fluggästen verhält es sich ähnlich wie mit dieser Kommilitonin. Am 25.2.2015 gab der Focus Online noch gute Tipps, wie man einen Flugzeugabsturz überleben kann und tröstete die Leserschaft mit einer Statistik, derzufolge 65% derer, die weiter vorne sitzen, den Absturz überleben. Weiter hinten werde es dann ein wenig unsicherer, aber nach allem sei das Flugzeug ein immer noch sehr sicheres Verkehrsmittel, und die Wahrscheinlichkeit, bei einem Flug abzustürzen und ums Leben zu kommen, liege laut einer Studie des Flugversicherers Allianz Global Corporate & Specialty bei 1 zu 29 Millionen. Am 24.5.2015 gab die Süddeutsche Zeitung in einem weit positiver gefärbten Bericht etwas andere Zahlen an, aber der Tenor war einheitlich: Fliegen ist sicher, und tragische Abstürze sind sehr selten. Das ist beruhigend, aber weil jeder größere Flugzeugabsturz in die Zeitungen und Nachrichten-sendungen gelangt entsteht der Eindruck, dass Fliegen ein gefährliches Unterfangen ist. Und wenn Sie in einem Flugzeug sitzen, bei dem dann eine Panne eine Notlandung notwendig macht, werden Sie wahrscheinlich nicht wie

Walter Faber in Max Frischs "Homo Faber" feststellen, dass das doch nun wirklich eine sehr unwahrscheinliche Gegebenheit ist. Wenn einem Menschen etwas Schlimmes widerfährt, kann ihm oder ihr doch egal sein, wie statistisch unwahrscheinlich das ist. Wenn ein Mensch nie davon erfährt, dass er in einer der Gegenden mit der höchsten Kriminalitätsrate Deutschlands lebt, dann ist die Gegend für ihn eine schöne Nachbarschaft mit freundlichen Menschen und der beste Ort der Welt. Wenn er meint, dass viel zu viele Ausländer in seine Nachbarschaft oder nach Deutschland ziehen und somit nicht nur die Wirtschaft ruinieren, sondern auch die gesellschaftlichen Werte unterminieren, dann hat er aus verschiedenen biographischen Gründen ein Weltbild entwickelt, durch das er gegenüber Einwanderung sensibel, skeptisch oder sogar paranoid geworden ist und für den diese unweigerlich zu einer Katastrophe führen wird, wenn man sie nicht schleunigst auf 0 reduziert.

Wir alle leben in den Welten, die wir uns selbst schaffen oder die wir uns über unsere Enkulturation oder den gezielten Einfluss unseres Umfeldes aneignen. Diese Interpretationsfreiheit der objektiven Realität stößt durchaus an seine Grenzen. Wenn Sie eine Straße an einer scheinbar sicheren Stelle überqueren und dann von einem Auto umgefahren werden können Sie gerne sagen, dass Sie im Recht waren und die Schuld beim Fahrer liegt, aber so oder so werden Sie es sehr schwer haben, zu leugnen, dass Ihr zerschmetterter Körper zügig irgendeine Form medizinischer Unterstützung benötigt, sei es nun eine zünftige Operation oder eine Ladung Globuli. Unabhängig von solchen Extrembeispielen funktioniert eine Gesellschaft nur, wenn alle Individuen eine gewisse Schnittmenge zwischen ihren Interpretationen haben und eben nicht jeder für sich seine subjektive Realität erstellt und mit Klauen und Zähnen verteidigt.

Wenn jedenfalls eine einzelne Person überzeugt davon ist, dass die etablierten Nachrichtenmedien im Auftrag der Politiker und der Lobbyverbände, denen sie hörig sind, die Wahrheit verdrehen, um Krieg und Angst in die Welt zu bringen, dann ist das genau so eine subjektive Realität. Wie sich diese spezielle Vorstellung verbreitet hat und scheinbar zu einer Schnittmenge in einer großen Bevölkerungsgruppe geworden ist, kann ich mit meinem bescheidenen kleinen Lehrerhintergrund nur erahnen, aber in der Psychologie gibt es ja auch eine geistige Störung mit dem schönen Namen "Konfabulation". Das ist zwar jetzt eine hochgradig unwissenschaftliche Zusammenfassung des Krankheitsbildes, aber das Ganze funktioniert so, dass ein Mensch eine Wahnvorstellung hat, und nach und nach überträgt sich sein Wahn auf andere Menschen wie bei einem Schneeballeffekt bis alle mitmachen. Die einzelne Person schließt sich einem Kollektiv an, um unterdrückte eigene Persönlichkeitsmerkmale und Einstellungen zu potenzieren und an die Oberfläche zu bringen, ohne befürchten zu müssen, mit ihrer egoistischen Haltung allein dazustehen. Die Presse befand sich irgendwann durch die Aktionen und "Lügenpresse"-Vorwürfe von Pegida und AfD in einem Zugzwang, die Sache zu ignorieren oder sich darauf einzulassen und gegen zu halten. Als auch mehrere Gruppen, die scheinbar keine direkte Verbindung zu den beiden Gruppen hatten, auch auf den Wagen aufsprangen, kippte die Lage.

Die Mischung aus der nicht wahrgenommenen Möglichkeit, sich zu informieren und einen Blick über den Tellerrand zu werfen, und der Leitung der eigenen Handlungen durch Empfindungen und Gefühle hat schon seine ersten sehr ungünstigen Auswirkungen im Jahr 2016 gehabt. In Europa kochten die Gefühle auf, als das Vereinigte Königreich seine stetige Drohung wahr machte, und unter dem Premierminister David Cameron ein Referendum abhielt, um zu entscheiden, ob man in der EU bleibe oder nicht. Cameron hatte das Referendum im festen Glauben veranlasst, dass das Votum zu Gunsten Europas und letztlich seines Heimatlandes ausfallen würde, und warf sogar sein Amt in den Ring. Was auch immer man über Cameron sagen kann, er hielt sein Wort und trat von seinem Amt zurück, als die Briten für den "Brexit", also den Austritt aus der EU stimmten.

Das Ergebnis gab aber Raum für sehr viel Kritik. Erst einmal war das Ergebnis sehr knapp: rund 52% wollten die EU verlassen, und die Aufteilung zwischen Altersklassen und Zugehörigkeit zu den verschiedenen Ländern warf viel Kritik auf. Die Schotten, die erst 2014 mehrheitlich für den Verbleib im Vereinigten Königreich gestimmt hatten, hatten ihre Entscheidung wesentlich mit der Bindung an die EU begründet, aus der sie ansonsten hätten austreten müssen. Im Referendum zum "Brexit" stimmten die meisten Schotten deshalb für den Verbleib. Auch dieses Ergebnis war übrigens äußerst knapp.

Auch ein Generationenkonflikt kam auf, zusammen mit der bissigen Frage, ob man nicht ein Maximalalter einführen sollte, ab dem man nicht mehr wählen oder an Entscheidungen teilnehmen dürfe, die die Zukunft der jüngeren Generationen beeinflussen. Denn für den Austritt stimmten wohl besonders die älteren Untertanen. Weil die Wahlzettel auf eine einfache Frage mit einer möglichen "leave or remain" Antwort reduziert waren, gab es auch keine Abstufungen des eigenen Befindens. Ob diejenigen, die "remain" angekreuzt hatten, damit meinten, dass sie die EU tendenziell okay fänden und eher als vorteilhaft empfänden, oder ob sie einen Austritt als Desaster sehen würden, ging aus der reinen Statistik nicht hervor. Soweit es diese betrifft, musste beinahe die Hälfte der Briten nun aus der EU mit austreten, obwohl sie es nicht wollten.

Unschöner als diese Querelen war nur die sehr deutlich von Häme und Missgunst geprägte Berichterstattung in Deutschland, und zwar über alle Kanäle und Medien hinweg. Sogar die Moderatoren, die eine sehr gute Reputation als neutrale und sachliche Berichterstatter genossen (die ich selbst dafür zumindest sehr geschätzt habe), ließen sich zu der einen oder anderen Zote hinreißen oder vergriffen sich bei den Beiträgen teils sehr im Ton. Deswegen bin ich an dieser Stelle auch nicht hundertprozentig sicher, ob die im Fernsehen gezeigten Ausschnitte aus den Umfragen zum Austritt aus der EU wirklich repräsentativ waren, die nach dem Votum Bürger in London zeigten, welche überrascht von dem Ergebnis waren und zugaben, sie hätten aufgrund der vielen Anti-EU Kampagnen mit Wut im Bauch abgestimmt und sich erst danach informiert, was für oder gegen diesen Austritt spräche und welche Auswirkungen er haben könnte.

Weil es im Jahr 2016 fast das einzige und omnipräsente Thema gewesen ist, will ich der seltsamen Entscheidung der US-Amerikaner*innen (auch hier in einem sehr knappen Wahlergebnis), einen fast völlig politikfremden Unternehmer an die Spitze ihres Staates zu setzen, nicht zu viel Platz widmen. Was am Ende daraus wird, muss sich zeigen, aber es war eindeutig eine sehr riskante Investition, die angeblich wesentlich durch die Politikverdrossenheit der Bürger als Zeichen des Protestes getätigt wurde. So sahen das zumindest auch die Politiker im EU-Parlament, wie der Spiegel berichtet[15]. Auch hier hatten sich die Medien, wie nach der Wahl reumütig zugegeben wurde, nicht so oft von der Schlammschlacht mitreißen lassen sollen. Es war halt wirklich eine lang anhaltende und spektakuläre Show, wenn es nicht um die Wahl eines der wichtigsten Ämter der Welt ginge, soweit es die internationale Politik betrifft. Wenn sich die Skepsis bewahrheitet, dann haben sich die Bürger der USA selbst geschädigt, um der Politik einen Denkzettel zu verpassen.

Das scheinbar mangelnde Vertrauen in die Politik und die mit ihnen in Verbindung gesehenen Nachrichtenmedien führt dazu, dass sich die Menschen selbst aufmachen, um die Wahrheit zu suchen oder sogar ihre eigenen Nachrichten zu machen. Wenn etwas passiert, was für die einzelne Person wichtig ist, wird erst einmal Google angestrengt, dann Youtube. Zumindest tun das die Jugendlichen vornehmlich so, wenn man die Jugendstudien aus 2015 und 2016 in Betracht zieht, über die ich aber noch etwas genauer schreiben will, wenn es um die Jugend selbst geht. Ich kann mir jedenfalls nur vage vorstellen, wie frustrierend es für einen Nachrichtensender oder eine Zeitung sein muss, einen Beitrag zu recherchieren, Quellen zu eruieren und in einem langen und ausführlichen Beitrag zu präsentieren, nur um dann festzustellen, dass in Leserbriefen, Mails und Internet-Kommentaren Videos verlinkt werden, die jemand mit einer Handykamera aufgenommen hat, oder grundsätzlich angezweifelt wird, dass die Wahrheit gesagt wird - oder einfach nur so gegen die Herausgeber gewettert wird. Schlimmstenfalls ist eine Nachricht über den Tag hinweg zu schon zu einem "alten Hut" verkommen. Besonders unschön wird es sein, dass selbst ernannte Reporter zwar nicht den Regeln, Verträgen und Verhaltensvorschriften des Journalismus folgen, die den Beruf überhaupt ausmachen, aber trotzdem in ihrer Glaubwürdigkeit auf die selbe oder eine sogar höhere Stufe gestellt werden. Die sowieso schon problematischen Gaffer, die immer wieder an Unfallstellen die Rettungskräfte behindern, werden durch ihre gefühlte Verpflichtung, die Öffentlichkeit zu informieren, oder ihrem Wunsch, den Knüller auf ihrer Medienseite zu veröffentlichen, in ihrem Handeln nur noch bestärkt.

---

15 Artikel von Markus Becker für den Spiegel vom 09.11.2016:
http://www.spiegel.de/politik/ausland/eu-reaktionen-zur-us-wahl-wahlsieg-von-donald-trump-als-weckruf-a-1120450.html

Das führt mitunter zu solchen Situationen, wie sie sich in Hagen ereignet hatten. Im April 2016 wurde am Bahnhof ein neunjähriges Mädchen von einem Auto angefahren. Wegen der Unfähigkeit der Autofahrer, eine ordentliche Rettungsgasse zu bilden und der riesigen Traube von Gaffern, die das Mädchen fotografierten und filmten, kamen die Rettungskräfte nur mit Schwierigkeiten an den Ort des Geschehens, wie die Pressestelle der Polizei später berichtete[16]. Besonders auffällig war aber, dass einige der Gaffer nicht einmal bereit waren, ihren guten Blick auf den Unfallort aufzugeben und zur Seite zu gehen. Manche forderten die Rettungskräfte sogar auf, ihrerseits mal eben ein wenig zur Seite zu gehen, weil sie im Blickfeld standen. Platzverweise wurden ignoriert, und erst durch die Anforderung von Verstärkung, die dann von den Gaffern als übertriebene Härte gesehen wurde, konnte die Rettung ordentlich ablaufen. Am Ende musste das Kind, welches von einem Hubschrauber abgeholt wurde, sogar mit Sichtschirmen vor den, wie die Polizei angab, hunderten von Gaffern geschützt werden.

Und, um diesen Abschnitt zu beenden, ich glaube nicht, dass diese Personen einfach nur Perverse, unmenschliche und egoistische Wesen sind - oder nicht nur. Sie haben neben einer natürlichen Neugier und Begeisterung für das Schreckliche irgendwann das Bedürfnis entwickelt, selbst zu Informationsquellen zu werden, das Netz um möglichst viele Daten zu bereichern und ihre Angst, ihr Erstaunen und ihre ganzen Gefühle umgehend in möglichst großer Stärke mit ihrem Umfeld zu teilen. Sie wollen und können nicht warten, bis sie irgendwann am Abend mit ihren Freunden oder ihrer Familie zusammen sitzen, um ihnen von dem schrecklichen Vorfall zu berichten. Sie wollen und brauchen alles, jetzt sofort und ungefiltert.

<u>neue Rolle der Informationsmedien</u>

Jetzt kann man ewig spekulieren, wer in welchem Maß an der gegebenen Situation Schuld trägt oder ob diese überhaupt so schlimm ist, aber was für praktische Konsequenzen sind denkbar und sinnvoll?

---

16 Artikel von Franziska Hein für RP Online vom 14.04.2016: http://www.rp-online.de/nrw/panorama/unfall-in-hagen-gaffer-werden-immer-hemmungsloser-aid-1.5903391

Ein Klischee ist, dass die Rechtspopulisten und Stammtischbewohner selbst in Anbetracht der extremen Medienpräsenz ihrer scheinbaren Meinung darum bitten, ihren Sorgen mehr Gehör zu schenken. Und ehrlich gesagt bin ich davon überzeugt, dass dies der beste Weg wäre, in einen Dialog zu treten und sachlich zu bleiben. Im Vorfeld müssen die Medien aber darauf achten, sich nicht selbst zu diskreditieren, so dass, wenn es eine Diskussion gibt, bei der vernünftige Sachargumente auf Polemik treffen, nicht der Schreihals als Gewinner hervor geht. Und genauso wie bei den entsprechenden Gruppen davon ausgegangen wird, dass die Medien lügen und die Wahrheit böswillig verzerren, geht die Gegenseite davon aus, dass die Rechtspopulisten unbelehrbare Querulanten sind, die einfach nur ihren Frust auf ein einfaches Opfer lenken wollen. Ängste müssen wahrgenommen, aber nicht potenziert werden. Und gerade in der Konzeption eines Plans, um mit der Sache umzugehen oder für jegliche Einzelfälle haben die Universitäten der BRD doch mehr als genügend Medienpsychologen, Kommunikationswissenschaftler und Psychotherapeuten ausgebildet, die auch nicht alle in die Werbungs- und Marktforschung gegangen sind.

Außerdem müsste man sich noch einmal grundsätzlich über die Rolle der Medien in unserer Gesellschaft verständigen und reflektieren, wozu sie da sind. Wie beschrieben haben sie immer noch einen wichtigen Einfluss auf die Wahrnehmung von Themen des Weltgeschehens. Ob es nun eine Folge von Marktstrategien ist oder eine kopflose Kurzschlussreaktion auf die Entwicklung des immer schnelleren Informationsflusses, kann ich nicht vollständig herausarbeiten, aber im Kern sehe ich keinen Gewinn darin, über alles möglichst schnell und löcherig zu berichten oder über Wochen ein Thema tot zu reiten, nur weil der Gedanke besteht, dass es das sein könnte, was die breite Masse interessiert. Gerade weil es für jede Nachrichtensendung, jeden Radiosender und jedes Tagesblatt inzwischen solche Hilfsmittel gibt, wie Internetseiten, Ticker, Twitter-Handles, Mediatheken, ja sogar eigene Apps und Social-Media Präsenzen, kann man die Informationen doch viel besser verteilen. Die täglichen Nachrichten können auf aktuelle Themen aufmerksam machen, einen Überblick geben und Informationsquellen bereit stellen, um die Sache selbst weiter zu verfolgen. In den

Hauptnachrichten kann man dann einmal in der Woche über die wichtigsten Ereignisse zu dem Zeitpunkt berichten, wenn alle Fakten auf dem Tisch liegen und man davon ausgehen kann, dass sie ordentlich recherchiert und sorgfältig geprüft worden sind. Und das Konzept gibt es ja schon bei einigen Sendern. Es wird nur nicht mehr so konsequent durchgehalten. Ein Beispiel ist die Tagesschau, die zwar auf ihre Tagesschau-App verweist, damit sich die Zuschauer über ein gegebenes Thema weiter informieren können, aber immer noch nicht ganz von ihrem klassischen Schema abgewichen ist.

Die Welt ist groß, und es passiert täglich sehr, sehr viel. Genug, um eine tägliche Nachrichtensendung oder ein wöchentliches Magazin zu füllen. Und dass vieles davon keinen Menschen interessiert, ist eigentlich egal, weil selbst bei der bisher stattfindenden Selektion nicht davon auszugehen ist, dass jeder Leser oder Zuschauer auch nur an der Hälfte der Dinge interessiert ist, über die berichtet wird. Alle Details und Aktualisierungen kann man dann problemlos in die Hilfsmedien packen, wo man auch für Transparenz sorgen und Öffentlichkeitsarbeit leisten kann, damit die Nutzer einen Bezug zu dem Programm und den Personen dahinter bekommen können. Gerade die öffentlich-Rechtlichen, die auf Werbeeinnahmen gar nicht angewiesen sind, und für die Quoten keine Frage von Leben und Tod sind, können sich bei der Auswahl der Themen alle Ruhe lassen und müssen nicht sensationslüstern auf Klatsch, Tratsch, Sex und Blut zurück greifen, um sich interessanter zu machen. Sie können statt dessen sachlich, neutral und gegenüber Kritik souverän arbeiten, während sie sich konstruktiver Kritik und Anregungen aus den bekannten Quellen stellen, um ihr Programm zu verbessern.

Persönliche Empfindlichkeiten und mediale Kriegsführung sind für beide Seiten in diesem Konflikt völlig sinnlos. Insgesamt könnte den Medien ohne eine allzu große Beschneidung ihrer Neutralität als vierte Gewalt ein weitaus größerer Anspruch als Quelle für inhaltliche Bildung (durch Reportagen aus aller Welt, nicht nur der Westlichen) und als moralischer Fixpunkt zukommen.

Beim Schreiben und Lesen habe ich zwar Informationen zu dem Auftrag gefunden, den die Medien haben, und Matthias Langrock, ein Reporter von den Ruhr Nachrichten, hatte in einem Fortbildungskurs über die Aufgaben und die Berufsethik aufgeklärt, aber was ich als

Verbraucher will musste ich mir noch einmal gründlich durch den Kopf gehen lassen. Natürlich will ich über manche Dinge möglichst schnell informiert werden. Wenn ich mit dem Auto fahre und ein Stau oder Geisterfahrer auf meinem Streckenabschnitt ist, würde ich das schon gerne wissen, um nicht in Probleme zu geraten. Wenn ein Unwetter im Anzug ist, will ich wissen, ob ich mir den Spaziergang nicht besser verkneife oder schon mal für Glatteis am kommenden Tag plane. Und wenn ein wahnsinniger Mörder in meiner Gegend unterwegs ist darf mich mein lokaler Sender gerne auch sehr detailliert auf dem Laufenden halten, bevor er mich auf dem Weg zur Mülltonne überfällt und aus meiner Haut einen Pyjama macht. Informationsschnipsel fraglicher Herkunft und Korrektheit kann ich bequem und schnell im Internet finden und brauche dafür keine Nachrichten, außer wenn sie mich auf Dinge aufmerksam machen, die ansonsten komplett an mir vorbei gegangen wären. Denn das sind meines Erachtens die wirklich wichtigen Nachrichten. Wenn ich aber zu einem zentralen Thema genaue und gut recherchierte Informationen haben will, dann möchte ich mich auf die Nachrichten verlassen können und nicht immer wieder feststellen, dass die auch nicht viel mehr wissen als Google mir direkt sagen kann.

Auch wenn es mich, wie jeden normalen Menschen, bestürzt, wenn ein Geisteskranker ungeachtet seines Motivs oder Hintergrunds Menschen tötet oder verletzt, wie eben in Berlin, dann möchte ich die Gelegenheit haben, angemessen darauf zu reagieren und mich, falls es mich besonders betrifft, dann selbst informieren, statt Tag für Tag mit zweiminütigen Segmenten regelrecht belästigt zu werden, die mir nichts Neues mitteilen. Wie viele Menschen jetzt genau gestorben und verletzt worden sind, ist mir nicht egal, aber ich empfinde es als genauso bizarr, wenn es irgendwie als wichtig gesehen wird, wie viele Menschen genau gestorben sind, wie wenn unnötigerweise erwähnt wird, dass unter den Opfern auch Frauen und Kinder sind, um die Dramatik zusätzlich zu erhöhen (bei einem Vorfall im Ausland, dass Deutsche unter den Opfern sind). Übrigens sinkt, zumindest im ARD, die Zahl der Erwähnung von Frauen unter den Opfern seit 2015 beständig. Das habe ich mal wegen einer Unterrichtsreihe zu Gleichberechtigung verfolgt.

Um nicht ständig das Gefühl zu bekommen, dass es eigentlich nur

Krieg, Seuchen und Terrorismus gibt, würde ich auch gerne mal Gutes aus der Welt erfahren. Was sich bei meinen Recherchen und Überlegungen als sehr schwierig herausgestellt hat ist aber gerade die Frage, was genau "gute Nachrichten" sind. Und ich meine jetzt wirklich gute Nachrichten, nicht Tröstliches, wie der Umstand, dass aus einem durch Korruption und Pfusch zusammengestürzten Kaufhaus eine Person lebend geborgen wurde, sondern genuin Positives. Ein Beispiel ist ja die erfolgreiche Erforschung eines Impfstoffes gegen Ebola, selbst wenn das ja auch ein wenig aus dem Negativen berichtet werden muss. Durchbrüche in der Forschung könnte man sich noch vorstellen. Aber wie oft kommt so etwas vor? Und sind nicht die Nachrichten, in denen es um Feierlichkeiten oder positive Statistiken geht, eher Dinge, die man zur Kenntnis nimmt, die einen wenig bewegen oder sogar trivial erscheinen? Es müssten Nachrichten sein, die allgemein als gut betrachtet werden können und wenig Spielraum für Verriss geben. Aber da liegt das Problem. Alles kann verrissen werden, und alles wird verrissen, gerade im Netz, wo es jeder sehen und lesen kann und die größten Stänkerer und Trolle die größte Bühne bekommen.

Als über die Olympiade 2016 berichtet wurde, gab es in den Nachrichten immer einige Überblicke über die Wettkampftage und Szenen, die am Rande geschehen waren. Natürlich wurde das alles durch den politischen Eklat mit Russland wegen der Vorwürfe von Doping sehr getrübt, und bei der Handhabung des Austragungsortes war man sich, wie oft davor, nicht ganz sicher, ob alles mit rechten Dingen zugegangen war. Es gab während der Wettkämpfe ein Bild, bei dem eine südkoreanische Athletin mit einer Nordkoreanerin zusammen für die Kameras posierte. Das wurde als ein sehr schönes Zeichen für den Frieden gesehen - vom Fotografen. In den Kommentaren wurde dort, wo das Bild ins Netz gestellt worden war und eine entsprechende Sektion existierte, geunkt, man habe die Athletin aus Nordkorea wohl zum letzten Mal gesehen. Die positive Nachricht wurde von vielen Nutzern als naiv und unsinnig bezeichnet[17]. Als am Ende des Jahres 2016 über die um 1% gefallenen

---

17 Der Athletin müsste es aber gut gehen, wie die BBC berichtet:
http://www.bbc.com/news/world-asia-37030696

Arbeitslosenzahlen berichtet wurde, nahm die Meldung ganze 23 Sekunden ein und wurde nicht nur von einem Segment von 2 Minuten gefolgt, welches sich mit dem Aufstand in einem brasilianischen Gefängnis befasste, sondern wurde sehr schnell mit der Gegendarstellung gekontert, in der kritisiert wurde, dass die Statistik geschönt sei und bestimmte Gruppen ausklammere. Weil das schon seit Jahren Routine ist, hätte man darauf doch auch direkt eingehen können, statt die Gegendarstellung abzuwarten, die zwar gegen die Politik gerichtet war, aber als Kollateralschaden die Medien als Lügner darstellte.

Warum die ganze Negativität? Platt ausgedrückt bringen uns gute "Wohlfühlnachrichten" nichts, und wie schon dargestellt sind negative Gefühle intensiver in ihrem Erleben, leichter auszulösen und mit dem richtigen Futter auch recht einfach aufrecht zu erhalten. Und wenn man nicht am passiven Ende der Gefühle steht, sondern diese auslöst, ist es ein gefahrloses Hochgefühl für viele Menschen. Und wie man es so gern über Kinder und "Problemschüler" sagt: Auch negative Aufmerksamkeit ist willkommene Aufmerksamkeit für manche.

Es kann aber auch praktische Gründe haben, negativen Themen den Vorrang zu geben. Während der wöchentlichen Konferenzen an unserer Schule fiel einigen Kollegen auf, dass es ein besonderes Missverhältnis zwischen positiven und negativen Themen gibt. Den Problemen werde viel zu viel Zeit gewidmet. Als beschlossen werden sollte, zwischendurch auch darauf zu achten, Positives hervorzuheben und zu besprechen, waren andere Kollegen nicht ganz zufrieden mit dieser Idee. Sie kämen nicht zu den Konferenzen, um sich bestätigen zu lassen, dass alles prima ist und wir alle tolle Arbeit leisten. Sie wollten anstehende Veranstaltungen planen, konstruktive Kritik üben und diese zur Verbesserung der Abläufe und Strukturen nutzen, indem sie darüber beraten. Sie wollten neben Fördermöglichkeiten auch über besondere Problemsituationen von Schülern informiert werden, damit sie Lösungsansätze dafür finden können. Und so funktionieren die Konferenzen auch. Natürlich muss man sich bewusst sein, dass trotz vieler negativer Themen die Gesamtlage gut ist, aber im Kern ermöglichen gerade diese Problematisierungen eine gezielte Auseinandersetzung und eine Schaffung von Lösungsansätzen, Vereinbarungen und Klärungen, die von der ganzen Gruppe getragen und durchgeführt werden. Das geht insbesondere weil wir als Kollegium in einer Gruppe zusammengefasst sind und durch Weisungen, unsere professionelle Ethik und einen Sozialvertrag miteinander verbunden sind.

Im Gegensatz dazu ist das Internet selbst bei der Existenz von Moderatoren in Foren, auf Homepages oder anderen Plattformen ein loser Zusammenschluss anonymer Individuen, und eine annähernd ähnliche Zusammenarbeit ist nicht möglich. Trotzdem glaube ich, dass auf lange Sicht eine wesentliche neue Rolle der Medien sein wird, die Gesellschaft möglichst positiv zu beeinflussen, indem sie zu einer moralischen Instanz wird und die Möglichkeit bietet, möglichst viele Perspektiven und Anregungen zu bieten, die in einer nicht zwingenden und glaubwürdigen Weise den Rezipienten dargereicht werden. Es geht hier übrigens nicht um eine Forderung nach einer Bestärkung für die bissigen Kommentare, die manche Nachrichtenformate enthalten. Diese sind selten deeskalierend oder diplomatisch gestaltet und wenig hilfreich, um das Vertrauen der Leser und Zuhörer zu gewinnen. Der Ausbau der Medien als moralische Instanz wäre ein Projekt, an dem man für die Zukunft arbeiten könnte, jedoch wäre es ein Bruch mit den bisher bestehenden Prinzipien.

WIE UNS DIE DIGITALE WENDE BEEINFLUSST

Eine kurze Standortbestimmung, bevor es weiter geht: Das Internet gibt uns also als eine der wahrscheinlich wesentlichsten Erfindungen der Neuzeit zusammen mit dem Handy die Möglichkeit, jederzeit schnell, unkompliziert und effektiv zu agieren, uns jederzeit mit der gesamten Welt zu verbinden und in Sekunden auf alles zuzugreifen, das die Menschheit in den Weiten des Netzes niedergeschrieben hat. Wir können als Individuen viel einfacher unsere eigenen Wahrheiten finden oder schaffen und diese mit den von außen an uns herangetragenen Angeboten vergleichen, um sie zu akzeptieren oder abzulehnen. Jeder Gedanke kann notiert und mit tausenden von Menschen per Tastendruck geteilt werden. Gleichzeitig ist das Handy eine immer greifbare Ablenkung und Versuchung, und wir werden immer mehr daran gewöhnt, alles sofort zu bekommen. So langsam verlieren wir die Möglichkeit und letztlich auch die Fähigkeit, zu warten oder uns zu langweilen, weil immer was zu tun ist. In den kritischen Werken, die zu der digitalen Wende und ihren Auswirkungen auf unsere Gesellschaft und die nachfolgenden Generationen geschrieben worden sind, wird auch deutlich davor gewarnt, dass wir das Denken immer mehr an die Maschinen abgeben und nicht, wie man vielleicht glauben könnte, dadurch Kapazitäten frei haben, um unseren Gedächtnisspeicher zum Beispiel nicht mit zwanzig verschiedenen Telefonnummern oder Straßenkarten zu belasten, für die wir ansonsten wertvolle Neuronen opfern müssten.

Aber die Möglichkeit, immer vernetzt zu sein, wurde längst von der scheinbaren Notwendigkeit abgelöst, immer erreichbar zu sein. An meinem Freundeskreis bemerkte ich, dass wir dem Sog der Konsumgesellschaft nicht ganz entronnen waren, obwohl wir doch in einem gesunden Verhältnis zu den neuen Medien aufgewachsen waren. Ein Freund regte sich einmal darüber auf, dass seine Freundin ihn ständig nerve. Sie rufe ihn dauernd an, um zu fragen, was er gerade mache, wie es ihm gehe und wo er gerade sei. Sogar beim morgendlichen Joggen lasse sie ihn nicht in Ruhe. Ich fragte ihn, warum er denn sein Handy dabei habe und es nicht wenigstens auf Stumm schalten könne. Er verstand die Frage erst nicht, meinte aber dann, dass er doch mitbekommen müsse, wenn irgendetwas passiert. Auf die Frage, ob denn so oft etwas passiere, dass er ständig auf Abruf sein müsse, meinte er, das sei nicht so, aber man könne ja nie wissen.

Immer erreichbar zu sein kann zwar seine Vorteile haben, aber man muss auch wissen, wann man auch mal abschalten muss, um abschalten zu können. Verständlich ist das langfristige Einschalten und Mitnehmen des Handys, wenn es um Verabredungen geht. Eine Arbeitsgruppe meines Fortbildungskurses hatte verabredet, dass wir uns am Nachmittag in Bochum treffen, zumal wir an verschiedenen Schulen in relativ weit voneinander entfernten Städten arbeiteten. Normalerweise nehme ich mein Handy nicht mit zur Schule, also nahm ich es diesmal ausnahmsweise mit, schaltete es aber aus. Nach dem Unterricht überprüfte ich kurz das Handy, stieg aber dann in mein Auto, um nach Bochum zu fahren. Während der Fahrt hatte ich das Handy ausgeschaltet, weil ich es eh nicht benutzt hätte. Als ich in

Bochum angekommen war, schaute ich noch einmal kurz nach, und es hatte in der Zwischenzeit wohl eine Menge spontane Planung gegeben, die darin resultierte, dass wir uns doch nicht treffen konnten, weil das Kind einer Kollegin krank geworden war und die Gruppe dann umdisponiert hatte. Ich müsse also nicht nach Bochum fahren. Es war ein wenig ärgerlich, aber ich dachte mir, dass die Situation ohne die Existenz von Handys weit unbequemer gewesen wäre. Wir hätten uns nur zu dritt getroffen und nicht gewusst, wo unsere vierte Person ist, bis wir von einer Telefonzelle aus angerufen hätten. Oder sie wäre gekommen, weil sie keine Möglichkeit gehabt hätte, uns zu kontaktieren, und hätte ihr Kind in die Obhut ihres ältesten Sohnes gegeben, was sie in der Diskussion über WhatsApp schon angeboten und ausgetrieben bekommen hatte. Wäre ich einer dieser Menschen, die ihr Handy immer eingeschaltet haben und auch während der Fahrt Möglichkeiten ausschöpfen, das Gerät weder ausgeschaltet, noch unbenutzbar zu haben, hätte ich in der gegebenen Situation Zeit und Geld gespart. Und jetzt ist es eine Frage der Perspektive, ob das Handy gerade die Möglichkeit gibt, effizienter zu handeln, während der Stress, immer erreichbar zu sein, ein notwendiger Nebeneffekt ist - oder ob wir vom Handy mehr und mehr abhängig werden und die gelegentliche Effizienzsteigerung ein minimaler Gewinn ist, der uns aber noch stärker bindet.

Wie schnell sich aber auch die älteren Generationen in die Abhängigkeit neuer Medien begeben haben, zeigt sich nicht nur darin, dass die meisten von uns aufgeschmissen sind, wenn das Navi versagt oder wenn das Handy eine Telefonnummer nicht richtig abgespeichert hat. Dass wir jeden einzelnen Gedanken unseres Lebens mitteilen führt zu seltsamen Situationen. Neulich las ich eine Nachricht, in der jemand schrieb: "Igitt. Bin gerade in Hundekacke getreten. Verdammte Hunde!". Die Person wollte sich wohl einfach direkt mal abregen und das Äquivalent eines lauten Wutschreis durch das Netz jagen. Aber gleichzeitig hat die Person allen mitgeteilt, dass sie gerade in einen Hundehaufen getreten ist. Normalerweise wäre so etwas doch eher etwas, das man verschweigt und versucht, die Schuhe zu reinigen, bevor man irgendwo hin geht. Und es werden noch wesentlich empfindlichere Daten geteilt, als das. Vielleicht haben Sie das auch schon erlebt, dass Sie Sachen, die Sie lieber persönlich mitgeteilt bekommen hätten, erst über Facebook oder ein anderes soziales Netzwerk erfahren. Ein Klassiker ist natürlich das besoffene Foto der letzten Party, das auch die zu sehen bekommen, für die es gar nicht bestimmt war, oder der veränderte Beziehungsstatus "es ist kompliziert", der schnell der Auslöser für den Statuswechsel zu "single" gesorgt hat.

Das heißt, dass wir auf der einen Seite ein erstaunliches Vertrauen in das Internet setzen und ihm alles anvertrauen, während wir es aber gleichzeitig mehr wie ein Spielzeug behandeln und weder es, noch die Menschen darin wirklich ernst nehmen. Im Folgenden möchte ich anhand einiger Beispiele illustrieren, welche Ausmaße das annehmen kann. Zuerst einmal möchte ich aber einige Erfolgsgeschichten erwähnen, die zeigen, dass die Möglichkeiten unserer Konsumgesellschaft, gepaart mit den digitalen Errungenschaften und der Mentalität der Instant-Gesellschaft zu schnellem Geld führen konnten, auch wenn dazu oft auch die Gier oder Naivität anderer Menschen notwendig war.

Erfolgsgeschichten und Peinlichkeiten

Die großen Namen, die bis jetzt auch schon oft gefallen sind, bieten natürlich die besten Beispiele für Menschen, die erfolgreich die Zeichen der Zeit erkannt hatten. Unter den neueren Erfolgsstories ist aber auch WhatsApp nennenswert, ein Programm, das sich zwar nicht wirklich stark von früheren Instant-Messengern abhob, aber eben auf dem Handy funktionierte, eine gewisse Zahl praktischer Funktionen enthielt und so Nutzerfreundlich gestaltet war, dass die Nutzerzahlen beständig stiegen. Fünf Jahre nach der Veröffentlichung der App wurde sie für insgesamt 19 Milliarden Dollar an Facebook verkauft[18]. Milliarden. Und ich weiß immer noch nicht, wie sich solch ein Kauf jemals rechnet.

In kleineren Maßstäben gab es aber auch Erfolgsgeschichten, bei denen clevere Menschen durchaus auf legalem Weg viel Geld verdienen konnten. Vielleicht erinnern Sie sich an die Millionen Dollar Homepage? Der Engländer Alex Tev stellte 2005 eine

---

18 https://www.welt.de/wirtschaft/article125021667/Facebook-kauft-WhatsApp-fuer-19-Milliarden-Dollar.html

Homepage ins Netz und verkaufte sie Pixel für Pixel an jeden, der ein Anrecht kaufen wollte, Teil seines Millionenprojekts zu sein[19]. Wer einen Pixel oder mehrere davon besaß konnte sie nach Belieben einfärben und mit links zu Homepages versehen. Die Kosten beliefen sich auf etwa einen Dollar, und Tev wollte sich damit sein Studium in Nottingham finanzieren. Wegen der Klicks auf die Homepage und Werbeeinnahmen nahm er am Ende über 3 Millionen Dollar ein.

Als immer mehr Entwickler Apps für das Handy auf den Markt warfen gab es so ziemlich für alles irgendein Gadget, das man sich vorstellen konnte. Es gab aber auch Spaß-Apps, und damit ist nicht eine Witzesammlung gemeint, sondern totaler Schrott, den irgendwer auf den Markt geworfen hatte, einfach weil er es konnte. Es gab da zum Beispiel die "I am rich!"-App, die von Armin Heinrich nur für wenige Tage im App Store auf iOS verfügbar war und dann wieder entfernt wurde[20]. Sie bestand nur aus einer Grafik eines sich drehenden roten Edelsteins und dem goldenen Schriftzug "I am Rich! I deserv[e] it. I am good, healthy & successful". Die Sache war, dass die App für knapp 1000 Dollar erworben werden konnte. Obwohl die App bereits am nächsten Tag wieder entfernt wurde, hatten sich schon acht [!] Nutzer die App gekauft. Und Apple erstattete im Endeffekt nur zwei Nutzern ihr Geld zurück, scheinbar weil der Rest keine Reklamation eingereicht hatte oder aus anderen Gründen nicht reklamieren konnte.

Über die bestehenden Crowdfunding-Portale zu schreiben würde zu weit vom Thema ablenken, aber im Kern geht es darum, dass jemand ein Projekt vorstellt und um finanzielle Unterstützung bittet, damit er das Projekt durchführen kann. Auch Crowdfunding-Portale wie Kickstarter sind einerseits ein Zeichen dafür, dass Nutzer immer aktiver bestimmen können, was sie haben wollen und wofür sie Geld ausgeben wollen, und andererseits dafür, wie eben jene Nutzer auch kräftig über den Tisch gezogen werden können. In der Mitte bewegen sich die Aufrufe zur finanziellen Unterstützung eines Projekts, die so

---

19 http://www.milliondollarhomepage.com/ und ein Artikel dazu aus dem Stern: http://www.stern.de/digital/online/-million-dollar-homepage--vom-student-zum-millionaer-3292732.html
20 http://www.pcwelt.de/news/I-Am-Rich-Geheimnis-von-teuerster-iPhone-Software-496032.html

albern sind, dass sie eine gewisse Berühmtheit und unangemessen hohe Finanzierungen erhielten. Zum Beispiel Zack "Danger" Browns Kickstarter-Kampagne, in der er anbot, für einige Dollar einen Kartoffelsalat zu machen[21]. Er kündigte aber auch an, er habe das noch nie gemacht, und es sei wahrscheinlich am Ende kein guter Kartoffelsalat. Wie es für solche Projekte üblich ist, setzte Brown Meilensteine, also zu erreichende Gesamtbeträge bei den Spenden, ab denen er den Spendern besondere Belohnungen versprach, die aber auch allesamt mehr oder minder albern waren. Nur zwei Beispiele: Würde er 250 Dollar insgesamt erreichen, würde er bessere Majonäse aus dem Bioladen verwenden. Bei 1000 Dollar würde er live streamen, wie er den Kartoffelsalat macht. Er schoss insgesamt ein wenig über sein gesetztes Ziel von maximal 3000 Dollar hinaus und nahm rund 55.500 Dollar ein. Jeder Mensch hat natürlich das Recht, mit seinem Geld anzustellen, was er will, aber wir sind offensichtlich dazu bereit, nur so zum Spaß eine Menge Geld für totalen Unsinn auszugeben.

Nun aber zu den finsteren Beispielen, was passiert, wenn der Versuch unternommen wird, das Netz für ernsthafte Angelegenheiten zu nutzen. Wobei, einen Guten hab ich noch gefunden. Das Britische "Natural Environment Research Council" startete im Jahr 2016 als Publicity Stunt eine Aktion, ein 200 Millionen Pfund teures Forschungsschiff von Internetnutzern per Abstimmung benennen zu lassen[22]. Die Intention war, auf das Schiff und die Arbeit des Naturforschungsinstituts aufmerksam zu machen, eine gewisse Bindung aufzubauen und eventuell zukünftige Generationen für die Forschung zu begeistern. Wer die Simpsons-Folge kennt, in der die Kinder die Versammlungshalle benennen durften, oder einfach mal einige Minuten im Netz verbracht hat, kann sich schon denken, was dann passierte. Der BBC Moderator James Hand schlug im Scherz vor, das Schiff doch einfach "Boaty McBoatface" zu nennen. Und die Zuschauer seiner Sendung fanden das so witzig, dass sie tatsächlich diesen Namen unterstützten. Am Ende landete der Name mit mehr als

---

21 https://www.kickstarter.com/projects/zackdangerbrown/potato-salad?lang=de
22 Artikel von Spiegel Online vom 06.05.2016:
  http://www.spiegel.de/wissenschaft/technik/untersuchungskommission-ermittelt-wegen-boaty-mcboatface-a-1091104.html

dem Dreifachen der Stimmen, den der zweite Platz bekam, auf dem ersten Platz. Das NERC war peinlich berührt und befand sich in einer Zwickmühle, denn entweder würde das stolze Schiff, dessen Vorgänger würdevolle Namen trugen, jetzt wirklich auf diesen albernen Namen getauft werden müssen, oder der ganze PR-Gag würde komplett nach hinten losgehen. Man entschied sich am Ende, den ersten ordentlichen Namen von der Wahlliste zu nehmen (den 5. Platz) und das Schiff RSS David Attenborough zu nennen. Die Nutzer waren ein wenig enttäuscht, wandten sich aber schnell wieder anderen Dingen zu. Die öffentlichen Behörden ließen jedoch nicht allzu schnell von dem Vorfall ab. Die ganze Benennungssache war immerhin als eine hochoffizielle Angelegenheit gehandhabt worden, und der gewählte Gewinner war nicht zu seinem Recht gekommen. Letztlich zwang eine nicht ernst gemeinte und leichtfertige Aktion eine Behörde, viel Arbeit zu investieren, um eine Forschungseinrichtung dazu zu zwingen, ihrem Forschungsschiff einen dämlichen Namen zu geben. Der alberne Scherz schlug also große Wellen. Das Schiff hieß am Ende trotzdem Attenborough, aber wenigstens wurde der erstplatzierte Name für eins der kleineren Forschungsboote genutzt, über die das Schiff verfügt.

Das arme Schiff ist aber nicht das einzige Ziel achtloser Nutzer geworden. Im April 2012 berichtete die Huffington Post von dem Projekt zweier Künstler aus Berlin, die eine Guillotine gebaut hatten und eine Umfrage im Netz starten wollten, ob sie mit diesem Gerät ein Lamm enthaupten sollten[23]. Wenn man jetzt auf die Seite der Künstler geht, sieht man eine scheinbar eindeutige Umfrage, die klar gegen die Enthauptung steht. Das liegt aber daran, dass man auch jetzt noch seine Stimme abgeben kann, auch wenn die Umfrage schon geschlossen wurde. Tatsächlich lag das Votum für die Enthauptung lange vorne und wurde erst zwei Wochen vor dem Ende der Abstimmung von den Nein-Stimmen eingeholt. Am Ende war es relativ knapp, aber das Lamm konnte weiter leben. Und jetzt muss man sich noch einmal vergegenwärtigen, dass es hierbei um einen so genannten no-Brainer ging, also um eine Entscheidung, über die man

---

23 Artikel von Lucas Kavner für die Huffington Post vom 06.05.2012:
http://www.huffingtonpost.com/2012/05/05/guillotine-lamb-sheep-germans-sold_n_1483957.html

eigentlich doch gar nicht nachdenken sollte. Niemand hätte einen ernsthaften Vorteil davon gehabt, ein Lamm einfach sterben zu lassen. Zu glauben, dass fast die Hälfte der Abstimmenden so pervers war, dass sie gerne die Tötung eines Lamms sehen wollten, oder dass sie so zynisch waren zu sagen, dass täglich Lämmer geschlachtet werden und eins mehr oder weniger keinen Unterschied macht, weil es danach bestimmt noch irgendwie verwertet wird, halte ich für sehr unwahrscheinlich. Wie bisher ausgeführt gehe ich davon aus, dass diejenigen, die für den Tod des Lamms stimmten, dies deshalb taten, weil sie die Künstler vorführen wollten. Sie gingen möglicherweise davon aus, dass, wenn die Abstimmung sie dazu nötigt, das Lamm umzubringen, sie einen Rückzieher machen würden. Das Leben eines Tieres zu gefährden, nur um zu beweisen, dass man Recht hatte, ist aber wohl eine ebenso seltsame Motivation und zeigt noch einmal, wie eigenartig unser Verhalten im Netz ist, gerade wenn die virtuelle auf die reale Welt trifft. Übrigens haben die Künstler ihre Guillotine später für 2,3 Millionen Dollar verkauft.

Bei dieser Gelegenheit kann ich auch meine Altersgenossen an "Second Life" erinnern, bevor im kommenden Abschnitt die immer wieder gemachte Beobachtung aufgegriffen wird, dass sich Jugendliche tendenziell in die virtuellen Welten zurück ziehen. Die Begeisterung für das Internet mit seinen scheinbar unbegrenzten Möglichkeiten nahm mit der Zeit so zu, dass sich ein US-amerikanischer Konzern mit dem Namen Linden Lab vornahm, den nächsten Schritt zu gehen und eine parallele Welt zu erschaffen, in der möglichst viele Menschen, repräsentiert durch ein virtuelles Selbst, ein zweites Leben aufbauen können. Diese Welt sollte eigene Geschäfte, eine eigene Politik, ein eigenes Währungssystem und vieles mehr enthalten, so dass am Ende eine gleichwertige digitale Parallelwelt entstehen sollte. 2003 ging das Projekt online. Die potentiellen Nutzer*innen und die Medien waren zwar nicht ganz gleicher Meinung, aber es erschien insgesamt als eine interessante Idee. Diskutiert wurde, dass es sich um eine ganz neue Form des Eskapismus handele. Wer in dieser Welt nicht erfolgreich sei, der könne in der alternativen Realität vielleicht besser klar kommen, wurde geunkt. Jedenfalls stellte sich nach einer Weil heraus, dass das Projekt vor seiner Zeit veröffentlicht worden war. Tatsächlich scheinen, wie ich lesen kann, die Nutzerzahlen immer noch recht hoch zu sein, aber der virtuelle soziale Durchbruch, auf den abgezielt worden war, wurde nicht bewirkt. Die Datentransferraten waren noch nicht schnell genug, Computer und Handys mussten noch eingebunden werden, um jederzeit in die alternative Welt zu wechseln, statt nur vom Standrechner aus arbeiten zu können, und, wie immer, wurde das Projekt nicht allzu ernst genommen. Wären die technischen Bedingungen gegeben gewesen, wäre unsere Generation mit der gleichen Begeisterung eingetaucht, wie die Jugendlichen in Spielwelten wie "World of Warcraft". Linden Lab plant allerdings inzwischen eine zweite Version, wie es scheint.

Der Vorwurf, dass die Kinder heute nur schrottige Musik hören und insgesamt kitschig und albern sind, schwebt beim Gedanken an die Millennials auch im Raum, aber da möchte ich nur einmal an Schnappi und den Crazy Frog erinnern. Schnappi, ein Lied über ein kleines Krokodil, das von einem kleinen Kind gesungen wurde, war vielleicht ein unterhaltsames Kinderlied, aber weil viele Menschen das Lied und den Gesang so drollig fanden, verkaufte sich die Single millionenfach und ließ die anderen produzierten Songs ihrer Zeit weit hinter sich. In Deutschland, Österreich und der Schweiz landete das Lied im Jahr 2005 auf Platz 1 der Single-Charts und blieb im Schnitt 30 Wochen in den Top-10. Im gleichen Jahr besetzte der weit weniger niedliche "Crazy Frog" ähnliche Positionen für etwa 25 Wochen, war aber zudem im Vereinigten Königreich lange auf Platz 1. Und dabei war es erstens nichts anderes als ein aufgepepptes Cover von Harold Faltenmeyers "Axel F", nur mit zusätzlichen nervigen gesungenen "Motorgeräuschen" eines quäkenden Frosch-Charakters, und zweitens war das Maskottchen ein besonders hässlicher androgyner Frosch, der eben diese nervige Stimme hatte. Was ihn so beliebt machte, war mir immer schleierhaft. Aber die Konsumenten fuhren voll drauf ab. Wenn es also nun um die Generation der aktuellen Jugendlichen geht, behalten Sie bitte im Hinterkopf, dass wir in vielerlei Hinsicht nicht viel besser waren oder sind.

DIE DIGITALISIERTE JUGEND

Wenden wir uns nun also wirklich mal den Millennials zu, die sich am anderen Ende der Generation befinden und von der digitalen Wende in einem anderen Ausmaß betroffen sind. In mehreren Publikationen befassten sich Neil Howe und William Strauss mit der Lebenswelt der Jugend und prägten im Zuge dessen die nun am Häufigsten verwendete Bezeichnung für die heutigen Jugendlichen und jungen Erwachsenen[24]. Interessanterweise sind ihre Beobachtungen insgesamt wesentlich positiver ausgefallen, als die Zuschreibungen der späteren Autoren, die sich mit derselben Population befassten und dieses Label übernahmen. Sie liefern in ihrem Buch "Millennials Rising - The Next Great Generation" eine große Bandbreite an Studien und Widerlegungen allgemeiner und fast ausschließlich negativer Annahmen zur jungen Generation und kehren diese nicht selten ins Gegenteil. Aufgrund des Veröffentlichungsdatums stammen die Daten allerdings höchstens aus dem Jahr 1999, und seitdem ist relativ viel passiert. Naja, wenigstens ziehen sie für meinen Teil der Generation den Karren aus dem Dreck, mit dem man uns bewirft, und das nehme ich dankbar zur Kenntnis.

Denn nicht um mich abzugrenzen, aber aus einem bestimmten Grund sehe ich mich und meinen Jahrgang nicht als vollwertige Teilnehmer dieser Gruppe. Fernsehen und Videospiele hatte ich als Kind und junger Jugendlicher zwar auch, und wenn es nach dem Soziologen Neil Postman geht hat das schon eine große Menge an potentiellem Schaden angerichtet, aber die Teildigitalisierung unseres Alltagslebens und die damit verbundene gravierende Beschleunigung der Globalisierung ist etwas, in das ich, wie ich es ausführlich beschrieben habe, erst im Verlauf meiner Teenagerzeit langsam hineingewachsen bin. Und das macht meines Erachtens einen deutlichen Unterschied. Man muss sich vor Augen halten, dass die bislang beschriebene Entwicklung für die heutigen Jugendlichen und jungen Erwachsenen im Alter von etwa 20 Jahren oder weniger gar nicht mehr wahrnehmbar ist. Als sie in die Welt geboren wurden, war diese schon

---

24 Howe, N. und W. Strauss. Millennials Rising - The Next Great Generation. Vintage, 2000. ; Generations. Quill, 1992.

(weitestgehend) fertig digitalisiert, und sie hatten sie nie anders erlebt. Deshalb hat alles, was uns verwundert, ärgert, erfreut oder nachdenklich macht, für die jüngeren Millennials eine Aura des Selbstverständlichen. Gleichzeitig sind sie gefangen in einem Zustand, in dem sie in zwei Welten leben, die sich gegenseitig in Frage stellen, und die letztlich für den Millennial gleichermaßen real, ideal und falsch sind. Das, was im Netz passiert, wird von ihnen oft viel ernster genommen, als eventuelle Einzelaussagen von realen Erwachsenen. Es zeigt sich auch, dass die Millennials ein besseres Bewusstsein dafür haben, dass die anderen Nutzer tatsächliche Menschen sind. Aber andererseits gehen sie genauso unmenschlich mit ihnen um, wie die älteren Generationen, die das Internet überwiegend nicht ernst genommen haben und es als eine Spielwiese benutzen, während sie nur allzu oft vergessen, dass am anderen Ende reale Personen sitzen. Oder sie nutzen es als entmenschlichtes Werkzeug, wie ein Haustelefon oder eine Schreibmaschine, und nicht als eine geradezu lebendige Entität. Im Folgenden werde ich mich mit der Frage befassen, was der freie Zugriff aus das Internet mit den Kindern und Jugendlichen macht, um dann darzustellen, wieso diese Generation in einem scheinbar so schlechten Licht erscheint.

<u>definierende Eigenschaften und Zuschreibungen</u>

Wenn wir im Pädagogik-Unterricht über die Jugendphase sprechen zeige ich meinen Schülern immer gerne dieses Zitat und frage sie, von wem es kommen könnte.
> Die Jugend liebt heutzutage den Luxus. Sie hat schlechte Manieren, verachtet die Autorität, hat keinen Respekt vor den älteren Leuten und schwatzt, wo sie arbeiten sollte. Die jungen Leute stehen nicht mehr auf, wenn Ältere das Zimmer betreten. Sie widersprechen ihren Eltern, schwadronieren in der Gesellschaft, verschlingen bei Tisch die Süßspeisen, legen die Beine übereinander und tyrannisieren ihre Lehrer.

Meistens gehen die Schüler von einem Zitat aus, das aus den 50ern oder 60ern stammt. Gesagt haben soll das aber angeblich der griechische Philosoph Sokrates, also ist das Zitat gut 2400 Jahre alt.

Fairerweise muss man sagen, dass Sokrates das wahrscheinlich nicht genau so gesagt hat und es nur überliefert worden ist. Außerdem gehe ich davon aus, dass er kein Deutsch sprechen konnte. Zudem fand ich zahllose Zitationen, aber keine Hinweise darauf, wo dieses Zitat genau her kommt oder wie es überliefert wurde, wenn es denn echt ist. Am Ende könnte es ihm in den Mund gelegt worden sein, wie bei Marie Antoinette das Zitat mit dem Kuchen. Aber in beiden Fällen muss uns genügen, dass es die Person aufgrund der sonstigen Überlieferungen durchaus hätte gesagt haben können.

Ähnliches gilt für seinen Kollegen Hesiod. Er hatte sich mit dem Einfluss der verschiedenen Generationen (Altersklassen) auf das soziale Gefüge und die Geschichte seiner Gesellschaft befasst, und von ihm ist dieser Schluss überliefert:

> Ich habe keine Hoffnung mehr für die Zukunft unseres
> Volkes, wenn sie von der leichtfertigen Jugend von
> heute abhängig sein sollte. Denn diese Jugend ist ohne
> Zweifel unerträglich, rücksichtslos und altklug. Als ich
> noch jung war, lehrte man uns gutes Benehmen und
> Respekt vor den Eltern. Aber die Jugend von heute will
> alles besser wissen.[25]

Überlegen Sie einmal, ob, als Sie in Ihrer Jugendphase waren, das Bild, das die Elterngeneration von Ihnen und Ihresgleichen hatte, sehr viel besser war, als jenes, welches heute über die aktuelle Jugend verbreitet wird. Die Wahrscheinlichkeit ist, abhängig von ihrem sozialen Umfeld, sehr hoch, dass es nicht besonders positiv war, abgesehen von der gelegentlichen Kontrastierung durch öffentliche Sprecher, die die Jugend als die Zukunft unserer Gesellschaft bezeichneten und dazu aufforderten, diese mit allen Mitteln zu fördern. Die Unterschiede liegen dabei aber immer in den politischen, sozialen und kulturellen Nuancen, die von der jeweiligen Zeit gesetzt worden sind. Eine Komponente ist unabhängig von ihrem aktuellen Auslöser aber immer ein Vorwurf bezüglich der wesentlichen Charaktereigenschaften, die der Jugend zugeschrieben werden. In Deutsch-

---

25 Hier übrigens noch ein interessanter Artikel:
http://www.bildungswissenschaftler.de/5000-jahre-kritik-an-jugendlichen-eine-sichere-konstante-in-der-gesellschaft-und-arbeitswelt/

land sind diese ständigen Generationenkonflikte besonders gut durch die geschichtlichen Meilensteine und die daraus resultierenden Protestbewegungen, sowie öffentliche Sentiments und Agenden dokumentiert. Was ist aber diesmal das Problem, dessen Wurzel wir zu ergründen haben, damit die kommende Generation, die noch in ihren Kinderschuhen steckt, zur Abwechslung mal nicht komplett verkorkst wird?

Zu Beginn des Buches erwähnte ich Tomas Chamorro-Premuzics Artikel im "Guardian" mit dem Titel "Are Millennials as bad as we think?". Und auf den Inhalt gehe ich im Folgenden ein, denn die Grundlagen sind durch die bisherige Darstellung jetzt vorhanden, um nicht ständig für zusätzliche Darstellungen absetzen zu müssen. Denn die Aussagen des Unternehmers und Professors für Wirtschaftspsychologie aus London fußen auf seiner Perspektive auf die wirtschaftliche Entwicklung der nachfolgenden Generation. Deshalb will ich seine Befunde aus einer pädagogischen Sicht noch ein wenig ergänzen. In dem Artikel erläutert Chamorro-Premuzic, was er auch in mehreren Interviews noch einmal ausgeführt hat. Die Jugendlichen und jungen Erwachsenen, die man als Millennials bezeichnet, leben in einem paradoxen Umfeld, gefangen zwischen mehreren Extrempolen. Sie sind ambitioniert und gleichzeitig faul, vollständig vernetzt und doch von sich selbst absorbiert, idealistisch (nicht konform) und gleichzeitig materialistisch, sowie schwer zu motivieren und gleichzeitig sehr engagiert. Er bricht, wie erwähnt, auch gewissermaßen eine Lanze für die armen konfligierten Kinder, indem er eine Teilschuld für ihre Lage auch bei den Eltern und Institutionen sieht, aber im Kern warnt er letztlich vor einer Generation, die schwierig zu handhaben und kompliziert für den Arbeitsmarkt einzusetzen ist.

Ganz besonders lange und ausführlich wurde der erste Punkt besprochen, und der hat es auch in sich. Jugendliche sollen faul sein und gleichzeitig den Anspruch haben, ohne große Mühen großen Erfolg im Leben zu haben. So gesehen ist das ja nicht einmal ein Gegensatzpaar. Ein Ausdruck, der in dem Artikel direkt aufkam, war "entitlement", also das Anspruchsdenken der Millennials. Es geht hier weniger um einen üblen Charakter, sondern darum, dass die Elterngeneration, inklusive der Institutionen, wie Schulen und

Universitäten, den Kindern immer wieder gesagt hatten, sie seien etwas Besonderes und hätten eine glorreiche Zukunft vor sich, einfach weil sie sind, wer sie sind, und weil sie in einem goldenen Zeitalter aufwachsen. Natürlich haben solche Zusagen auch etwas mit dem Stolz der Institution zu tun. Können Sie sich vorstellen, wie enttäuscht ich war, als ich irgendwann herausfand, dass mein kleines Gymnasium in Greven nicht eine Oase der Bildung war, wie es mir immer gesagt worden war? Später musste ich sogar schlucken, dass scheinbar die Bildung, die man in NRW bekommt, der anderer Bundesländer unterlegen ist, wie es Vergleichsstudien, etwa die PISA-E Studie, suggerierten, und Deutschland selbst nicht so gut da stand.

Natürlich führt das haltlose Versprechen, jedes Kind sei etwas Besonderes und habe das Potential, alles zu werden, was es will, dazu, dass Jugendliche tendenziell ihre eigene Genialität als Grund sehen, sich nicht besonders anzustrengen. Ihnen wurde ja offensichtlich eine riesige Menge Talent und Grandiosität in die Wiege gelegt. Und für den eigenen Erfolg über Gebühr arbeiten zu müssen würde ja das Gegenteil beweisen. Dem gegenüber, und das merkt man als Lehrer immer wieder, sinkt die Frustrationstoleranz gewaltig.

Der US-amerikanische Autor und Unternehmensberater Simon Sinek vertritt in einem Interview bei "Inside Quest" eine sehr ähnliche Position[26]. Er nennt auch einen wesentlichen Leitspruch, der eine Grundüberzeugung vieler Eltern zusammenfasst: "Du kannst alles sein, was du willst, solange du es nur stark genug wünschst.". Und dies ist eine radikale Verkürzung klassischen Erfolgsdenkens auf ein einzelnes Element, den Ehrgeiz und eventuell noch den reinen Willen. Aber ohne andere Komponenten, wie etwa echte Tatkraft, harte Arbeit, ein entsprechendes Durchhaltevermögen und die Fähigkeit, Kontakte zu knüpfen oder mit Rückschlägen klarzukommen, ist reine Determination nur recht wenig wert. Im Interview selbst ergänzt Sinek, dass viele Kinder auch deshalb in der Schule erfolgreich sind, weil ihre Eltern so vehement für ihre Erfolge kämpfen, dass sie selbst kaum mehr etwas tun müssen, weil die Lehrer lieber eine bessere Note geben oder dem Kind andere Vorteile einräumen, als ständig den Attacken der Eltern ausgesetzt zu sein. Irgendwann kämen die Kinder

---

26 https://www.youtube.com/watch?v=hER0Qp6QJNU

dann in die "reale Welt" nach der Schule und würden desillusioniert feststellen, dass Mama und Papa keinen Einfluss auf die Uni oder den Arbeitgeber haben und dass es selbst dann doch nichts Besonderes ist, wie es immer geglaubt hat.

Harte Worte, aber sie bezeichnen auch aus pädagogischer Sicht das, was mit großer Wahrscheinlichkeit passiert, wenn ein Kind leeren Versprechungen ausgesetzt ist, anstatt das Rüstwerk zu bekommen, die Erfolge seines Lebens selbst zu säen und zu ernten. Aber das ist ein Zeichen unserer Instant-Gesellschaft. Es ist viel einfacher, bequemer und auf kurze Sicht erfolgreich, Größe für die Zukunft zu versprechen, statt Arbeit in ihre Erfüllung zu stecken. Und mit echter Arbeit ist nicht gemeint, Lehrer zu bedrängen. Auch Schüler wollen immer häufiger alles sofort und ohne Umwege oder Anstrengung. Und nicht selten stehen hinter ihnen eben diese Eltern, die selbst nichts oder nur wenig tun und trotzdem verlangen, dass ihre Kinder gefälligst als die Halbgötter behandelt werden, als die sie zuhause gesehen werden.

Gleichzeitig muss man auch hier fair bleiben und erwähnen, dass Eltern tatsächlich oft nicht die Zeit, Energie und Fähigkeiten haben, um gerade bei den leistungsschwachen Schülern einen Teil zu deren selbstverdientem Erfolg beizutragen. Das Ergebnis ist so oder so aber, dass große Anteile der Millennials überzeugt von ihrem Erfolg sind, aber wenig Selbstreflexion üben, kaum fähig sind, mit Frustration umzugehen und sich selbst zurückzunehmen.

Chamorro-Premuzic spricht, ähnlich wie Sinek, auch den wachsenden Egoismus und Egozentrismus der Millennials an, also das scheinbar unbändige Verlangen nach Selbstdarstellung, das teilweise Extremformen annimmt, in denen Jugendliche ihr Leben riskieren, um in Mutproben der ganzen Welt zu zeigen, wie cool sie sind. Wie schon so oft möchte ich an dieser Stelle darauf hinweisen, dass Mutproben, sogar die extremen oder fragwürdigen Varianten, schon immer existiert haben und durch die Gegebenheiten unserer Zeit nur in gewisser Weise potenziert wurden. Außerdem hat der Ausbau von Kommunikationsnetzwerken dafür gesorgt, dass man von jedem ansonsten kaum wahrnehmbaren Ereignis sofort auf der ganzen Welt erfahren kann. Vor wenigen Jahren starb bei uns in Mesum ein Schüler, weil er sich zusammen mit einigen Mitschülern auf die Gleise gestellt hatte, um im letzten Moment vor einem ankommenden Zug wegzuspringen. Er wollte zeigen, dass er der Mutigste aus der Gruppe war, unterschätzte die Geschwindigkeit des Zuges und wurde erfasst, so dass er später an seinen Verletzungen starb. An meiner Schule in Greven führten meine Klassenkameraden eine Mutprobe durch, bei der aus dem nahe gelegenen Schlecker möglichst viel oder große Packungen Süßkram gestohlen wurden. Im Nachhinein betrachtet wundere ich mich, warum ich zwar nie mitgemacht, aber auch keinen besonderen Anstoß daran gefunden hatte. Es war immerhin Ladendiebstahl.

Wenn Eltern ihrem Kind predigen, es sei etwas ganz Besonderes, dann bauen sie unter Umständen auch Druck auf. Dies ist die ganz andere Seite, die in Chamorro-Premuzics Äußerungen zumindest in den mir bekannten Quellen noch etwas fehlt, und auf die auch meine Schüler zu sprechen kamen. Man kann nämlich durchaus schon relativ früh bemerken, dass an dieser ganzen Sache mit der Besonderheit irgendetwas nicht stimmt, insbesondere wenn man tagtäglich in einer Klasse sitzt, in der bis zu 30 andere Kinder sind, die genau die selben Versprechungen von ihren Eltern und Lehrern mitgegeben bekommen haben. Jeder ist der Größte! Aber die Kinder sind (noch) nicht so verblendet oder von sich eingenommen, dass sie nicht merken, wenn ihnen leichtfertige Versprechungen ohne Substanz gegeben werden. Sie spüren jedoch die Verantwortung, die ihnen aufgebürdet wird. Deshalb müssen sie versuchen, sich aus der grauen Masse hervorzuheben, besser zu sein, als der Rest, weil ihnen Großes versprochen wurde und sie mit der Zeit immer mehr merken, dass sie eben tatsächlich irgendeine Legitimation brauchen.

Deshalb besteht aus einer pädagogischen Perspektive ein besonders deutlicher Zusammenhang zwischen den beiden zuerst genannten Gegensatzpaaren aus dem Artikel. Ein Kind steht vor einer Welt, die es maßgeblich zum Guten beeinflussen muss, sieht sich Schülern gegenüber, die seine Einzigartigkeit in Frage stellen, und Lehrern, die gleichzeitig versprechen, dass ihm nach dem Abschluss alle Tore offen stehen, aber gleichzeitig im Weg stehen, wenn man durch dieses Tor spazieren will. Millennials neigen stärker dazu, sich selbst als verantwortlich für alles zu sehen, weil sie glauben, die wesentliche Last bei der Verbesserung ihrer Welt zu schultern. Dadurch sehen sie sich auch selbst als diejenigen, die, wie zuvor beschrieben, die Welt über neue Ereignisse informieren müssen, die ihre Beobachtungen und Meinungen in Blogs oder Vlogs ins Netz stellen, um sich eine Plattform zu nehmen oder einfach nur ein wenig Aufmerksamkeit zu bekommen, die sie in dem Gefühl rechtfertigt, etwas Besonderes zu sein.

An dieser Stelle möchte ich auf den Unterschied hinweisen zwischen dem Vorwurf, die Jugend sei zunehmend egoistisch, und der Beobachtung, dass der Egozentrismus steigt. Egoisten nehmen die Bedürfnisse anderer nur schwach oder gar nicht wahr, ihre eigenen Bedürfnisse aber sind ihnen sehr wichtig. All ihr Handeln ist tendenziell darauf ausgerichtet, dass sie ihren Willen durchsetzen und bekommen, was sie wollen, selbst wenn die eigenen Wünsche unangemessen sind oder zum Schaden anderer erfüllt werden müssen. Menschen, die man als egozentrisch bezeichnet, sind der Auffassung, dass alles, was um sie herum passiert, irgendwie einen Bezug zu ihnen hat. Das kann zu Egoismus führen, aber in den meisten Fällen ist es mehr von dem Gefühl begleitet, für alles, was passiert, verantwortlich zu sein, also zum Beispiel auch Unfälle jeder Art auf sich selbst zu beziehen, manchmal in einem absolut absurden und an den Haaren herbeigezogenen Begründungszusammenhang. Zwischen den Versprechungen, dem Druck und der Belastung mit Verantwortung entsteht bei den Millennials eben diese Form des Egozentrismus. Denn dadurch dass jeder Mensch die Welt mit den eigenen Augen sieht, mit den eigenen Ohren hört und überhaupt nur durch sich selbst sinnlich erfahren kann und nicht einfach sein Bewusstsein in andere Menschen transferieren kann, erlebt er auch die Welt nur aus der Ego-Perspektive.

Erinnern Sie sich noch einmal an den radikalen Konstruktivismus. Wenn die Welt wie eine Bühne ist, dann sind wir, wie es in Shakespeares Theaterstück "Wie es euch gefällt" so schön metaphorisch ausgedrückt wird, Schauspieler auf einer riesigen Bühne. Und während sich alle Menschen mehr oder weniger bewusst sind, dass sie in dem großen Theaterstück des Lebens ein Statist sind oder nur eine kleine Rolle spielen, fühlen sich die Jugendlichen zusehends von anderen in das Rampenlicht geschoben, haben aber kaum geprobt, die Requisiten sind schäbig, und sie kennen den Text nicht. Aber der Erfolg der Veranstaltung liegt, so scheint es, in ihren Händen. Und das Publikum, wer auch immer das in dieser Metapher sein mag, schaut mit kritischem Blick auf das Geschehen. Dadurch könnte unsere Gesellschaft irgendwann zu einem Laienstück werden oder, und das wäre vielleicht sogar wünschenswerter, zu einem Improvisationstheater. Dazu brauchen die Kinder aber erst einmal Talent und die Kompetenzen, dieses auszuschöpfen. So wie es derzeit aussieht, liegen dem aber noch einige Steine im Weg, und das hat mit der Mentalität der Instant-Gesellschaft zu tun, aber auch mit dem reinen Konsum. Ich gehe also im Folgenden noch einmal genauer darauf ein, was insbesondere das Internet als geheimer Erzieher mit den Kindern macht, die es früh und regelmäßig nutzen, ohne die entsprechenden Medienkompetenzen vermittelt bekommen oder die nötige Supervision erfahren zu haben.

Weltbild und Eigenständigkeit

Das Internet bleibt durch politische und kulturelle Barrieren und unsere Gewohnheiten, insbesondere den Unwillen und mangelnde Kompetenzen der Älteren, immer noch weit hinter seinem Potential zurück, während seine wertvollen Ressourcen weitestgehend brach liegen bleiben. Wir sind noch lange nicht in der Lage oder Situation, es vollends zum unmittelbaren Austausch von Informationen und der globalen Kommunikation zu nutzen, um Wissenschaft zu befördern oder Frieden zu stiften und zu erhalten. Dies ist nur in einem vergleichsweise recht bescheidenen Rahmen passiert, und insbesondere in der allgemeinen Weltwirtschaft und einzelnen Unternehmen für die eigene Logistik genutzt worden.

Innerhalb eines bescheidenen Rahmens aber hat sich das Internet als Plattform zum Austausch politischer Meinungen und deren Darstellung etabliert, auch wenn allzu oft die lautesten Stimmen die sind, die sich Gehör zu verschaffen vermögen. Denn es gab nie eine wirkliche Kontrolle. Es war im Sinne des Internets, dass Informationen zunächst fast vollständig frei verbreitet werden konnten, ohne zensiert zu werden. Das Internet fungiert dadurch aber als Lupe, unter der die kleinsten Dinge, die sonst entweder nicht beachtet oder als irrelevant gesehen worden wären, riesengroß erscheinen. Zwar wechseln sich die kleineren Themen oft ab, und auch größere Ereignisse bleiben so lange im kollektiven Bewusstsein einer Gesellschaft, bis nicht mehr darüber berichtet wird und sich auch der letzte Blogger oder freie Reporter auf Youtube davon abwendet, aber es sind auch zahlreiche Leitmotive entstanden.

Ein Beispiel: Schon weit vor dem 11. September 2001 gab es Terrorismus als politisch, kulturell oder religiös motivierte Einschüchterungs- und Zermürbungsstrategie. Es gab ihn sogar schon mehr oder weniger so lange, wie es den Menschen gibt, denn Angst ist eine mächtige Waffe. In den Geschichtsbüchern sammeln sich Geschichten über verseuchte Brunnen und Quellen, Ausräucherungsstrategien durch über Mauern katapultierte Krankheitserreger, Hit-And-Run Missionen oder Täuschungsmanöver, die eine Armee größer und stärker wirken lassen sollten, als sie eigentlich war. Ob man nun tausend Ochsen Fackeln an die Hörner klebt, mit einem Hahn auf der Burgmauer eine Belagerung beendet oder im Hof Flöte spielend eine Armee abschreckt, dies alles sind uralte Methoden der psychologischen Kriegsführung.

Auch den modernen Terrorismus mit seinen Überraschungsangriffen auf zahlreiche zivile Opfer mit Bomben, Angriffen mit Schnellfeuerwaffen oder auch Entführungen, gibt es schon recht lang. Und darüber wurde auch durchaus berichtet, aber erst ab diesem Zeitpunkt, oder eher ab 2009, stieg die Anzahl der Berichte über terroristische Aktivitäten gravierend. Ein Bericht von Dr. Wolfgang Frindte und anderen von der Deutschen Forschung Friedensstiftung befasste sich 2011 mit der Frequenz der Berichterstattung zu Terrorismus bei verschiedenen Sendern, sowie deren Inhalt und die Wahrnehmung des Themas in der Gesellschaft[27]. Er bestätigt zumindest die Zunahme der Beiträge zu dem Thema und die Erhöhung des Unsicherheitsgefühls. Was aus dem Bericht nicht hervorgeht ist, ob die zahlreichen Beiträge in den Nachrichtenprogrammen und Magazinen mitgezählt wurden, in denen eine Gewalttat zunächst als Terrorakt oder religiös motivierter Mord tituliert oder eine entsprechende Vermutung ausgesprochen wurde,

---

27 http://www.bundesstiftung-friedensforschung.de/images/pdf/forschung/berichtfrindte.pdf

selbst wenn sie nachher korrigiert oder ohne das eigene Eingeständnis der Fehlannahme widerlegt wurden. Ich sehe hier drei Stufen der Wahrnehmungsentwicklung. Die Zahl der tatsächlichen Terroranschläge, die Zahl der Berichte, die sich mit diesen Anschlägen befassen (also wie im Fall Berlin die zahlreichen Berichterstattungen in Fernsehen und Radio über mehr als einen Monat hinweg), und die gefühlte dauerhafte Bedrohung durch den Terrorismus, die unseren Alltag scheinbar beherrscht. Viele Probleme unserer Gesellschaft sind, wie erwähnt, viel dringender und bedrohlicher, aber das Thema ist Terrorismus.

Genauso verhält es sich mit anderen Themen, wie der Vertrauenswürdigkeit der Medien, die durch die Verfügbarkeit von alternativen Informationsquellen immer häufiger widerlegt werden. Schon früher gab es Fehlmeldungen, aber die wurden in der Regel nicht bemerkt, verlegen unter den Teppich gekehrt oder waren solche Kleinigkeiten, dass man großzügig darüber hinweg sehen konnte. Jetzt werden die gefühlten Fehler mehr und die Schreie der Enthüller lauter, so dass das Gefühl entsteht, dass uns die Presse am laufenden Bande belügt. Und schon haben wir den Vorwurf der Lügenpresse, der eigentlich verbunden ist mit den Skandalen und Unzulänglichkeiten unserer Spitzenpolitiker, die ebenfalls unter gründliche Beobachtung geraten. Es wird eine Verbindung gesehen, die entweder nicht so stark ist oder nicht so funktioniert, wie es die sensationslüsterne Öffentlichkeit gerne sehen würde. Die über die Jahre allmählich gewachsene Politikverdrossenheit der älteren Generationen, die sich unabhängig vom Internet entwickelt hat, fand aber letztlich auch dort ihren Niederschlag.

Alle Probleme haben also eine Geschichte und einen größeren Zusammenhang, der den Erwachsenen durchaus noch bewusst sein könnte oder sollte. Jetzt schauen wir aber mal auf den üblichen Jugendlichen von heute, der das alles nicht selbst miterlebt hat, aber davon im Netz liest. Was sagt ihm das Netz?
Kurz gesagt: Die Welt ist schlecht. Überall herrscht Krieg. Terrorismus ist allgegenwärtig. Alle sind zerstritten. Jeder denkt nur an sich, und das obere Prozent der Welt zockt den Rest ab. Unsere Staatsmedien werden von Politikern gesteuert, welche selbst inkompetent, korrupt und böswillig sind, während sie als Marionetten

ihre Politik eigentlich nur für die Lobbyisten machen, die ihnen unfassbare Geldbeträge in den Hintern stecken. Alle Polizisten sind wahlweise Schweine oder Bastarde. Wer in dieser Welt erfolgreich sein will, der lügt, betrügt und haut andere über's Ohr. Beliebt ist nur, wer sich wie eine offene Hose verhält oder auf dicke Hose macht, unkonventionelle Meinungen hat oder weiß, wie er andere runter macht. Nicht umsonst sind Serien, Videospiele und Filme über liebenswerte Schurken und Antihelden so beliebt. Die gab es früher zwar auch schon, aber die in den letzten Jahrzehnten haben sie eine deutlich weniger moralische Note bekommen. Und glauben Sie nicht, dass Ihr Kind, wenn es unkontrollierten Zugriff auf das Netz hat, nur schaut und spielt, was für seine Altersgruppe vorgesehen ist. Jedenfalls ist der Gute, fromme und gesetzestreue Bürger, der seine Steuern zahlt und sich angemessen einfügt, meist der Doofe, ein Loser oder zumindest keine interessante Person. Jeder ist sich selbst der Nächste. Die Devise lautet: Vertraue niemandem, hinterfrage alles.

Diese Aussagen sind teilweise überspitzt dargestellt und selten in genau dieser Form zu finden, aber es braucht keinen Leistungskurs in Deutsch, um bei vielen Aussagen und einem Blick auf die meistbesuchten Internetseiten oder den beliebtesten Filmen, Büchern und Videospielen, die Jugendliche konsumieren, zwischen den Zeilen zu lesen. Die Folge? Einst ehrbare Berufe, sichere Strukturen und gesetzte Vorbilder lösen sich auf oder werden durch andere abgelöst. Für die erwachsene Generation sind vielleicht einige Politiker, die es zu weit getrieben haben, oder Manager und Banker, die zu gierig geworden sind, wirklich schlechte Menschen, die ihren Berufsstand in Verruf bringen, aber insgesamt erscheinen die meisten Politiker durch die Aufklärung der Medien mehr wie Menschen mit normalen Fehlern, während der Glaube an die übergeordneten Strukturen mehr oder minder intakt bleibt. Jugendliche stehen ohne diese Hintergründe vor vollendeten Tatsachen und sind, solange sie keine Einsicht erlangen können, geradezu gezwungen, die Parolen und Schmährufe nachzuplappern, bis sie selbst diese glauben und weiter tragen oder auf ihre eigene Weise rationalisieren. Und dadurch perpetuiert und potenziert sich das Problem, insbesondere weil die Kinder, die dieser Stimmungsmache ausgesetzt sind, immer jünger werden und dadurch immer länger brauchen, bis sie die Reife und Bildung erhalten haben, hinter die Kulissen zu schauen und sich eine eigene objektive Meinung zu bilden.

Dass sich die Vorbilder auflösen und wandeln ist hierbei ein nicht zu unterschätzender Störfaktor. Woher soll ein Kind wissen, was ein guter Mensch ist und was es folglich anstreben soll, wenn alle öffentlichen Größen schon früh demontiert werden? Zum Glück sind die Eltern, das zeigen Jugendstudien, noch immer die vorrangigen Modelle für ihre Kinder und überlassen den digitalen Medien als Erzieher scheinbar weniger das Feld, als es den Anschein hat. Es ist zu hoffen, dass das so bleibt, denn wie ich vorher beschrieben habe, sinken die Altersgrenzen des Erstkontakts immer weiter, während die täglichen Nutzungszeiten steigen, wie es die selben Studien darlegen. Außerdem ist es wichtig, dass die Identifikation des Kindes mit den Eltern (oder dem allein erziehenden Elternteil) durch den Blick über den Tellerrand der Familie bestärkt und ergänzt wird. Hier entsteht in vielen Fällen aber eher eine Diskrepanz. Denn was es bedeutet, erfolgreich zu sein, hängt sehr stark von dem ab, was man als einen erfolgreichen Menschen, also ein Vorbild, bezeichnen würde.

Und hier greift auch ein weiteres Gegensatzpaar, das durch Tomas Chamorro-Premuzic angesprochen wurde. Die Kinder stehen einer offensichtlich katastrophal schlechten Welt gegenüber, die sie, wie zuvor dargestellt, ganz allein zu richten haben. Gleichzeitig sehen sie, dass diejenigen, die in dieser Welt die Fäden in der Hand haben und finanziell erfolgreich sind, hochgradig zweifelhafte Persönlichkeiten sind. Der Auftrag lautet also, die Welt zu verbessern, indem man selbst zu einem der Zügelhalter wird, aber die eigene Macht für eine Verbesserung einsetzt. Auf einer bescheideneren Ebene möchte der oder die Jugendliche zumindest etwas aus dem eigenen Leben machen und erfolgreich sein, und die Shell-Studie von 2015 zeigt immerhin, dass sowohl der Idealismus, als auch die Zuversicht im Bezug auf die eigene Zukunft gewachsen sind. Das ist ein gutes Zeichen, denn vergangene Studien rückten insbesondere bestehende Existenzängste in den Mittelpunkt, die, wie explizit erwähnt wird, nun zurück treten. Man kann das so stehen lassen und sich freuen oder unken, dass die Zuversicht daher kommt, dass die Jugendlichen mit falschen Hoffnungen gefüllt wurden. In jedem Fall wollen sie erfolgreich sein.

Der Erfolgsbegriff beinhaltet aber von Natur aus eine idealistische und materialistische Komponente. Wer meint, und das tun offensichtlich immer noch viele Jugendliche trotz zurück gehender Geburtenzahlen, dass ein erfolgreiches Leben den Aufbau einer Familie beinhaltet, muss aber auch darauf schauen, genügend Geld zu verdienen, um diese Familie zu unterhalten, vielleicht auch ein Haus oder eine große Wohnung bezahlen zu können und einen gewissen Lebensstil zu pflegen. Und das alles kostet nicht nur Geld, sondern wird, und auch darüber sind die Jugendlichen durchaus informiert, immer teurer, während die Löhne für Angestellte nur zögerlich steigen und die Altersarmut periodisch auch immer wieder thematisiert wird. Ist es da denn verwunderlich, wenn sich Jugendliche aller Bildungsbereiche wie "Cash Crop"-Farmer verhalten und von Berufen als Angestellte mit einem sicheren aber niemals grandiosen Lohn absehen und lieber davon träumen, eigenständig zu werden, um potentielle Millionen zu machen, insbesondere wenn ihnen vor Augen gehalten wird, dass man dafür scheinbar weder fleißig, noch wirklich intelligent sein muss, sondern lediglich moralisch flexibel, genial oder kreativ?

Die geradezu zum erbrechen detaillierte Berichterstattung und Informationslage zu Donald Trump in den Jahren 2015 und 2016 hat ihn ja quasi zu einer Galionsfigur für diese These gemacht: ein Mann mit zahllosen schlechten Charaktereigenschaften, der es nicht nur als Unternehmer zum Milliardär geschafft und mehrere Kinder in die Welt gesetzt hat, sondern auch trotz offensichtlicher Polemik, fast gar nicht vorhandener politischer Kompetenzen, fragwürdiger Methoden und eines untragbaren Verhaltens geschafft hat, der Präsident der Vereinigten Staaten von Amerika zu werden. Natürlich stimmt das alles mit den bösen erfolgreichen Menschen in der Realität nicht, aber das kriegen die Kinder leider selten serviert. Menschen können einen guten Charakter haben, ehrliche Arbeit leisten und trotzdem privat, politisch und/oder finanziell erfolgreich sein. Ich habe da mehrere Beispiele im Kopf, nenne aber keins, weil ich bei jedem Namen am Ende Lack bekomme.

Die Jugendlichen stehen also vor einer Welt, die sich ihnen in den Medien als schlecht präsentiert und deren Hintergründe sie sich selbst erschließen müssen, um ihren eigenen Platz darin zu finden. Bis sie das geschafft haben, sehen sie sich vor die unzumutbare Aufgabe gestellt, diese Welt als einzige zurechnungsfähige Person allein zu richten. Und abgesehen vom Elternhaus haben sie dabei keine Orientierungen, weil alle Optionen für Vorbilder in einem ambivalenten Zusammenhang zwischen ihren persönlichen Qualitäten und (finanziellem) Erfolg stehen.

<u>Biographie</u>

Ich werde mich im Folgenden sehr zurück halten müssen, um nicht endlos über die zahllosen Veröffentlichungen und Vorträge des Bildungs- und Gesundheitswissenschaftlers Klaus Hurrelmann und dessen Erkenntnisse über die Jugendphase zu berichten oder das Gesamtwerk von Neil Postman zu rezitieren. Daher empfehle ich allen Lesern, auch denen, die beide Personen schon im Pädagogikunterricht kennen gelernt haben, sich ausgiebig mit deren Werken zu befassen und von ihnen zu lernen. Darum versuche ich, in aller Kürze die für meine Darstellung essentiellen Aspekte kurz zu skizzieren. Immerhin verlange ich das von den Kindern, die ich unterrichte, am laufenden Bande.

Um das Offensichtliche auszusprechen: Kinder werden irgendwann zu Jugendlichen und schließlich zu Erwachsenen. Auf dem Weg dahin kann eine Menge passieren, und deshalb gibt es überhaupt die Erziehungswissenschaft, die die optimalen Entwicklungswege auf vielfältige Weise zu ergründen versucht. Aber man muss sich immer vor Augen halten, dass Kindheit und Jugend genauso Konstrukte ihrer jeweiligen Gesellschaft sind, wie zum Beispiel Staatsgrenzen. Sie bauen auf Vereinbarungen, Notwendigkeiten und Interpretationen von Prozessen auf. Kindheit ist dabei weniger strittig, auch wenn es selbst darüber heftige Dispute gibt. Eine grobe Orientierung bietet nämlich die biologische Reifung, die mit dem Beginn der Pubertät einen besonderen Abschnitt beginnt und damit mehr oder weniger einen Abschlusspunkt erreicht. Dass Kinder einen gewissen Schonraum benötigen und nicht sofort nach ihrer Geburt als Erwachsene gesehen werden sollten liegt aus der Sicht der heutigen westlichen Gesellschaft auf der Hand. Bis es die Kompetenzen erworben hat, zumindest eine Grundbildung erfahren hat und körperlich ausgereift ist kann es noch keine sozialen Verpflichtungen übernehmen, keine vollwertige Arbeit verrichten oder eine eigene Familie gründen. Die acht- bis Zehnjährigen, die im 19. Jahrhundert in England in die Kohleminen gegangen sind, um ihre Familie mitzuernähren, indem sie in enge Schächte krabbelten, gehören der Vergangenheit an. Die Kinder, die heute noch in Sweatshops Kleidung nähen oder als Kindersoldaten in den Krieg ziehen, sind schreckliche Ausnahmen von dieser Darstellung, aber für die Beobachtung der westlichen Kulturkreise, so kaltherzig es auch klingen mag, sind sie nicht unmittelbar relevant. Unsere Kinder leben zeitlich und geographisch-kulturell gesehen sehr behütet.

Die Jugendzeit ist als Konzept und eigenständiger biographischer Abschnitt nur ungefähr 150 Jahre alt. Die Schutzräume der Kindheit bleiben für die Zeit der Pubertät erhalten und werden im Rahmen zweier Aspekte nur nach und nach abgebaut, bis der oder die Jugendliche den vollwertigen Status einer erwachsenen Person erreicht. Auf der einen Seite stehen Initiationen und deren Riten. Meine Schwester meinte einmal, dass Katholiken wie Instant-Suppen sind. Man tut einfach ein wenig Wasser drauf, und fertig. Die Taufe ist aber tatsächlich ein Beispiel für Initiationsriten. Von jetzt auf gleich gehört ein Kind der Gemeinschaft an. Die Initiationsriten für Jugendliche sind nicht immer ganz so zeremoniell. Wenn sich ein Jugendlicher mit 17 ohne Begleitung in ein Auto setzt und losfährt oder einen Vertrag unterschreibt, ist dies technisch gesehen widerrechtlich, selbst wenn es am Tag vor dem 18. Geburtstag um 23:59 Uhr passiert. Wie viel Reifung dann in der nächsten Minute vor sich geht, dass die selbe Person dann plötzlich alles darf, ist fraglich, aber das sind halt die besagten Vereinbarungen. Und auch die Erwachsenengesellschaft kennt Initiationsrituale, wie die Hochzeit. Hier bewegen wir uns im Rahmen des Rechts und der gesellschaftlichen Festlegungen. Wir haben das Jugendstrafrecht, das Jugendschutzgesetz, Regulierungen für Konsumgüter und Restriktionen zur Teilnahme an unserer Gesellschaft, die zum Wohle der Jugend deren Handlungsspielräume einschränken und gleichzeitig Freiräume garantieren, damit sich die Jugendlichen ausprobieren können. Nicht immer sind diese Gesetze nachvollziehbar, insbesondere für die Jugendlichen selbst, weil es allgemeine Gesetze für die gesamte Gesellschaft sind, ohne Rücksicht auf jedes Individuum und seine

Situation nehmen zu können. Aber ein System der Ermessungsspielräume mit fließenden Grenzen wäre übermäßig kompliziert und im Wesentlichen nicht praktikabel.

Die andere Komponente des Aufwachsens ist die Transition, der schleichende Prozess des Hineinwachsens in das erwachsen Sein. Und dieser bestimmt viel mehr, wann man als Erwachsener gesehen wird oder sich selbst als solcher fühlt. Es geht um die Entwicklung von Kernkompetenzen wie Eigenständigkeit, Intelligenz, Autonomie, Fähigkeit zur Mitwirkung, Wille und Bereitschaft zur Gründung einer Familie oder auch der Ausgestaltung eines eigenen Normen- und Wertesystems, das mit der Gesellschaft konform ist, aber die eigene Individualität nicht in Frage stellt. Um dies zu erreichen durchlaufen Jugendliche eine relativ lange Zeit der Ausbildung an einer allgemeinbildenden Einrichtung und verlassen diese je nach Schule und Bildungsabschluss mit 15 bis 18 oder manchmal sogar 20 Jahren. Wenn sich dem Abschluss ein Studium anschließt, wird die Zeit, bis die Jugendlichen ihre Entwicklungsziele erreichen, noch weiter herausgezögert. Weil jedes Teilziel jedoch in einem unterschiedlichen Zeitraum abgeschlossen wird ergibt sich daraus eine Reihe von Mischformen. Studenten leben während des Studiums allein, aber sie werden von daheim oder durch den Staat finanziell unterstützt. Oder sie arbeiten neben dem Studium, um sich die Wohnung zu finanzieren. Gerade weil sich die Lebensläufe immer mehr individualisieren gibt es unabhängig von jeglicher Kriterienliste unterschiedlichste Entwürfe, und jeder Mensch fühlt sich nach eigenem Ermessen Erwachsen. Im Unterricht sprechen wir dann über 36-jährige Steuerberater, die noch bei ihren Eltern im Kinderzimmer wohnen, Männer, die von der Mama direkt in die Obhut der eigenen Frau gegeben werden und nie gelernt haben, einen eigenen Haushalt zu führen, während sie beruflich gut etabliert sind, oder Familienverbände, bei denen das Kind mit seinem Partner im Haus der Eltern lebt, diese Eltern überlebt und das Haus dann einfach übernimmt.

Was Erwachsensein bedeutet verwischt langsam, während sich die Jugendphase immer stärker ausweitet, wie es scheint. Aber in einer Instant-Gesellschaft entsteht parallel eine gegensätzliche Entwicklung, weil das notwendige Warten auf den Status der Vollwertigkeit zu

Spannungen führt, die durch Ersatzhandlungen ausgeglichen werden müssen. Und hier sind die digitalen Medien ein willfähriger Lieferant für Inspirationen und Hilfestellungen. Ohne auf Hurrelmann einzugehen lieferte schon Postman dieses Szenario, auch wenn er sich auf das Fernsehen konzentrierte und das Internet für ihn bis kurz vor seinem Tod noch gar nicht so präsent war. Seine wesentliche Besorgnis galt dem Umstand, dass die neuen Medien die Kindheit künstlich verkürzen, sie eventuell sogar irgendwann verschwinden lassen könnten[28]. Der Grund liegt ihm zufolge darin, dass den Kindern Informationen, für die sie noch gar nicht bereit sind, durch das Fernsehen ohne irgendeine Individualisierung oder pädagogische Intention serviert werden. Bevor sie das Lesen lernen und die entsprechenden Bücher in die Hände bekommen können, werden sie schon in die Geheimnisse des Erwachsenenlebens eingeweiht und lernen die Sprache und Gepflogenheiten, die anständige Menschen bis zu einem gewissen Zeitpunkt vor ihnen verbergen oder sie schonend darauf vorbereiten. Dies geschieht dann auch so wie ich es zuvor geschildert habe, und zwar ohne das Fundament, also ohne dass den Kindern gleichzeitig erläutert wird, dass diese vollendeten Fakten, vor denen sie stehen, aus einem historischen oder gesellschaftlichen Kontext erwachsen sind.

Kinder haben den Drang, aufzuwachsen und sich schon früh in Rollenspielen mit dem Erwachsensein zu beschäftigen. Jeder kennt das Klischee des kleinen Kindes, das Vater-Mutter-Kind spielt und Szenen aus dem familiären Alltag nachspielt. Bekannt ist auch die Vorstellung von dem Kind, das den Kleiderschrank der Eltern plündert und die viel zu großen Kleidungsstücke anprobiert oder auch schon mal die Schminkutensilien der Mutter ausprobiert. Wahrscheinlich gibt es solche Szenarien seltener, als ich denke, aber ein wesentlicher Teil des sozialen Lernens der Kinder ist die Imitation anderer, insbesondere von erwachsenen Vorbildern. Und der Einfluss von Vorbildern ist groß, weshalb man seinen Einfluss besser nicht dem Fernseher oder Internet übertragen sollte. Ich habe dafür Gründe angegeben und werde noch einmal darauf zurück kommen, aber auch für dieses Thema ist es bedeutsam. Denn so sehr wie sich viele

---

28 Postman, N. Das Verschwinden der Kindheit. Frankfurt a.M., 1983.

Erwachsene wünschen, wieder jung zu sein, wollen sich Kinder an das Erwachsensein heran tasten. Und je länger dieser Zustand aufgeschoben wird, desto ungeduldiger werden sie.

Diese Ungeduld wird durch überzogene oder verzerrt dargestellte Erwachsenenmythen und süße Versprechungen nur noch weiter beflügelt. Viele Kinder und junge Jugendliche wollen nicht nur möglichst schnell erwachsen werden, sie wollen erwachsen sein. Das zeigt sich in dem ständig auftretenden Phänomen der Schüler, die in der achten Klasse schon meinen, ausgelernt zu haben. Es zeigt sich auch in dem Zuwachs von altklugen Kindern, die Lebensweisheiten für jede Situation parat haben und bei denen man sich hüten sollte, sie zu hinterfragen oder weitere Erläuterungen einzufordern, weil sie sich dann bloßgestellt fühlen.

Eigentlich wollte ich auch auf andere, weit schwierigere Beispiele eingehen, die, wie ich gedacht habe, im Alltag zu beobachten sind, aber scheinbar gibt es da eine Verzerrung in der öffentlichen Darstellung und der Statistik. Es geht um Rauchen, Alkoholkonsum und andere Unsitten, die entweder schon früher existiert haben und nur ins Rampenlicht gerückt werden oder einfach nur falsch sind. Nach einer längeren Recherche habe ich dazu nämlich kaum Belege gefunden, und die vertrauenswürdigen Quellen sprechen sogar eher für das Gegenteil. Die Jugendstudien der letzten Jahre streifen das Thema bestenfalls, geben aber auch keinen Anlass, dem gefühlten Trend zuzustimmen. Gemeint ist der scheinbare Anstieg des Alkohol- und Zigarettenkonsums, die Verrohung des verbalen Umgangs, die Zermürbung des Umgangs mit Sexualität durch den frühen Konsum von Pornographie oder die Senkung des Alters, in dem der erste Geschlechtsverkehr vollzogen wird. Man könnte ja, wie es Konrad Weller in einem Artikel für die Internetseite profamilia.de unter Rückgriff auf Studien und Erhebungen ausdrückt, zum Beispiel glauben, dass Jugendliche durch den freien und unkontrollierten Internet-zugriff, oder zumindest die Option des Incognito-Tabs oder dem Löschen des Browser-Verlaufs, viel angstfreier auf Pornographie jeglicher Art zugreifen[29]. Das erscheint insbesondere plausibel, weil sich in der Pubertät die Neugier auf das andere Geschlecht und

---

29 https://www.profamilia.de//fileadmin/publikationen/7163.pdf

gewisse Triebe langsam zu regen beginnen. Außerdem hat heute fast jeder Jugendliche einen Computer, Laptop oder zumindest ein Handy, um abseits der elterlichen Überwachung handeln zu können. Und die Startseite, auf der zur Sicherheit noch einmal darauf hingewiesen wird, dass die Seite erst ab 18 genutzt werden darf und nachgefragt wird, ob man denn schon 18 ist, hat sich nicht wirklich als unüberwindbare Sicherheitsmaßnahme erwiesen. Aber dass der regelmäßige Konsum von- oder die Einstellung zu Pornographie sich erhöht hat scheint nicht zuzutreffen, zumindest nicht in einem so gewaltigen Ausmaß, wie es in Talkshows oder anderen Unterhaltungsmedien und Publikationen dargestellt wird[30].

Klar, das Internet ist, und das weiß jeder, der eine Weile darin aktiv gewesen ist, ein Ort, an dem ein rauer Ton herrscht und kaum Rücksicht auf die Jugend im Bezug auf Themenwahl und verbale Ausfälligkeiten genommen wird. Dadurch ergänzt oder übernimmt das Netz aber im Kern lediglich die Rolle, die früher von anderen Quellen für unsinnige Gedanken und fragwürdiges Vokabular ausgefüllt wurde. Unsere frivolen Liedchen und Flausen haben wir damals im Ferienlager oder bei unflätigen Bekannten aufgegriffen. Und die hatten es auch teilweise in sich. Das Fernsehen, das von Postman als Mitschuldiger gesehen wird, filtert auch nicht mehr so richtig, und das hat einerseits mit den eigenen Inhalten zu tun, aber auch mit den Werbebetreibern. Vor einigen Monaten machte ein Betreiber sogar im Radio auf sich aufmerksam, der seinen Service Wix nannte, einfach um in der Werbung Leute Sachen sagen zu lassen, wie "Ich wixe jetzt jeden Tag. Ich bin ein Wixer.". Als sie genug Aufmerksamkeit durch diese provokante Profanität auf sich gezogen hatten verzichteten die Betreiber dann aber auf die Anzüglichkeiten, ließen die Slogans sein und nutzten in Werbungen auch die englische Aussprache des Wortes.

Was von allen Studien bestätigt wird ist lediglich die erhöhte Orientierung am Internet und dessen gravierend steigende Nutzung, allerdings bei gleichzeitiger Skepsis, also vertrauen die Jugendlichen

---

30 Das Sinus-Institut führte eine Studie "Generation What" durch, die interessante Ergebnisse hervorbrachte, die aber ganz andere Werte präsentieren, als die bislang etablierten Jugendstudien. Ich halte mich an die anderen Studien, verweise an dieser Stelle aber auch mal auf diese Alternative: http://www.generation-what.de/

dem Netz nicht blind. Ich möchte an dieser Stelle auch klar machen, dass die Frage des gesellschaftlichen Wandels auch von den Vergleichsgrößen abhängt. Wenn man Schüler heute mit denen der 50er vergleicht, gibt es da schon so einige merkbare Unterschiede im Ausdruck und Habitus, aber das Internet scheint gegenüber dem Fernsehen keine besondere Verstärkung der sich verändernden Handlungstendenzen hervorgerufen zu haben.

Was bei den Beobachtungen zur Wirkung des Netzes aber ein wenig aus dem Rahmen fällt ist die Übernahme politischer Überzeugungen, für die die Kinder mit ihrer begrenzten logischen Kapazität und unzureichenden Bildung noch sehr empfänglich sind. Gehen wir doch einmal kurz zurück zur Situationsschilderung des Kindes im letzten Abschnitt. Überfordert, wie das Kind von den scheinbaren Anforderungen der Gesellschaft, die schlechte Welt als Hoffnungsträger zu richten, ist, ist es für jede einfache und schnelle Lösung dankbar, die seine Kapazitäten nicht übersteigt und trotzdem wirkt. Und Polemik und Populismus haben nun einmal die besondere Eigenschaft, Patentlösungen für hochgradig komplexe Probleme anzubieten, die im Prinzip einfach zu verstehen und überzeugend sind, aber keiner genauen Prüfung standhalten können.

Ein beliebter Kniff ist hier die Behauptung der Monokausalität, das heißt, dass ein weitreichendes und komplexes Problem auf einen einzigen Faktor reduziert wird, und dass dann die Aussage gemacht wird, dass man das gesamte Problem lösen kann, wenn man diesen einen Faktor bearbeitet. Es geht hier zwar erstrangig um Gedankengut von rechtsradikalen Bewegungen, aber auch etablierte Politiker haben schon oft zur Polemik gegriffen. Zu Beispiel erkannten die Wirtschaft, Forschung und Politik um die Jahrtausendwende, dass Deutschland den digitalen Boom mehr oder weniger verschlafen hatte und nicht rechtzeitig daran gedacht hatte, Fachkräfte auszubilden und die nötige Infrastruktur dafür zu schaffen. Um im rasant sich entwickelnden Feld der neuen digitalen Medien mithalten zu können, wurde in allen Bereichen angeregt, IT-Techniker aus Indien anzuwerben. Dann erregte der CDU-Politiker Jürgen Rüttgers viele Gemüter, als er davon sprach, dass es in vielfacher Weise unethisch sei, Inder anzuwerben, statt die nächste Generation entsprechend auszubilden und die

Arbeitsplätze für diese zu reservieren[31]. Rechte und rechtsradikale Parteien nahmen das Statement mit Begeisterung auf und machten daraus den Wahlkampfslogan "Kinder statt Inder", den sie auf ihre Plakate packten. Und das war durchaus eine nachvollziehbare Forderung, der Eltern und deren Kinder leicht zustimmen konnten. Aber wer sollte diese Kinder ausbilden? Außerdem wussten die entsprechenden künftigen Arbeitgeber, dass es zu spät wäre, auf die Kinder zu warten und bis dahin Däumchen zu drehen und zuzusehen, wie die anderen Länder eifrig Fortschritte machen und sich vernetzen.

Millennials, gerade diejenigen aus den jüngeren Segmenten der Generation, befinden sich in einem hohen Risiko, diesen Bauernfängern zum Opfer zu fallen, wenn sie nicht systematisch und effizient mit den nötigen Kontexten versorgt werden, die Forderungen und Versprechungen nicht in den richtigen Zusammenhang gebracht werden oder die Nutzer nicht die entsprechenden Kompetenzen vermittelt bekommen, sachliche Argumentationen von Bauernfängerei unterscheiden zu können. Ansonsten müssen wir uns nicht darüber wundern, wenn schon Jugendliche, die noch nie wählen durften, politikverdrossen sind oder der festen Überzeugung sind, dass man der Polizei nicht trauen kann, obwohl ihnen dazu noch nie ein Anlass gegeben wurde oder sie nie mit den Gesetzeshütern aneinander geraten sind. Schlimmstenfalls fangen wir uns, wenn wir nicht aufpassen, Kinder ein, die ein so geringes Bewusstsein für die Gräuel des Nationalsozialismus haben, dass sie durch die ständige Vermischung zwischen Patriotismus und Nationalismus dazu gebracht werden, den Hetzern ein offenes Ohr zu schenken, weil sie nicht einsehen, warum sie die Demut ihrer Vorfahren weiter tragen sollten.

Ein kleiner Nachtrag zu diesem Abschnitt sei mir noch gegönnt. Ich habe keine passenden Studien oder Aussagen gefunden, die für das gegebene Thema den genauen Unterschied zwischen Fernsehen und Internet darstellen. Es erscheint aber so, dass das Fernsehen, das bestenfalls durch das Drücken auf einer Fernbedienung kontrolliert werden kann und sich ansonsten immer noch wesentlich dem Einfluss der Konsumenten entzieht, einen anderen Effekt hat als das Internet,

---

31 Artikel bei Spiegel Online vom 09.03.2000:
http://www.spiegel.de/politik/deutschland/kinder-statt-inder-ruettgers-verteidigt-verbalen-ausrutscher-a-68369.html

in dem die Nutzer aktiv nach Informationen suchen können und sich mehr oder minder freiwillig Propaganda oder obskuren Theorien und Alternativen zu den staatlich anerkannten Informationsquellen aussetzen.

Lebensstil

So sehr auch die negativen Konnotationen vorherrschen, wenn es um die Beschreibung des Charakters der Millennials geht, hat man anhand der bisherigen Darstellung zumindest einen Ansatz um nachzuvollziehen, warum das so ist. Eine ganze Reihe von zunächst als wenig wünschenswerten Charaktereigenschaften dieser Generation könnte ihre Grundlage in den Umständen haben, unter denen sie aufwächst. Auf sich selbst anstatt auf andere zu vertrauen erscheint als logische Konsequenz in einer als schlecht wahrgenommenen Welt, deren vorrangige Hoffnungsträger die Kinder und Jugendlichen dieser Zeit sind. An irgendeinem Punkt geht mit dem Wunsch, möglichst schnell erwachsen zu werden, die Notwendigkeit einher, das eigene Leben aktiv zu gestalten, um gewissermaßen die eigene Selbständigkeit zu beweisen. Dadurch geraten die Jugendlichen in eine Zwickmühle zwischen den verschiedenen Verantwortungen, die sie gegenüber anderen und sich selbst haben.

Ein Beispiel bietet die Erwerbstätigkeit von Schülern. Es geht derzeit die Erfahrung und Verärgerung durch die Kollegien, dass Schüler der Schule immer weniger Priorität einräumen. Die Jüngeren verbringen die Zeit, die sie für Hausarbeiten oder das Lernen für die Schule aufbringen sollten, mit einer oder mehreren der unzähligen Ablenkungen. Den Jungen wird insbesondere der extensive Konsum von Videospielen vorgeworfen, während die Mädchen ihre Zeit nach der Schule entweder mit Videos oder sozialen Netzwerken vergeuden oder Freizeitaktivitäten nachgehen, die sie zwar sehr kompetent planen und sich entsprechend organisieren, aber für die sie letztlich die Schule ins Hintertreffen geraten lassen. Und in der Oberstufe, wenn die Jugendlichen das 16. Lebensjahr vollendet haben, nutzen sie die Möglichkeit, im größeren Umfang Geld zu verdienen, mit großem Enthusiasmus, um die stetig steigenden Ansprüche an ihren Konsum und ihren Lebensstil bezahlen zu können.

Das sorgt für Verwirrung. Auch ich habe mich immer wieder gefragt, wieso die Schüler so kurz vor ihrem Abitur scheinbar so wenig Interesse an ihrer eigenen Bildung zeigen. Oft habe ich es erlebt, dass Schüler Montags völlig übermüdet in die Schule kommen oder sich krank melden, weil sie am Wochenende viel gearbeitet haben. Scheinbar geht es hier um wirkliche Schichtarbeit, und nicht das Austragen von Zeitungen am Sonntagmorgen oder das Rasenmähen für den Nachbarn. Nach meiner Wahrnehmung arbeiten viele Schüler an den Wochenenden inzwischen in einem Umfang, den ich selbst nur von denjenigen kenne, die damals im Sommer einen Ferienjob übernahmen, um ihren Führerschein zu finanzieren. Wenn mich Schüler fragen, wie der neue Stundenplan aussieht, sagen sie im gleichen Zug, dass sie die Information wegen ihres Schichtplans brauchen. Manchmal kamen Schüler auf mich zu und sagten einfach "Ich habe keine Zeit, an der Schulveranstaltung teilzunehmen. Ich habe einen Termin / ein wichtiges Spiel / eine höherrangige Veranstaltung bei meinem Verein usw. Wenn das eine verpflichtende Veranstaltung ist, rechnen Sie nicht mit mir. Ich bin da krank. Ein Attest oder eine Entschuldigung meiner Eltern gebe ich Ihnen dann.".

Darüber kann man sich aufregen, aber es gibt da einige Dinge zu beachten. Erstens kommt tatsächlich diese Begründung. Nur in seltenen Fällen kommen die entsprechenden Jugendlichen einfach nicht und lassen sich dann entschuldigen oder sagen mir ins Gesicht, dass sie einfach keine Lust auf die Veranstaltung haben. Mir wird also nicht unter die Nase gerieben, dass den Jugendlichen die Schule egal ist und dass ich nichts gegen das Vorhaben tun kann. Inzwischen glaube ich nachvollziehen zu können, dass solche Äußerungen dazu da sind, sich formal abzumelden und gleichzeitig die eigenen Handlungsspielräume zu nutzen, um das eigene Leben organisatorisch in die Hand zu nehmen. Die Jugendlichen fragen sich, wo sie dringender gebraucht werden, was sich mehr lohnt, welche Option erfüllender und sinnvoller für sie selbst ist, und wollen sich gleichzeitig vergewissern, dass sie nicht vermisst werden oder fehlen, wenn sie doch gesucht oder gebraucht werden. Hinzu kommt, dass sie sich, wie ich zuvor beschrieb, ihres Schonraumes bewusst sind, der ihnen zwar Schutz und eine ganze Reihe von Annehmlichkeiten bietet, sich aber gleichzeitig wie eine Käseglocke anfühlt, die sie in ihrer

Entfaltung einschränkt und sie noch über Jahre hinweg davon abhalten wird, vollwertige Erwachsene zu sein.

Die selbstständige Gestaltung der eigenen Freizeit ist ein Ausflug in das Erwachsenenleben. Viele Schüler genießen die Möglichkeit, Geld zu verdienen, ihre Freizeit zu planen und ihre sozialen Kontakte zu pflegen. Die Schule, die ihnen ohne eine direkt bemerkbare Belohnung, wie etwa Geld, einen wesentlichen Teil ihres Tages wegnimmt, wird als Hemmnis dieser freien Entfaltung empfunden. Wenn Jugendliche neben der Schule sozialen Verpflichtungen in einem Verein oder einer ehrenamtlichen Tätigkeit nachgehen wollen, ihren Freundeskreis pflegen, Geld verdienen und dieses in einer befriedigenden Weise ausgeben wollen, müssen sie ihre Zeit schon sehr genau planen, was übrigens nicht immer gelingt und die empfunden verfügbare Zeit weiter beschränkt. Dadurch steigt auch die Bereitschaft, schulische Pflichten ein wenig zurückzustellen.

Die Möglichkeiten, all dies zu tun, wird durch die verfügbaren digitalen Medien vielfältig potenziert. Für diese Beobachtung des Anstiegs von Erwerbstätigkeit unter Jugendlichen, sowie deren Ausweitung, stehen mir leider keine Belege zur Verfügung, um sie zu verallgemeinern. Bei dem Statistischen Bundesamt finden sich Daten zur gesteigerten Erwerbstätigkeit der Altersgruppe zwischen 14 und 25 Jahren, aber das kann im Endeffekt vieles bedeuten. Die Shell-Studie 2015 schreibt von 25% erwerbstätigen Schülern, spricht aber nicht aus, in welchem Rahmen diese Erwerbstätigkeit ausgeübt wird. Die positive Interpretation des Verhaltens von Jugendlichen wäre aber durchaus im Sinne von Soziologen, die die Jugendlichen als aktive Gestalter ihrer selbst und ihres Lebens bezeichnen und ihnen die Chance und Notwendigkeit zuschreiben, gerade ihre Freizeit im Rahmen ihrer Freiräume dazu zu nutzen, ihr baldiges Erwachsensein zu erproben.

Dadurch entstehen Probleme, wie die Frage nach der Vorbereitung dieses Doppellebens. Denn bislang wird weder in der Schule, noch in den meisten Elternhäusern in den Erziehungs- und Bildungsprozess eine aktive Auseinandersetzung mit dem beschriebenen Konflikt eingeplant. Und die Kurzsichtigkeit, der Jugendliche überwiegend ausgesetzt sind, wird sie schnell davon überzeugen, dass es sinnvoller ist, jetzt schon einmal ein wenig Geld zu verdienen, als ohne Lohn die

Schulbank zu drücken und auf Annehmlichkeiten, wie Reisen, Kinobesuche oder andere Güter zu verzichten. Aber ob da eine Aufklärung und Begleitung notwendig ist oder ob das Thema überhaupt ausdrücklich angesprochen werden sollte, ist noch zu klären.

Eskapismus und Internetsucht

Für die älteren Schüler stellt der Balanceakt zwischen Ausbildung und Freizeit eine große Herausforderung dar. Aber auch innerhalb der Schulausbildung selbst besteht ein gewisses Spannungsfeld, das für viele Probleme sorgen kann, wenn das Kind nicht ordentlich damit umgehen kann oder von der Last seiner Pflichten - ob nun tatsächlich gegeben oder empfunden - erdrückt wird. Wie geht ein Kind oder ein Jugendlicher im Verlauf seines eigenen Lebens damit um, diese Last auf den eigenen Schultern zu haben? Wie verändert es die Art zu leben, insbesondere während der Belastungsspitzen um Prüfungstermine herum oder wenn scheinbar alle Felle wegschwimmen? Einfache Patentlösungen scheinen, wie erwähnt, eine gute Möglichkeit zu sein, zumindest das eigene Gewissen bezüglich des Schicksals der Welt zu beruhigen, aber die Schüler tragen nach wie vor auch eine Verantwortung für sich selbst und ihre eigenen Leben. Und während die Ergebnisse eines Regierungswechsels, den man durch die eigene Stimme mitbewirkt hat, sehr lange auf sich warten lassen und das Versagen bei dieser Aufgabe dann auf die neuen Machthaber projiziert werden kann, da sie sich als Lügner entpuppt haben, ist der Erfolg oder Misserfolg im eigenen Leben deutlicher und unmittelbarer.

Egal wie auserwählt oder besonders sich ein Kind fühlt oder wie sehr es von den eigenen Eltern oder Institutionen gesagt bekommt, es sei zu Großem auserkoren, es durchläuft die gleichen Ausleseprozesse der Bildung und die selbe Sozialisation wie alle Kinder aus dem eigenen Umfeld. Selbst diejenigen, die tatsächlich hohe Potentiale zum Ausschöpfen und ein gutes Unterstützungsnetzwerk haben, kommen irgendwann an Grenzen oder geraten in Schwierigkeiten, Lebenskrisen oder unlösbare Dilemmata. Selten verläuft das Leben ideal, weder in den Kleinigkeiten, noch in den großen Dingen. Ein Jugendlicher stellt irgendwann vielleicht fest, dass er sich wohl doch nicht für ein Abitur eignet und muss plötzlich alternative Wege zu seiner Traumkarriere finden oder seine Aspirationen seinem scheinbaren Leistungsprofil anpassen. Ohne polarisieren zu wollen oder zu problematisieren, was ein alltägliches Phänomen ist, lässt sich sagen, dass einige im Angesicht scheinbar unerreichbarer Ziele anfangen zu kämpfen, während andere aufgeben oder versuchen, ihr scheinbar unvermeidbares Scheitern herauszuzögern und zu verdrängen.

Über Internetsucht zu schreiben ist wahrscheinlich fast so heikel, wie das Thema Videospielsucht. Herr Dr. Spitzer berichtet im Buch "Digitale Demenz" direkt am Anfang von teils sehr unschönen Rückmeldungen von Lesern, und ich selbst habe eine große Menge an Debatten mitverfolgt. In einigen verschwammen die Grenzen zwischen der Perspektive auf Internetkonsum als Lebensstil oder Hobby einerseits und krankhaften Verhaltensformen und Suchtsymptomen auf der anderen Seite. In anderen Debatten waren die Seiten so verhärtet, dass eigentlich gar kein wirkliches Gespräch stattfand und alle nur aneinander vorbei redeten. Obwohl es zahlreiche Einrichtungen gibt, die sich mit der Therapie und Lebensberatung für diejenigen befassen, deren Konsum-verhalten einer Sucht ähnliche Symptome aufweist, ist Internetsucht als solche noch nicht vollständig anerkannt, zumindest von den Krankenkassen. Es handelt sich bei der Anerkennung auf der wissenschaftlichen Ebene aber scheinbar nur noch um eine angemessene Verklausulierung. Daher kann sie bislang trotzdem über artverwandte Diagnosen therapiert werden, wie bei abnormen Lebensgewohnheiten oder einer mangelhaften Impulskontrolle.

Es wird bestimmt nicht jedem Leser gefallen, aber selbst wenn ich im Kern mit Fernseher im Kinderzimmer, Videospielkonsolen und Internet aufgewachsen bin, bis Anfang 2016 gewaltige Zeiträume mit Computerspielen verbracht habe, ein Facebook-Profil pflege und nach meinem Bett die meiste Zeit in meiner Wohnung vor dem Rechner verbringe bin ich der Auffassung, dass meine Alterskohorte und ein wesentlicher Teil meiner Generation ein problematisches Verhältnis mit dem Internet hat, welches auch die derzeitigen noch sehr kleinen Kinder übernehmen könnten, wenn nicht umgedacht wird.

Zur Sucht allgemein habe ich in Seminaren und Fortbildungen einige Grundlagen erworben, aber bei der Recherche zu dieser speziellen Art von Sucht scheinen sämtliche Quellen völlig eigene Interpretationen zu haben. Die Vorschläge von Instituten und Experten, die in Welt, Bild oder Spiegel erwähnt werden, starten bei 4 Stunden täglich, und andere vermeintliche Recherchen ordnen die Sucht bei 10 Stunden täglich ein, was für Teenager nur erreichbar ist, wenn sie komplett auf Schlaf verzichten oder die Schule schwänzen. Oder es werden Zeiten doppelt berechnet. Wenn zwei Stunden lang Radio gehört wird und dabei gleichzeitig der Computer genutzt wird, würde man so auf 4 Stunden Mediennutzung kommen. Dann wäre das mit den zehn Stunden durchaus eine berechtigte Einschätzung. Manche Autoren in Artikeln verschiedener Familienzeitungen differenzieren auch zwischen genereller Internetsucht, Twittersucht, Facebooksucht oder Videospielsucht. Über die letzten zehn Jahre scheinen aber die Grenzzahlen gnädig nach oben verschoben worden zu sein. Zunächst habe ich mich nicht dazu entschieden, in diese Debatte einzusteigen, sondern lediglich darzustellen, ob das Internet überhaupt Suchtpotential hat. Es scheint erst einmal eine offensichtliche Frage mit einer klaren Antwort zu sein, die auch vielfach schon genannt wurde. Aber einige Aspekte sollten doch schon noch beleuchtet werden.

Ohne mich wiederholen zu wollen möchte ich erst einmal feststellen, dass das Internet insbesondere für die Jugend eine Vielzahl von Vorzügen bietet. Die Stichworte sind Unterhaltung, Erholung, Planung, Vernetzung, Konsum, Informationsbeschaffung und Selbstdarstellung. Man kann recherchieren, Wissen erwerben, neue Menschen (oder deren digitale Abbilder) kennen lernen, Reisen planen, einkaufen und so weiter. Neben all diesen praktischen Anwendungen, gegen die auch niemand etwas einzuwenden hat, kann es aber auch der Ablenkung dienen und hält insbesondere für die Ängste und Sehnsüchte der Jugendlichen ein Füllhorn an Möglichkeiten bereit. Und es ist sehr einfach und komfortabel zu benutzen, was ideal für ein Mitglied der Instant-Gesellschaft ist. Leute treffen, geistreiche Unterhaltungen führen, Spiele mit Fremden oder Bekannten spielen, Unterhaltung durch Videos, Streams oder webcomics, Einkäufe tätigen, Informationen einholen. Alles ist im Netz mit wenigen Klicks verfügbar. Außerdem gibt es dort auch Hausarbeiten oder die Möglichkeit, Fremde die Antworten auf Fragen finden zu lassen. Gutefrage, Sparknotes, Hausarbeiten, natürlich Wikipedia und in beliebiger Kombination auch Google Übersetzer, waren und sind heute noch beliebte Quellen, die man ansteuert, wenn man als Schüler nicht genug Zeit hat, die Hausarbeiten selbst zu erledigen, sie aber doch irgendwie haben will.

Das kann mit Faulheit zu tun haben. Manchmal ist es mit einer bewussten Entscheidung verbunden, den Hausarbeiten oder dem Lernen für die Schule eine geringere Priorität einzuräumen, um mehr Zeit für andere Aktivitäten zu haben. Oft ist es aber auch mit Versagensängsten verbunden und bietet einen willkommenen Ausweg, der nicht mit den Frustrationen des oft vergeblichen Versuchens verbunden ist. Auch bietet der Computer oder das Notebook daheim eine wunderbare Kommandozentrale, von der aus der Jugendliche die Geschicke der Menschheit lenken kann. Sie erinnern sich: die Jugend ist mit der Aufgabe betraut, die Welt zu einem besseren Ort zu machen. Man kann nicht nur mit Freunden spielen, ohne sich Wind und Wetter aussetzen zu müssen, man kann auch bequem in der Wärme und Behaglichkeit des eigenen Kinderzimmers gegen Missstände in der Welt protestieren, Petitionen unterschreiben, die ganze Welt erkunden und seine Meinung potentiell mit allen Menschen der Welt teilen. Wie effektiv das am Ende ist, kann man bestreiten. Es kursieren ja genügend Witze über die Ineffizienz des geradezu berühmten Facebook "like", verbunden mit einer Darstellung derer, die diese positiven Bekundungen geben, als naiv, narzisstisch und idiotisch. Diejenigen, die so etwas tun, werden gerne mal belächelt, aber man sollte dieses Verhalten nicht als albern abtun.

Erstens haben die Jugendlichen kaum eine wirkliche Möglichkeit, zum Beispiel den Hunger in der Welt zu stoppen. Sie können kein Vermögen Spenden, keinen politischen Einfluss wirken und keine Hilfsgüter in die Krisengebiete bringen. Ihre Handlungsspielräume für solche Probleme sind sehr gering. Gleichzeitig bekommen sie durch die Medien immer wieder vor Augen gehalten, dass es diese Probleme in der Welt gibt und dass Handlungsbedarf besteht, während die reichen Nationen, die helfen könnten und müssten, scheinbar nichts tun. Ich bin mir zwar sicher, dass viele Jugendliche ihre Anteilnahme und Unterstützung nobler Forderungen und Projekte lediglich oder auch zur Selbstdarstellung nutzen, aber ich bin ebenso der Auffassung, dass ein Teil wirklich glaubt, dass durch das "like" oder "upvote" mehr Aufmerksamkeit für das Thema entsteht und man damit seinen bescheidenen kleinen Teil zu einem großen Werk beigetragen hat. Man kann es als Ersatzhandlung betrachten. Es ist ein wenig wie bei einem kleinen Kind, das ein Schälchen Wasser auf einen brennenden Grashalm gießt, um den Feuerwehrleuten bei der Bekämpfung eines lodernden Waldbrandes zu helfen.

Inzwischen haben sich aber die Möglichkeiten, aktiv bei Hilfsprogrammen mitzuwirken, auch für Jugendliche erhöht. Elaborierte und autorisierte E-Petitionen werden vom Bundestag anerkannt. Leider ist die Skepsis immer noch groß, was das Internet angeht, und darum sind auch die inoffiziellen Petitionen, bei denen man zwar nicht unterschreibt, aber einige Kontaktdaten hinterlegen kann, damit die Echtheit der Petition überprüft werden kann, nicht rechtskräftig. Schon durch diese vielfältigen Funktionen müsste verständlich sein, warum das Internet so begeistert und ausgiebig genutzt wird, und all diese Punkte haben schlimmstenfalls nur insofern mit Suchtverhalten zu tun, als dass nach Möglichkeit darauf hingewirkt werden sollte, echtes Engagement, echte Tätigkeit und Entfaltung nicht hinter der Illusion zurückzustellen, dass die Aktivität im Netz völlig hinreichend ist.

Wenn es jetzt zu dem Internetkonsum als reine Unterhaltung kommt, ist im Hinblick auf Suchtpotentiale weit mehr Achtung geboten. Trotzdem besteht auch hier immer ein Kontext, der ebenfalls zu beachten ist. Da die Wirtschaft, wie erwähnt, schneller als fast alle anderen involvierten Parteien verstanden hat, welches Potential im Internet liegt, ist es auch heute noch zu einem wesentlichen Teil ein Konsumprodukt, und Videospiele, Apps, soziale Netzwerke, Video- und Streamingseiten werden vehement beworben und sind darauf ausgelegt, den Kunden zu gefallen und sie möglichst lange und intensiv an das angebotene Produkt zu binden. Auch hier gibt es gesetzliche Grenzen, was erlaubt ist, aber diese Gesetze sind teilweise alt genug, um sich ursprünglich nur auf Fernsehwerbung und physische Produkte zu beziehen und das Internet und Software nur bedingt abzudecken.

Gemeistert haben die Kundenbindung insbesondere die MMORPGS, also die "Massive Multiplayer Online Role Playing Games" (online-

Rollenspiele mit extrem vielen Teilnehmern). Es handelt sich um Spiele, in denen ein Nutzer eine Spielfigur erstellt, die er dann frei durch eine Spielwelt bewegen, mit anderen Spielern interagieren und Monster bekämpfen kann. Damit die Spielfigur stärker werden und größere Monster besiegen kann, muss der Spieler sehr lange an dem Spiel sitzen oder durch Mikrotransaktionen echtes Geld investieren, um kleinere oder größere Vorteile zu erhalten. Beides ist auch durchaus nötig, denn in einem solchen Spiel befinden sich auch Zehntausende, teils Hunderttausende anderer Spieler, die ebenfalls aus der Masse hervortreten wollen. In dem Spiel gibt es auch Gilden oder Gruppen, denen man sich anschließen kann, um zusammen Aufgaben zu erledigen und die Gruppe einflussreich, mächtig und bekannt in der Spielwelt zu machen, während man selbst zu einer Größe in der Gruppe wird. Dadurch muss man sich den Pflichten widmen, um die anderen Gruppenmitglieder und die dahinter sich befindlichen echten Menschen nicht zu enttäuschen. Um das eigentliche Spiel herum sind dann noch Chaträume, Foren, öffentliche Treffen und allerlei Events und Marketing-Produkte aufgebaut. Man wird quasi Teil einer Community, und je länger und intensiver man sich dem Spiel widmet, desto mehr wird man von dieser Gemeinde absorbiert. Bekannt wird Ihnen vielleicht "World of Warcraft" sein, und es wird oft mit Videospiel- und Internetsucht in Verbindung gebracht, obwohl es trotz seiner definitiv erfolgreichen Marketingstrategie auch um eine lebendige Community bemüht ist, in der Einzelne nicht nur in ihrem stillen Kämmerlein versauern.

Einen offiziellen oder verbindlichen pädagogischen Auftrag für ihre Millionen von Nutzern haben die Macher und Veranstalter dieses Videospiels aber nicht, und das ist der springende Punkt. Denn Marktinteressen und pädagogisch verantwortungsvolles Handeln stehen allzu häufig in einem deutlichen Widerspruch, und selbst wenn eine Firma Meldungen im Spiel installiert, die auf sehr lange Spielzeiten hinweisen und warnen, man solle zwischendurch auch mal was essen oder an die Schule denken, greift das oft ins Leere oder ist wenig hilfreich. Wir reden hier immerhin von Menschen, also leicht ablenkbaren und wenig rationalen Wesenheiten, die ungeachtet ihres Alters extra darauf hingewiesen werden müssen, in Gefahrenbereichen nicht nur auf den Bildschirm ihres Handys zu schauen, damit sie nicht von Klippen oder in ein Gewässer fallen. Diese höfliche Bitte, den gesunden Menschenverstand zu gebrauchen, fügte die Firma Niantic, die "Pokémon Go" veröffentlicht hatte, irgendwann zu ihren Ladebildschirmen hinzu, weil es wohl solche Fälle gegeben hatte und man Klagen und schlechte PR fürchtete. Ich bin jetzt aber mal optimistisch und gehe davon aus, dass sie auch ungern Menschen wie Lemminge von den Klippen stürzen oder vor Autos laufen sehen wollten.

Aber auch ohne die Einwirkung der Marktwirtschaft hat das Internet einen Reiz für Kinder und Jugendliche beider Geschlechter. Es ist ein anonymer Raum und ein perfektes Testgelände, um sich in verschiedenen Rollen und Versionen seiner selbst auszuprobieren, ohne etwaige negative Konsequenzen tragen zu müssen - zumindest solange man nicht doch irgendwie seine wahre Identität preisgibt. Im Leben außerhalb des Netzes empfindet sich ein Kind vielleicht als langweilig, ungeschickt und nicht sehr beliebt. Im Netz kann es aber seine Nische finden. Vielleicht ist es gut in einem bestimmten Spiel, oder es kann sehr schöne Gedichte oder Geschichten schreiben, die das aktuelle soziale Umfeld einfach nicht zu würdigen weiß. Im Netz kann es weltweit nach seinesgleichen suchen und Menschen finden, die es bewundern und schätzen. Hier erhält es die Liebe, die ihm in der realen Welt versagt ist.

Es geht aber auch ohne besondere Talente. Der schüchterne kleine Rolf kann als ~[Rolfxx0r05]~ das Internet unsicher machen und in Chatrooms so richtig einen auf dicke Hose machen. Suchbewegungen und Probeläufe für alternative Persönlichkeiten haben den angenehmen Vorteil, dass man sich nicht blamieren kann. Und wenn es haarig wird, loggt man aus, erschafft sich eventuell eine neue Persönlichkeit und fängt da an, wo man aufgehört hat. Wenn alles gut läuft findet der doofe alte Langweiler Rolf neben seinem Alter Ego immer weniger Platz. Aber ob die virtuelle Erfahrung eine Hilfestellung für Lernprozesse und die Sozialisation offline bietet, ist fraglich.

Es mag dramatisch klingen, aber die Frage ist, wann sich Kinder und Jugendliche von der realen Welt abwenden und in die digitale Welt flüchten. Logischerweise ist so ein Moment erreicht, wenn man vor der realen Welt flüchten muss. Das kann Stress mit Freunden sein, empfundene Einsamkeit, weil man keinen Anschluss findet, Probleme in der Schule oder in der Familie selbst, die man einfach verdrängen muss. Gerade wenn die realen Probleme von Jugendlichen überhand nehmen, ist die Welt des Internet und der Videospiele insbesondere eine sehr effektive Zuflucht. In vielerlei Hinsicht hat das Netz und das Videospiel nämlich einen entscheidenden Vorteil gegenüber dem realen Leben. In der Welt da draußen gibt es kein Speichern und Laden. Fehler können nicht rückgängig gemacht werden. Handlungen haben unschöne Konsequenzen, von denen man direkt betroffen ist. Anstrengungen bleiben oft ohne Erfolg oder werden nicht gewürdigt, während Fehler sanktioniert werden, selbst wenn sie gering oder nicht einmal die eigenen sind. Die Realität ist zum größten Teil wenig glamourös, dafür aber sehr komplex und frustrierend. Ein Videospiel hingegen macht den Spieler zum Protagonisten, den die meisten anderen Charaktere als solchen akzeptieren. Der Spieler kann Erfolge feiern, indem er sich innerhalb eines einfachen und überschaubaren System bewegt, das er wesentlich unter Kontrolle hat. Hier kann er, gewissermaßen als weitere Ersatzhandlung, ganze Welten retten und sich für seine harte Arbeit belohnen lassen. Zwar spielt er nicht selbst, aber er kontrolliert sämtliche Handlungen einer Spielfigur. Wenn diese scheitert, kann man es noch einmal versuchen oder sich von den Unzulänglichkeiten der Spielfigur abgrenzen. Erfolge jedoch sind dem eigenen Talent zuzuschreiben. Er ist Teilnehmer und eine Art übernatürliche Entität gleichzeitig und kann sich aussuchen, welche Rolle ihm im gegebenen Moment lieber ist.

Darum sind neben den Actionspielen auch Simulationen, wie "Die Sims" sehr beliebt, obwohl man da mehr oder weniger das karikierte Alltagsleben nachspielt. Andere Simulationen, die sich etwa mit Dating beschäftigen oder direkt einen Freund oder eine Freundin simulieren, sind durch die Entwicklung im Bereich der künstlichen Intelligenzen inzwischen verfügbar und finden in verschiedenen Märkten so großen Absatz, dass es zu medialer Besorgnis gereicht.

Als Beispiel kann der Umgang mit dieser virtuellen Alternative zur Freundin in Japan gelten. Für die BBC (British Broadcasting Corporation) berichtete Anita Rani über das Zusammenspiel von sozialen Faktoren und Videospiel-Angeboten diverser Firmen[32]. Die Reportage ist verbunden mit Interviews und weiteren Informationen, die insgesamt ein Bild abzeichnen, das mit den bisherigen Ausführungen durchaus konvergiert. Auch auf Youtube gibt es Vlogger, die entsprechende Berichte liefern, auch wenn diese größtenteils sehr subjektive Erlebnisberichte und Eindrücke schildern[33]. Insgesamt zeichnet sich aber dieses Bild ab: Einige Männer in Japan hätten grundsätzlich wenig Interesse an romantischen Beziehungen, und Sexualität spiele eine immer geringere Rolle bei jungen Japanern, was sich auch in den sinkenden Geburtenraten zeige. Manche wählten Lebensstile, die "realitätsfremd" seien, aber mehrere Männer in Japan sähen sich scheinbar in einer Situation, in der sie aufgrund ihrer gewaltigen Arbeitsbelastung und ihren sozialen Verpflichtungen kaum mehr der Brautwerbung zuwenden können. Gelegentliche Rendezvous oder Beziehungen seien schon kaum denkbar, und das Führen einer vernünftigen Ehe oder die Aufzucht von Kindern scheine völlig undenkbar. Gleichzeitig, so sagen zwei so genannte "Otaku" in einem Interview, sähen sie keine wirklichen Vorteile in einer Beziehung, die das eigene Leben verkompliziert, ohne dass die Partnerin im Gegenzug Unterstützung, Verständnis und ewige Treue garantieren könne. Eine berechenbare synthetische Freundin sei ein Hort der Freude und der stressfreien Entspannung ohne negative Emotionen, Drama oder übermäßige Verpflichtungen. Selbst für die "technischen Aspekte" einer Beziehung könne zur Not gesorgt werden. Es wird gemunkelt, dass der Trend so langsam auch nach Europa kommt, wobei er sich zunächst an andere Gegebenheiten anzupassen hat, um wirklich zu greifen.

    Einerseits ist es aus all diesen genannten Gründen nachvollziehbar, dass sich Kinder und Jugendliche ins Netz flüchten oder ihre Zeit mit Videospielen verbringen. Wenn das Kind, das von der Realität erdrückt wird, Stunden oder Tage im Netz verbringt, sich, um im Wortfeld zu bleiben, mit Musik und Videos betäubt, um sich von den streitenden Eltern, den eigenen Versagensängsten oder den Myriaden an sozialen Problemen, die es haben könnte, abzulenken, dann ist

---

32 http://www.bbc.com/news/magazine-24614830
33 https://www.youtube.com/watch?v=7PKwcJVa3dU

nicht der übermäßige Konsum ein Symptom einer Sucht, sondern eine Folge von Kompensationsstrategien, die aus dem Ruder laufen, weil das tatsächliche Problem nicht bearbeitet wurde. Wichtig ist es, alternative Wege der Problembearbeitung zu finden und Entlastungen und Unterstützung anzubieten.

Wenn ein Kind oder ein Jugendlicher die digitale Welt der realen Welt gegenüber bevorzugt, ist es angeraten, sich auf Simon Sinek zu berufen, der im zuvor genannten Interview auch sagte, dass es Dinge gibt, die man sich nicht so einfach aus dem Netz herunterladen kann oder sofort bekommt. Dazu gehören zum Beispiel Jobzufriedenheit und tiefgreifende zwischenmenschliche Beziehungen wie echte Freundschaften. Aus der rein pädagogischen Sicht empfinde ich es als eine abwegige Vorstellung, dass ein gesundes Kind aus einem halbwegs intakten Elternhaus durch das Internet allgemein, Facebook oder World of Warcraft süchtig gemacht wird und plötzlich aggressiv wird, kaum mehr schläft, Mahlzeiten verpasst, sich isoliert, keine Hausarbeiten mehr macht und auch nicht mehr zur Schule geht, weil es psychisch oder physisch von "likes" und "loot" abhängig geworden ist. Problematisch ist allerdings, dass die synthetischen Erfahrungen, die ein Nutzer im Netz macht, nicht direkt auf das reale Leben übertragbar sind. Zwischen Heroin, Cannabis, Koffein und Alkohol würde ich Videospiele insgesamt eher als die Tafel Schokolade unter den Drogen bezeichnen. Schädlich, ja, und man sollte darauf aufpassen, dass nicht zu viel einfach so konsumiert wird, aber im Endeffekt braucht es eine Menge Faktoren und einen unkontrollierten Zugriff, damit man am Ende ein Kind hat, das sein Zimmer nicht mehr verlassen kann und krank wird.

Überstimulation

Der Verfall des Charakters und die Abstumpfung der Kinder, die durch das Internet angeblich schon völlig abgebrüht sind, bevor sie die Pubertät erreichen, wird ebenfalls in Diskussionen über das Internet angesprochen. Deshalb möchte ich mich im Folgenden dem Vorwurf der scheinbaren Apathie zuwenden, aber auch dem Vorwurf, die heutige Jugend sei verroht und abgestumpft. Dass die Jugend heute vernetzt ist, sollte inzwischen nachvollziehbar sein. Aber Tomas

Chamorro-Premuzic hatte noch ein Wortpaar genannt, als er erwähnte, sie seien zwar vernetzt, aber trotzdem gleichzeitig von sich selbst absorbiert. Woher könnte das kommen?

Im Pädagogik-Unterricht der letzten Jahrzehnte war ein Thema, das immer wieder behandelt wurde, eine Studie des US-amerikanischen Psychologen Stanley Milgram zu Autorität und Gehorsam, auf die ich später eingehen werde. Die zweite, weniger verbreitete Studie, die er durchgeführt hatte, ist aber genauso interessant und relevant für unsere moderne Gesellschaft, wenn nicht sogar bedeutsamer, denn es erschließt sich daraus nicht nur, welchen Mechanismen Zivilcourage oder ihr Fehlen unterliegt, sondern auch wie ein bestimmtes Lebensgefühl und verschiedene Charaktereigenschaften entstehen können, wenn Menschen über einen längeren Zeitraum großen Mengen an verschiedenen Reizen ausgesetzt sind.

Im Jahr 1964 ereignete sich in New York ein Verbrechen, das Schlagzeilen machte[34]. Der Grund war aber nicht das Verbrechen selbst, was für sich genommen schon traurig ist, sondern der Tathergang. Der "New York Times" wurde zwar später maßlose Übertreibung vorgeworfen, aber die Tat an sich fand so oder so statt. Eine junge Frau namens Catherine Genovese wurde auf ihrem Heimweg zu ihrer Wohnung in Queens (New York) von einem Mann belästigt, verfolgt und schließlich im Eingang ihres Wohnhauses ermordet. Was verwunderte war, dass sie während der ganzen halbstündigen Verfolgung um Hilfe rief und sich scheinbar niemand - oder kaum jemand - ihrer annahm. Zweimal rief angeblich jemand dem Angreifer zu, er solle die Frau in Ruhe lassen, woraufhin dieser von seinem Opfer abließ, um sich später erneut an ihre Versen zu heften. Letztlich konnte der Angreifer Frau Genovese überwältigen und erstechen. Und dies in einer dicht besiedelten Wohngegend mit Tausenden potentieller Zeugen.

Für Stanley Milgram war dieser Fall ein Anlass, eine Theorie zu überprüfen, die er als das "Urban Overload Syndrome" bezeichnete, das aber auch als "Bystander Effect" oder auf Deutsch einfach "Zuschauereffekt" bekannt wurde. Die Theorie besagte, dass

---

[34] http://www.nytimes.com/1964/03/27/37-who-saw-murder-didnt-call-the-police.html Der Zeitungsartikel liest sich übrigens äußerst seltsam.

Menschen immer mehr dazu neigen, die Verantwortung für eine gegebene Notfallsituation von sich wegzugeben, je mehr weitere Personen von subjektiv wahrgenommener gleicher oder höherer Verantwortung zugegen sind, die ebenfalls eingreifen könnten.

Milgram führte mehrere Experimente durch, von denen der eingängigste Versuchsaufbau dieser war: Ein Professor führte vier Teilnehmer eines Experiments, ausschließlich Studenten, auf einen Flur. Mit der Ausnahme des Versuchshelfers, der sich als einer der regulären Teilnehmer ausgab, glaubten alle, es ginge um eine Studie zum Leben in der Großstadt. Auf dem Flur waren nahe beieinander vier kleine Räume, in die sich die Teilnehmer begeben sollten. Diese Räume enthielten Mikrofone und Kopfhörer, durch die sie die anderen Teilnehmer hören und mit ihnen sprechen konnten. Um ein Durcheinander zu verhindern, so sagte der Professor, würden die Mikrofone automatisch in einem 10-Minuten Takt so geschaltet, dass nur einer reden kann, während die drei anderen Teilnehmer zuhören. Der Professor würde nun einer anderen Angelegenheit nachgehen, aber die Studie würde automatisch aufgezeichnet. Die Teilnehmer gingen in ihre Räume, setzen sich an die Mikrofone und setzten ihre Kopfhörer auf. Der Reihe nach stellten sie sich vor. Erst Teilnehmer 1, dann 2, dann 3 und schließlich der eingeweihte Versuchshelfer. Dieser sprach über sein Leben als Student, ließ aber nebenher die Information fallen, er habe manchmal fürchterliche Asthmaanfälle und müsse dann schnellstmöglich Medizin bekommen, die er bei sich trägt. Die zweite und dritte Runde wurde durchgeführt, doch am Ende der dritten Runde tat der Versuchshelfer so, als habe er einen Anfall. Natürlich ging es um die Frage, wer dem Versuchshelfer zur Hilfe eilen würde, und wie lange das dauern würde.

Die gute Nachricht ist, dass immer jemand kam. Die schlechte Nachricht ist, dass es im Schnitt wertvolle Minuten dauerte, bis jemand reagierte. Manchmal waren es 5, gelegentlich sogar 15. Einzelne Teilnehmer kamen gar nicht aus ihrem Zimmer, weil sie die magische Grenze überschritten hatten, ab der es peinlich gewesen wäre, als definitiv Letzter aus dem Raum zu hechten. Nur in den Fällen, in denen zufällig jemand anwesend war, der in einem medizinischen oder pflegerischen Feld tätig war oder aus einem anderen Grund gewohnt war, schnell auf Gefahrensituationen zu reagieren, kam Hilfe sofort. Es gab auch einen deutlichen Unterschied zwischen Menschen aus einer ländlichen Gegend und denen aus der Großstadt. Milgram schloss aus seinen Studien, die sich natürlich nicht nur in diesem Experiment erschöpften, dass Menschen, die in der Großstadt leben und ständig tausenden von Menschen und zahllosen Sinnesreizen ausgesetzt sind, anfangen, sich mental abzuschotten. Es ist wie ein psychischer Abwehrmechanismus, ähnlich wie wir biologisch ein Immunsystem haben, das unsere körperliche Funktionsfähigkeit herunterfährt, damit wir uns auf den Heilungsprozess konzentrieren können. Einfach gesagt: Damit wir im Tumult der Großstadt nicht komplett wahnsinnig werden, müssen wir manche Aspekte einfach ignorieren, selbst wenn es in gewissen Situationen unsere Handlungsfähigkeit einschränkt, weil wir schlimme Dinge verdrängen.

Kehren wir noch einmal zurück zu der Lebenslage der Jugendlichen. Sie sind ständig vernetzt und befinden sich gewissermaßen jederzeit in einem intensiven Overload-Modus. Das Handy gibt ihnen jederzeit virtuell einen Zugriff auf jeden anderen Menschen, der sein Handy gerade eingeschaltet hat oder neben einem Telefon steht. Gleichzeitig hat jederzeit jeder Mensch durch dessen Handy Zugriff auf den Jugendlichen. Freunde, Spiele, Videos und andere Apps sind für die meisten Teenager inzwischen immer eine kurze Handbewegung entfernt. Selbst wenn man auf dem Land lebt, ist das Angebot an Freizeitaktivitäten gewaltig, und zur Not steigt man einfach in einen Zug oder Bus und kommt normalerweise recht zügig in einer größeren Stadt an. Durch die erhöhte Flexibilität kann man sich einen Schlafplatz sichern, wenn man zu lange dort bleibt, und die Eltern sind mit einer kurzen Nachricht auch informiert. An jeder Ecke findet sich eine neue Möglichkeit, etwas zu tun, ein neues Hobby zu entdecken oder neue Leute kennen zu lernen. Jede untätige Sekunde könnte tausend verpasste Gelegenheiten bedeuten. Wir müssen up-to-date bleiben, keinen Trend verschlafen, wachsam sein. Und wenn man nicht weiß, wie man sich dagegen wehrt, wird man von allen Seiten ständig mit Werbung und Systemmeldungen beschossen.

Auch Angriffe sind allgegenwärtig. Überfälle finden nicht mehr nur auf der Straße in dunklen Seitengassen statt, sie können auch jederzeit im Netz geschehen, und auch das Sichern der eigenen Identität, des persönlichen Mailaccounts und eventueller anderer Sicherheitslücken, wie dem Konto bei Paypal, Amazon, dem Online-Banking oder anderem gehört zu den täglichen Pflichten des modernen Menschen. Alles muss überprüft, aktualisiert, gesichert, bestätigt und überwacht werden, um sich vor Trickbetrügern zu wappnen und nicht in eine ungünstige Situation zu geraten. Tröstlich ist, dass durch die gewaltige Menge an Daten und potentieller Opfer die Wahrscheinlichkeit sehr gering ist, tatsächlich selbst das zufällig gewählte Ziel einer Attacke zu werden. Beispiele finden sich in mehreren Fällen an geknackten Datenbanken, in einem besonderen Fall bei Sonys Playstation im April 2011, bei dem die Daten zahlreicher Nutzer gestohlen wurden, darunter auch Kontonummern mitsamt persönlichen Daten, wie Geburtstag, Adresse und Telefonnummern[35]. Und auch Fälle von geplünderten Datenbanken von Handyanbietern und Handys selbst hat es in der Vergangenheit immer wieder gegeben. Es entsteht regelrecht der Eindruck, dass man nirgendwo mehr sicher ist und immer auf der Hut sein muss.

Selbst Jugendliche, die nicht derart aktiv ihr Leben gestalten und absichern müssen, leben doch in der Gewissheit, dass jederzeit das Handy vibrieren oder klingeln könnte, selbst nachts. Dazu kommt noch die Hektik des Lebens an sich, die ja im digitalen Zeitalter nicht verloren gegangen ist. Menschen haben Erwartungen. Klausuren wollen geschrieben werden, Karrieren geplant und Grundlagen gelegt werden. Auch hier ist die Auswahl riesig. Und der Urlaub muss ja auch geplant werden, mit vollem Programm. Es geht sogar so weit, dass es neue Trends gibt, wie "Slow Travel" oder "Slow Food". Das sind zwei Begriffe aus der Reihe "Snail Mail". Snail Mail ist einfach die normale Post, die halt im Gegensatz zur E-Mail einen oder mehrere Tage braucht, bis sie ihren Empfänger erreicht. Slow Travel ist einfach das Reisen an einen Ferienort abseits der Großstädte, wo man in Ruhe die Seele baumeln lassen kann, ohne sich an ein hektisches Tourismusprogramm zu ketten und sich am Ende gar nicht erholen zu können. Früher war das einfach eine gebräuchliche Form

---

35 Artikel aus dem Spiegel vom 03.05.2011:
http://www.spiegel.de/netzwelt/gadgets/millionen-bankdaten-gestohlen-sony-meldet-hackerangriff-auf-weiteres-netzwerk-a-760256.html

des Urlaubs. Heute wird es durch den Status quo neu definiert. Als ich für den Englischunterricht über Slow Food las, war mir der Artikel fast zu blöd, um ihn weiterzulesen. Es wurde einfach normales Kochen beschrieben, allerdings stimmt es schon, dass man oft nicht die Zeit und Energie aufbringen kann, um ein besonders umständliches Gericht mit speziellen Zutaten zu kochen, die man aus einem Spezialgeschäft geholt hat, statt aus dem Supermarkt[36]. In Relation zur Geschwindigkeit der modernen Welt wird alles, was früher normal war, plötzlich erst slow und dann sogar so entschleunigend, dass ihm plötzlich der trendige Charakter einer Retro-Novität zugesprochen wird.

In jedem Fall hat sich unser Leben im Lauf der Zeit immer deutlicher beschleunigt und vernetzt. Die Zeiten, in denen Warnschilder an Bahnübergängen die Passanten vor der atemberaubenden Geschwindigkeit der Züge warnte, die mit 30 km/h vorbei fuhren, sind vorüber. Und wir müssen uns an die neuen Geschwindigkeiten anpassen. Probieren Sie mal Folgendes: Gehen Sie auf ein Youtube-Video, das sich beschleunigen lässt. Schalten Sie es auf 1,25fache Geschwindigkeit und schauen Sie es sich an. Machen Sie das mit drei Videos. Sie werden merken, dass Sie den Dialogen oder dem Songtext nach und nach besser folgen können. Wenn Sie dann auf ein normal schnelles Video übergehen, wird es Ihnen erst einmal unglaublich träge vorkommen, obwohl das die normale Geschwindigkeit ist. Es passiert mit Ihrem Gehirn etwa das Gleiche wie mit Ihren Augen in einem dunklen und hellen Raum. Es passt seine Wahrnehmungsfähigkeit zum Preis seines Normalitätsempfindens an.

Inzwischen gibt es übrigens heftige Debatten innerhalb der Gaming-Communities über Framerates, also die Zahl der Bilder, die bei einem Spiel oder Video innerhalb einer Sekunde gezeigt werden. Eine Gruppe sagt, es sei unmöglich, mehr als 30 Bilder pro Sekunde überhaupt wahrnehmen zu können. Andere meinen, dass erst 60 Bilder pro Sekunde den Ablauf des Spiels oder Videos so flüssig machen,

---

36 Weil es schon die zweite Referenz aus dem Lehrbuch ist, gebe ich fairerweise mal neben dem eigentlichen Artikel auch meinen Fundort an. Artikel "Entschleunigung für Familien für das Mutter-Kind-Magazin (der Link aus dem Lehrbuch funktioniert nicht) in: FiNALE Prüfungstraining Mittlerer Schulabschluss Nordrhein-Westfalen: Englisch 2017. Westermann, 2016.

dass man es überhaupt genießen kann. Alles darunter sei unerträglich. Ich bin kein Experte darin, aber ich kann mir vorstellen, dass jüngere Nutzer tatsächlich einen Unterschied erkennen können, weil ihre Augen an schnellere Abläufe gewöhnt sind. Ich kann keinen Unterschied sehen und fühle mich gerade wieder alt.

Mit der Übung jedenfalls bekommen Sie einen Eindruck von der Lebensweise und dem Weltbild der meisten (jüngeren) Millennials. Es reicht nicht, ein Video anzugucken. Nebenher muss man mindestens ein Chatfenster offen haben und im Netz auf verschiedenen Seiten browsen, während man vor dem Rechner noch irgendeine andere Aktion durchführt. Obwohl Millennials genauso abgelenkt sind und nicht wirklich großartige Multitasker sind, fühlen sie sich nicht ausgelastet, wenn sie sich nur auf eine Sache konzentrieren müssen. Nicht überlastet oder am Limit der Aufnahmekapazität zu sein wird als unangenehm empfunden. Wenn man sich die Studien und Statistiken zum Medienkonsum Jugendlicher ansieht fällt es dann auch einfacher, sich auszurechnen, wie die Jungen und Mädchen an einem Tag zusammen genommen neun oder mehr Stunden Medienkonsum betreiben. Das Handy ist an, das Radio ist an, der Fernseher ist an, der Computer ist an. Und oft werden zwei oder mehr dieser Medien gleichzeitig genutzt oder ausgeblendet, obwohl sie weiter wahrnehmbar bleiben, so dass ein eventuelles Reizwort die Aufmerksamkeit wieder darauf lenken kann. Und um mit all dem klarzukommen müssen Strategien entwickelt werden, um sich nicht sämtliche Energie zu entziehen. Darum muss selektiv wahrgenommen und gefiltert werden. Alles, was nicht unmittelbar relevant und interessant ist, wird ausgeblendet. Und da geht leider auch das eine oder andere wichtige Detail aus Privatleben und Schule flöten.

<u>Selbstdarstellung</u>

Obwohl es eigentlich in den Bereich der Erläuterung zu Sucht und Nutzerverhalten gehört, möchte ich diesen Abschnitt ein wenig abgrenzen, weil er doch etwas üppiger geraten ist und ein wenig vom Thema abweicht. Oft wird die Beschwerde laut, dass Kinder eigentlich nur noch am Rechner sitzen, chatten und über allerlei Unsinn zu diskutieren. Sie seien förmlich besessen von dem Drang, sich mit allen ihnen gegebenen Möglichkeiten im Netz darzustellen. Nicht umsonst haben verschiedene Zeitschriften der Generation auch Namen gegeben, wie "Netz-Generation" oder "Generation ME". An dieser Stelle sei aber die Frage gestellt, was die Kinder der Neuzeit denn sonst machen sollen, als sich wie im Hyde Park in die Speakers' Corner zu stellen und der Welt ihre eigenen Ansichten zu verkünden, egal ob niemand, zwei, drei oder zehntausend Leute zuhören. Nicht nur weil sie als Teenager im realen Leben kaum eine Bühne haben, von der aus sie auf die Welt einwirken können. Sie haben wortwörtlich wirklich keine anderen Sorgen. Unsere Gesellschaft ist an einen Punkt gelangt, an dem sogar noch die Ärmsten eine Chance haben, in relativem Wohlstand zu leben, wenn sie nicht bewusst von der Gesellschaft ausgegrenzt werden. Denn die Grundbedürfnisse sind für fast jedes Mitglied unserer Gesellschaft gedeckt.

Was mit relativem Wohlstand gemeint ist, kann man an der Bedürfnispyramide des Begründers der Humanistischen Psychologie, Abraham Maslow, ablesen. Um es wirklich grob zu vereinfachen ging Maslow davon aus, dass der Mensch von Natur aus Bedürfnisse von unterschiedlicher Komplexität und Lebenswichtigkeit hat, und dass er sich erst dann einer komplexeren (höheren) und weniger lebenswichtigen Stufe zuwenden kann, wenn die unteren Stufen ausreichend gesichert sind. Er tut dies dann aber auch automatisch. Die Jugendlichen sind weder von Hunger, noch von Todesangst oder gesellschaftlichem Ausschluss bedroht und widmen sich natürlicherweise dem nächst höheren Bedürfnis, sich in der Gesellschaft auszudrücken und politisch mitzuwirken, auch wenn sie in der realen Welt noch nicht richtig zupacken dürfen. Manche gehen in Jugendorganisationen von Parteien, andere ins Netz. Und beides ist legitim.

Zur genaueren Erklärung steigen wir doch mal auf die Pyramide. In unserer westlichen Konsumgesellschaft können wir davon ausgehen, dass die unterste Stufe der physiologischen Bedürfnisse (Nahrung, Schlaf usw.) für die meisten Mitglieder unserer zum starken Übergewicht neigenden Bevölkerung durchaus als gesichert gilt.

Schon die zweite Stufe ist vielleicht strittig. Es geht um Sicherheit und Stabilität. Die heutige Jugend hat nach Aussagen der Shell-Studie weniger Angst vor einer ungewissen Zukunft im Arbeitsmarkt. Die

Angst vor Instabilität in einer Beziehung oder Ehe weicht dem Bewusstsein, dass eine Partnerschaft nicht bestimmend für das eigene Leben ist und seine Beendigung keine vernichtende Lebenskrise darstellt. Außerdem existieren alternative Lebensstile, die ganz auf Ehe oder Stabilität im klassischen Sinne verzichten. Beruflich sind die Jugendlichen scheinbar wesentlich optimistischer, als noch vor einigen Jahren, das Bild des Globetrotters, der durch ein Land reist und sich durch "Work and Travel" am Leben erhält, ist schon lange salonfähig, und der Wert der Flexibilität tritt an die Stelle von einseitiger Karriereorientierung, auch wenn diese dennoch allgemein angestrebt wird. Gesundheit, finanzielle Stabilität und die Unversehrtheit des eigenen Lebens ist für die einzelne Person, auch wenn in Zeiten der ständigen Krisen und des Terrors ein anderer Eindruck in der Gesamtgesellschaft entsteht, durchaus gegeben. Nur punktuell, wenn wieder ein Lebensmittelskandal, eine Tierseuche, ein Terroranschlag im Land oder eine Hiobsbotschaft zur Wirtschaft durch die Medien geht, knickt dieses allgemeine Wohlbefinden zeitweise ein. Wie Florian Illies' "Generation Golf" leben wir und unsere Jüngsten gerade in insgesamt sehr sicheren Zeiten. Schlimmstenfalls tritt an die Stelle der ständigen Bedrohung durch einzelne Angriffe und Krisen das Damoklesschwert der absoluten Vernichtung durch ein gewaltiges Ereignis, wie durch einen Atomkrieg.

Auf der Ebene der sozialen Bedürfnisse entsteht im Bezug auf den regelmäßigen Internetkonsum der Jugend ein Paradox, das Maslow selbst damals mangels Internetkultur gar nicht abdecken konnte. Es geht um soziale Bedürfnisse, also Freundschaften, Beziehungen und Liebe, soziale Anerkennung und das Finden einer Rolle in der Gesellschaft. Gleichzeitig behindert und bestärkt das Internet die Erfüllung dieser Bedürfnisse. Und hier entsteht auch die Diskrepanz zwischen der tatsächlichen Befriedigung des Bedürfnisses und der empfundenen Erfüllung. Viele würden von außen betrachtet sagen, dass Facebook-Freunde, Twitter-Follower, Der LoL-Clan oder die WoW-Welt nicht gelten, weil sie keine echten Kontakte liefern, selbst wenn sich hinter den digitalen Repräsentationen letztlich reale Personen verbergen. Für das Kind selbst sind das aber echte, wertvolle und teils tiefgreifende Freundschaften. Und die meisten Jugendlichen haben durchaus noch ein profundes Leben in der Realität, das sie abbildend im Netz weiter leben, wenn sie sich nicht physisch mit ihren Freunden treffen können. Auch spricht Maslow von der grundsätzlichen Bereitstellung von Möglichkeiten zur sozialen Teilhabe, und die ist unabhängig von Konsumgewohnheiten und der Bereitschaft, dieses Angebot anzunehmen, gegeben. Also würde ich dieses Bedürfnis als wesentlich befriedigt sehen.

Die letzte Stufe der Mangelbedürfnisse, auf die dann der Wunsch nach Selbstverwirklichung und Transzendenz folgt, sind die Individualbedürfnisse. Und hier greift letztlich, was oft so heftig als Egomanie und Selbstdarstellungssucht kritisiert wird, letztlich auch der Anteil der Internetsucht, der Jungen und Mädchen gleichermaßen betrifft und unter dem Schlagwort Selbstdarstellungswahn zusammengefasst wird. Bei vielen Themen, die insbesondere die Jugendlichen interessieren, besteht eine scheinbar einhellige Meinung, die bei vielen Debatten als Quintessenz genutzt wird: Ein bitterer und zugleich wundervoller Gedanke ist wohl, dass wir in einer Zeit leben, in der die unhaltbaren Zustände unserer Gesellschaft ad acta gelegt worden sind und nur noch Feinarbeit geleistet werden muss, während die katastrophalen Zustände anderer Gesellschaften so fern sind, dass sie keine echte Relevanz mehr haben. Wer sich also aufregen oder für eine Sache einsetzen will, der muss erst einmal ein bestehendes Problem künstlich aufbauschen oder vorher überhaupt erst einmal erfinden und etablieren. Erst dann kann er oder sie sich zu dem Advokaten einer unterdrückten Gruppe, zum Kämpfer gegen Missstände oder zum Förderer einer noblen Sache machen. Tatsächlich gibt es aber auch in einer Welt, die den Nationalsozialismus besiegt, die Frauen weitgehend gleichberechtigt, die Rassentrennung überwunden und für alle möglichen Probleme der Menschen ein offenes Ohr hat, noch immer große Probleme und Kontroversen, die viel zu wenig Beachtung finden. Während dessen erfahren andere Probleme eine eigenartige Permutation, und es wird allzu oft auf Dinge geachtet, die bei genauerer Betrachtung vergleichsweise trivial erscheinen.

Die zunehmende Überwachung wurde erst kritisiert, scheint aber schnell zu einer unangenehmen Alltäglichkeit geworden zu sein. Die Existenz von Sweatshops erwähnte ich schon, und dass in Deutschland Waffen hergestellt werden, mit denen irgendwo in der

Welt tatsächlich Menschen getötet werden, wird vielleicht hier und da noch einmal von einem Kabarettisten moniert. Das Bewusstsein, dass Rauchen hochgradig gesundheitsgefährdend ist, hat die Schachteln zwar nicht von ihrem rechtmäßigen Platz neben der Quengelware an der Kasse verbannt, aber wenigstens ziert jetzt jede Packung neben der Warnung vor Tod und Verderben ein Ekelbild, von dem wir Nichtraucher uns den Appetit verderben lassen müssen. Allein das die Schlagworte Wirtschaft und Steuern haben im letzten Jahr schon so einige Gemüter erregt. Aber echte Protestaktionen sind in all diesen Fällen rar, und es gibt noch reihenweise andere schwerwiegende Probleme, die ähnlich schlimm sind und ebenso wenig vehement bekämpft werden. Viele Themen gibt es wahrscheinlich einfach schon so lange, dass diejenigen, die Proteste gegen sie initiieren und durchführen, langsam müde werden oder aufgegeben haben, und die Jugend findet solche Themen scheinbar nicht publikumswirksam genug, um sie wirklich anzugehen.

Es gibt aber Themen, die immer wieder eine Renaissance erleben, und das liegt daran, dass sich unser Kulturkreis in manchen Fragen wie ein träges Walross zwar mit Mühen in eine Richtung wälzen lässt, aber letztlich immer wieder in seine bequeme Seiten- oder Schieflage zurück findet. Ich greife an dieser Stelle das Thema Feminismus auf, das immer noch sehr präsent ist, und nutze ihn als ein Beispiel, das anzeigt, wo ein Problem in der Handhabung klassischer Kontroversen im Internet liegt. Es erklärt auch, warum es nicht zwingend mit Suchtverhalten zu tun hat, wenn Jugendliche wegen solcher Sachen ständig im Netz sind und "aus Mücken Elefanten machen".

Obwohl sich Ronja Larissa von Rönne inzwischen von ihrem damaligen Artikel in der "Welt" distanziert hat[37], ist dieser Artikel sehr aussagekräftig, was die Haltung mancher moderner Frauen (und Männer) zum modernen Feminismus angeht. In dem relativ kurzen Text vertritt sie die Hauptthese, dass dieser nach der Erreichung seiner zentralen Ziele nun so langsam überflüssig werde und dadurch nur

---

37 ihr Artikel für die Welt vom 08.04.2015:
https://www.welt.de/kultur/article139269797/Warum-mich-der-Feminismus-anekelt.html und ein Artikel über ihre Rücknahme im Taagesspiegel vom 02.05.2016: http://www.tagesspiegel.de/medien/warum-mich-der-feminismus-anekelt-ronja-von-roenne-lehnt-axel-springer-preis-ab/13534516.html

noch ein Nährboden für sinnlose Extrembewegungen sei. Sie schreibt in einem abfälligen Ton über die Sinnhaftigkeit des #Aufschrei, einer Aktion auf der Plattform Twitter, die auf den immer noch vorherrschenden Sexismus in unserer Gesellschaft aufmerksam machen sollte, und benennt weitere Beispiele dafür, dass sich der Feminismus nur noch in Kleinlichkeiten findet, wie im Gendern der Sprache, also in der Benutzung weiblicher oder neutraler Formen statt der männlichen Bezeichnungen. Sie impliziert, dass das Konzept "Sex sells" nicht kritisiert werden müsse, da es ja funktioniere. Alle echten Ziele, wie das Wahl- und Arbeitsrecht seien bereits erreicht worden, und deshalb gäbe es keine großen Themen und Aufgaben mehr für den Feminismus. Inzwischen seien es Studentinnen oder andere Frauen, die nicht von den Nachteilen betroffen seien, die im Namen derer, die angeblich mehr Rechte brauchen, stellvertretend protestierten. Die Forderungen des Feminismus seien nur noch ein Mittel zum Zweck, um sich umstandslos Vorteile zu verschaffen oder sich als Revoluzer zu gerieren und sich wichtig zu machen. Immerhin würde ja niemand protestieren, um "Scheißjobs" machen zu dürfen, womit sie wahrscheinlich die fast ausschließlich von Männern verrichteten Arbeiten meint, die schlecht bezahlt und mit viel körperlicher Arbeit verbunden sind. Es gehe immer nur um die Vorstände und Aufsichtsräte. An einer Stelle spricht sie die Zeitschrift "Emma" und deren Forderung an, in den Cockpits 50% Pilotinnen einzustellen, da diese nicht so stark suizidgefährdet seien. Sie deutet damit die Haltung an, dass der Feminismus inzwischen von einer Strömung unterwandert ist, die versucht, den ursprünglichen Sexismus umzukehren und Männer zu benachteiligen, um sich für die Jahrhunderte der Unterdrückung zu rächen, und somit den ursprünglichen Gedanken der Gleichwertigkeit unterminiert.

Die Aussage, die für dieses Kapitel von größter Bedeutung ist, ist der Vorwurf, junge Frauen würden das Thema im Rahmen des Netzfeminismus ausschlachten und zur reinen Selbstdarstellung nutzen. Durch unsinnige Handlungen und künstliche Empörung über Kleinigkeiten würden diese Frauen alles ins Lächerliche ziehen und teilweise sogar umkehren, was der Feminismus bedeutet. Dass das Thema teilweise einen gewissen kitschigen oder kleinlichen Touch bekommen hat, ist vielleicht eine zulässige Beobachtung, obwohl es nur einen kleinen Teil der Youtuberinnen und Bloggerinnen betrifft. Wie schon bei zahlreichen Beispielen in diesem Buch gilt auch hier, dass eine Verdrehung des Feminismus ins lächerlich Übertriebene keine Neuigkeit ist und auch nicht vorrangig von den Millennials getragen wird. Die großen Albernheiten werden nämlich auch hier von den Erwachsenen verübt.

Ganz besonders im Straßenverkehr ist allerhand Unsinn passiert, der eigentlich so nichts mit Gleichheit der Geschlechter zu tun hat. Die älteren Leser erinnere ich mal an die vielen Diskussionen um den Gebrauch von Ampelfrauen, die aus sinnvollen technischen Gründen zunächst vom Grafiker Hans-Jürgen Ellenberger entworfen wurden und dann an vielen Orten vehement eingefordert und manchmal auch bewilligt wurden. An anderen Orten wurden sie aber auch einfach ohne Protest eingesetzt, eben wegen jener technischen Vorteile und weil es der Variation diente. Feminismus hatte damit wenig zu tun, und es ist auch wenig ersichtlich, wie die zwangsweise Einführung von Ampelfrauen die Gleichberechtigung gefördert hätte. Ich habe es nicht dokumentiert, aber es gab immer mal wieder Diskussionen um Verkehrsschilder, die angeblich zu selten Frauen zeigen würden. Die Figuren bekamen dann in einigen Fällen Reifröcke, also diese Halbkreise, und wurden zu Frauen, womit der Sache übrigens auch nicht unbedingt gedient ist. Fußgängerschilder mit Männern und Kindern wurden entfernt, als das Argument aufkam, man solle besser eine Frau abbilden, denn das Schild könne Pädophilen in die Hände spielen, die ein Kind anweisen könnten, sie bei der Hand zu nehmen und mit ihnen zu gehen. Auch da gab es Debatten und Beschwerden, diesmal von Männern, die sich unter Generalverdacht gestellt fühlten[38].

Das Durchgendern der Sprache ist auch eine Direktive von oben und weniger eine Initiative der Jugend. Und auch sie bringt nichts außer das Wohlgefühl, irgendwas getan zu haben, ohne sich in Unkosten zu stürzen oder echte Arbeit verrichtet zu haben. Es ist im gleichen Sinne auch eine gängige Praxis, Dinge umzubenennen oder kleinere

---

38 Meine einzige Quelle zu der Sache mit dem Männerschild ist eine Person, die das genauso erzählt bekommen hat:
https://fraumitbart.wordpress.com/2009/09/14/verkehrs-schild-frau-mit-kind-mann-mit-madchen/

Regelungen einzuführen, damit eine Sache ihr Aufregungspotential verliert. Dadurch gibt es das Gendersternchen[39] oder solche Umbenennungen, wie "Rotationseuropäer", was nicht gegen Diskriminierung hilft, aber weniger rassistisch klingt, als "Zigeuner". Vielleicht wird gehofft, dass all dieser Kleinkram zusammen genommen dann doch einen sozialen Habitus der Gleichstellung schafft. Es entsteht aber gleichzeitig der Eindruck, dass sich diejenigen, die sich über Ungleichheiten aufregen, über solcherlei Dinge auslassen und nur selten Nachteile erwähnen, die sich zum Beispiel aus der Kombination der "Gender Pay Gap" und dem Ehegattensplitting ergeben, wenn beide Partner getrennte Konten führen. Übrigens wird das in der Sendung "Die Anstalt" vom 28.4.2015 sehr gut illustriert, wenngleich bei einigen der anderen Themen einige freie Interpretationen auftauchen, die das Problem größer darstellen, als es ist. Dass unsere nationalen Fußballteams im Verhältnis zu ihrem jeweiligen Erfolg sehr ungleich behandelt werden, wäre auch Anlass zu weit mehr Empörung, als bisher wahrgenommen.

Was machen die Jugendlichen also damit? Hängen sie sich jetzt an tote Schlachtschiffe, um Teil einer großen Sache zu sein und ein wenig Glorie zu ernten? Nein, oder zumindest nicht normalerweise. Weil, um beim Beispiel zu bleiben, trotz aller Fortschritte immer noch eine deutliche Geschlechtertrennung existiert, die sich in allen Bereichen des Lebens niederschlägt, haben die Jugendlichen den Eindruck, dass das Thema wohl noch nicht ganz durch ist. Für die einzelne Frau ist es nahe liegend, sich für Frauenrechte einzusetzen und dies auch ins Netz zu tragen. Es geht ja letztlich auch um einen selbst. Dann werden auf Facebook inspirative Posts geliked, die den Männern eins auswischen, entsprechende Seiten und Gruppen werden abonniert, und man selbst stellt sich als emanzipierte und selbstbewusste Frau dar, die keinen Mann braucht, um im Leben klarzukommen. Jungen nehmen die Herausforderung an und geben im Netz den Platzhirsch, lassen den Macho raushängen und machen im Kern das gleiche auf Facebook, nur in männlich. Dadurch gibt es sogar etwas, das sich "maninism"

---

[39] Wie anfangs angemerkt habe ich beim zweiten Durchlesen des Buches das Gendersternchen (Leser*innen) wieder entfernt, weil es den Lesefluss einfach gravierend gestört hat, auch wenn ich in der Sache äußerst zwiegespalten gewesen bin.

nennt, also die Parodisierung des Feminismus durch eine geschlechtliche Umkehrung von Stereotypen, die sich meistens in albernen Retourkutschen erschöpft, die teils ins Menschenverachtende abdriften. Sie bauen aber auf eigentlich wichtigen Themen auf, wie der gesellschaftlichen Mißachtung des Umstands, dass es auch häusliche Gewalt gegen Männer und Vergewaltigungen durch Frauen gibt, die aber meistens ignoriert und diesen Männern als Schwäche ausgelegt werden. Manche Frauen werden reaktiv, wie es von Rönne andeutet, und machen die anderen lächerlich oder positionieren sich absichtlich gegen diesen Krieg der Geschlechter, geben sich besonders Mühe, klassische Frauenbilder zu präsentieren und diskutieren gegen ihre Geschlechtsgenossinnen. Auf der anderen Seite gibt es dann auch männliche Feministen, die den Hausmann salonfähig machen wollen und dazu auffordern, die gefühlvollen Seiten des männlichen Wesens mehr zu betonen.

Dies soll nur als eines von vielen Beispielen gelten, warum sich Jugendliche, Jungen und Männer genauso wie Mädchen und Frauen, so unglaublich lange im Netz aufhalten und sich gerieren. Es geht um Aufmerksamkeit für die Person, die sich in Aufmerksamkeit für eine Sache ummünzt, wodurch zwei Geltungsbedürfnisse gleichzeitig bedient werden können. Das Netz bietet endlose Möglichkeiten, sich in einem pseudo- oder realpolitischen Feld zu erproben, sich darzustellen, Leute auf die eigene Seite zu ziehen, sich gehörig zu zoffen oder einfach mal seine Meinung zu sagen. In den meisten Fällen ist das auch mit einer gewaltigen Menge an Selbstbestätigung und sogar ein wenig Spaß am Geschlechterdialog verbunden. Denn so sind Menschen wohl gestrickt. Nicht umsonst wird fast jede Kommentarsektion unter einem Artikel oder Youtube-Video unabhängig vom Inhalt des ursprünglichen Eintrags zu einer heftigen politischen Debatte. Es hat nicht nur was mit den Trollen zu tun.

Identitätssuche

Über eine Sache sind sich so gut wie alle Wissenschaftler einig, und ich schreibe "so gut wie" nur, weil es bestimmt irgendeine renommierte Person gibt, die das in zulässiger Weise anzweifelt, auch wenn mir beim besten Willen niemand einfällt. Die Jugendphase ist geprägt von der Suche und Stabilisierung der eigenen sozialen und persönlichen Identität, und die daraus sich ergebenden Such- und Probebewegungen sind definierend für die erfolgreiche Entwicklung der Persönlichkeit. Wer bin ich? Wo gehöre ich dazu? Was will ich mit meinem Leben machen? Was habe ich für Optionen? Wie stehe ich im Vergleich zu meinen Mitmenschen da? Es gilt, in einem bestimmten, netterweise großzügig definierten, Zeitrahmen Antworten auf diese und weitere Fragen zu finden. Bevor die Globalisierung so richtig Fahrt aufnahm hatte man nur ein einfaches, klar abgestecktes Umfeld, um diesen Fragen nachzugehen. Und die Antworten waren einfach. Man wurde, überspitzt dargestellt, der Nachfolger des Vaters und übernahm den eventuellen Betrieb, man ging ins Militär oder in die Kirche, und wenn man eine Frau war heiratete man jemanden aus der näheren Gegend und widmete sich der Aufzucht der nächsten Generation.

Heute stellt die Möglichkeit, sich mit der gesamten Welt vor den Spiegel zu stellen und die kritischen Fragen zu stellen, einen Segen und einen Fluch zugleich dar. In einer Zeit, in der die Suche nach der eigenen Identität immer wichtiger und schwieriger wird, greifen Jugendliche und Erwachsene gleichermaßen nicht nur zu Mitteln der Selbstdarstellung, die scheinbar immer extremer sein müssen, um überhaupt jemanden zu interessieren, sondern definieren sich über eine Unmenge an Subkulturen, Gruppierungen und neuen Geschlechtsidentitäten. Dadurch dass man sich quasi mit Milliarden anderer Menschen zu vergleichen hat, ist es gefühlt immer schwieriger, herauszustechen oder sich als etwas Besonderes zu fühlen. Die Angst der persönlichen Identität ist es ja, dass man am Ende nur das Produkt einer Schablone ist, und da ist es wenig tröstlich, wenn der moderne Philosoph sagt, dass im Kern jeder Mensch einzigartig ist, egal wie sehr er allen anderen ähnelt. Ironischerweise bietet das selbe Medium, welches diesen empfundenen Wettbewerb auslöst und befeuert, auch eine Lösung durch die fast unendlichen Angebote an Identitäten. "Ich" ist heutzutage mehr oder minder ein Baukasten. Religion, Kleidungsstil, Konsumgewohnheiten oder das soziale Umfeld, das sind alles Dinge, die man sich aneignen kann, die man ausprobieren und mit anderen diskutieren kann. Das Internet ist ein Fundus, um nicht "Grabbeltisch" zu sagen. Und jeder Tag ist Black Friday. Für jeden ist was dabei, und an sich ist das eine gute Sache, weil es unseren Horizont weitet und für ein besseres Verständnis anderer Welten sorgt, solange man sich nicht nur auf der Ebene der Stereotype bewegt.

Aber alle meine bisherigen Erkenntnisse zusammenfassend würde ich sagen, dass das Internet insgesamt trotzdem mehr ein Gleichmacher ist, als ein Kaleidoskop. Sein Wirken in der Identitätsfrage ist nicht nur positiv, wie es Guido Bohmsen für die Süddeutsche Zeitung in einem Artikel beschreibt[40]. Er führt aus, dass zum Beispiel die einfache und fast kostenlose Verfügbarkeit von seriösen und zuvor sehr teuren Informationsquellen, wie dem Brockhaus, dabei hilft, die Lücke zwischen Arm und Reich ein wenig zu schließen und jedem einen Zugriff auf Bildung gewährt. Aber auch die Anonymisierung, die die Barrieren zwischen Geschlechtern zumindest zeitweise aufzulösen vermag, beschreibt er als Errungenschaft, die man mit Freude betrachten kann und würdigen sollte, weil dadurch weniger Möglichkeiten der Stereotypisierung und Diskriminierung existieren. Bohsem fügt aber noch den Wermutstropfen hinzu, dass die Digitalisierung auch zu Ängsten bezüglich der Sicherheit von Arbeit führt.

Das Internet als Gleichmacher tritt aber auch auf eine ganz andere Weise auf. Es erschafft ein Paradox zwischen unendlicher Vielfalt und Homogenisierung. Die positiven Aspekte sind ersichtlich. Ein jugendlicher Mensch, der auf der Suche nach seiner Identität ist, findet im Netz wesentlich mehr Angebote, als im wahren Leben. Zum Beispiel kann er auf verschiedene Religionen aufmerksam werden und vielleicht sogar lernen, dass es in seiner Gegend eine Gemeinde gibt, die er besuchen kann. Wo und wann sich Gruppen zum Skaten treffen und wo überhaupt gute Anlagen sind, darüber kann das Internet Auskunft geben. Und auch für jedes noch so exzentrische Hobby und jedes Thema gibt es inzwischen Homepages, Communities und zahlreiche andere Angebote, um die eigenen Leidenschaften mit anderen zu teilen. Für jeden Jugendlichen gibt es auf dieser großen und weiten Welt mindestens eine Handvoll Menschen, die genauso

---

40   13.09.2016 http://www.sueddeutsche.de/wirtschaft/samstagsessay-der-grosse-gleichmacher-1.3145871

sind. Die Botschaft des Internet ist "Du bist nicht allein. Du bist nicht seltsam oder abartig.".

Das Internet sagt aber auch: "Du bist nicht einzigartig.", denn es zeigt auch auf, dass man unabhängig von seiner Seltsamkeit immer noch irgendwo jemanden findet, der genauso seltsam oder sogar noch eigenartiger ist. Es gibt für jeden normalen Nutzer immer jemanden, der das, worauf man selbst so stolz ist, so viel besser kann, dass man sich fast schon schämt, je stolz gewesen zu sein. Natürlich kann man stolz darauf sein, in seiner Clique der oder die Beste zu sein oder sogar lokal die Ranglisten anzuführen. Aber irgendwo gibt es für fast jeden eine Grenze. Es ist ein wenig wie die Umkehrung des elterlichen Mahnspruches, man solle seine Mahlzeit fertig essen, denn in Afrika gäbe es Kinder, die verhungern und die froh wären, das jetzt essen zu dürfen. Wieder ein alter Spruch, der im Kern jetzt neu aufgelegt wird. Früher war ich erstaunt, wenn ich im Netz sehen konnte, dass noch jemand das Gefühl hat, morgens im Bett liegend zu schweben und runter zu fallen, oder dass es viele Menschen gibt, die sich im Auto sitzend ein Männlein mit Zeige- und Mittelfinger formen und sich vorstellen, dass es an der Fensterscheibe parallel zum Auto durch die Landschaft läuft und einen Hindernisparcours absolviert.

Dass viele den Eindruck haben, kein noch so eigentümlicher Charakterzug sei ein Unikat, wird sehr schön durch ein Meme (in etwa so etwas wie ein "running gag") illustriert. Auf den verschiedenen Plattformen, auf denen lustige Bildchen und Geschichten zur Unterhaltung ausgetauscht werden, gibt es ein Bild, das immer wieder mit unterschiedlichen Texten versehen und auf die Plattform gestellt wird. Es zeigt den Charakter Walter Sobchak (gespielt von John Goodman) aus dem Film "The Big Lebowski", der auf einer Bowlingbahn eine Handfeuerwaffe hoch hält und in den Raum brüllt: "Bin ich denn hier der einzige [Idiot], dem Regeln noch irgendwas bedeuten?". Der letzte Teil des Satzes wird von den Nutzern durch ein beliebiges Statement ersetzt, etwa: "Bin ich denn hier der einzige, der Chilischokolade mag?". Die Reaktion in den Kommentaren ist aber immer sehr ähnlich. Sofort melden sich andere Nutzer mit sarkastischen oder genervten Kommentaren, in denen sie den "Poster" darüber aufklären, dass er bei über sieben Milliarden Menschen auf der Welt bestimmt nicht der einzige ist, der so denkt oder handelt, wie er es beschrieben hat. Inzwischen erscheint das Meme mit der entrüsteten Frage nur noch selten, weil es nicht mehr "in" ist, aber auch weil die Botschaft angekommen ist. Heute löst es nur noch ein Muskelzucken im Mundwinkel aus, wenn ich glaube, auf eine tolle Idee gestoßen zu sein, und dann im Netz herausfinde, dass die Idee schon jemand hatte. Eingangs sagte ich ja, dass der ursprüngliche Titel und die Spitzmarke schon in Gebrauch waren. Und so gut wie jeder Gedanke, den ich hier vorstelle, ist auf der Grundlage einer Recherche entstanden, die zwar zur Unterstützung meiner Annahmen gedient hat, aber im Endeffekt bedeutet, dass ich nur bestehende Informationen wiederkäue und ein wenig anders zusammen setze, um meinen Senf dazu zu geben. Darum sind für mich die Quellen interessanter, die gerade widerlegen, was ich bisher angenommen habe, weil sie mir eine Möglichkeit geben, umzudenken.

Für die Jugendlichen jedenfalls bieten sich trügerisch einfache Möglichkeiten der Identitätsfindung. An dieser Stelle möchte ich aber auch auf die Verwirrungen und Ungenauigkeiten eingehen, die sich in dieser ganzen Sache ergeben. Natürlich sitzt ein Jugendlicher nicht vor seinem Rechner, recherchiert gewissenhaft Religionen, Subkulturen und Lebensstile, und baut sich auf dieser Grundlage sorgsam eine kohärente Identität zusammen, die seiner Lebensperspektive und seinem Weltbild entspricht. Der Prozess findet immer noch viel mehr außerhalb des Netzes statt, während dieses nur ein Hilfsinstrument ist, um anzuregen und zu bestärken, was ohnehin schon tendenziell vorhanden ist. Genauso wie wir weit davon entfernt sind, das Internet als Mittel der wissenschaftlichen Vernetzung und Völkerverständigung zu nutzen, haben wir einen äußerst eingeschränkten Horizont, was und wo wir im Netz suchen könnten oder sollten, um uns über uns selbst bewusster zu werden.

Aber auch die normalen Gegebenheiten bereiten Konflikte. Sozialisation findet zwischen zwei Extrempolen statt. Jugendliche wollen sich abgrenzen und sich als einzigartig empfinden können (Individuation), gleichzeitig wollen sie sich als Teil einer Gruppe empfinden, zu der sie sich zugehörig fühlen (Integration). Ein Beispiel ist das immer wieder in meinen beiden Fächern zu besprechende "Leben zwischen zwei Stühlen". Gemeint ist das Problem von Kindern mit Migrationshintergrund, die daheim, also im Haus der

Eltern oder schlimmstenfalls einer gettoisierten Nachbarschaft, eine völlig andere Kultur, andere Verhaltensnormen und eine andere Sprache erleben, als in der Schule, und deshalb Schwierigkeiten haben, sich in eine der beiden Welten einzufinden. Dass sie sich leichter durch ihre Sprache mit anderen Kindern verbinden können, die den gleichen Hintergrund haben, während sie durch die fremde Sprache einen sozialen Vorteil in Form einer "Geheimsprache" oder Bilingualität haben, gilt hier als sehr schwacher Trost dafür, dass sie sich letztlich für eine der beiden Kulturen entscheiden müssen und keine Möglichkeit haben, das Beste beider Welten für sich zu nutzen.

Es braucht aber keinen Migrationshintergrund oder eine Zugehörigkeit zu einer regional gering vertretenen Religionsgruppe, um in diese Probleme zu geraten. Der Beitritt zu einer Subkultur macht unter dem Aspekt der Individualisierung ebenfalls nur wenig Sinn, wenn es um tatsächliche Einzigartigkeit geht. Wenn sich ein Jugendlicher aus der normalen Mainstream-Gesellschaft ausklinken will, schließt er sich oft einer Gruppe an oder wird auf eigene Faust Hippie, Punker, Goth, Emo, Hipster oder ein Mitglied irgendeiner anderen Gruppe, Strömung oder Sub-Subkultur. Das Angebot ist riesig. Auf den ersten Blick wirkt so eine Wahl verwirrend, denn diese Gruppen haben ja fast schon so etwas wie eine "Corporate Identity", also Dresscodes, bestimmte erwartete Verhaltensweisen, genau auf sie maßgeschneiderte Kleidungslabels und Events, Hangouts oder Musik. Hinsichtlich der Identitätssuche erscheint es als kontraproduktiv, aber weil sich das letztliche Produkt der Suchbewegungen auf einer großen Bandbreite bewegt, ist die Wahl eines Themas für die eigene Identität nicht viel mehr als eine Stütze oder Starthilfe, ein erster Filter für die letztlich ausgestaltete Identität. Das Problem ist Konsistenz. Die Suchbewegungen dauern, so beschreibt es Klaus Hurrelmann, immer länger, und somit findet man durchaus Menschen, die noch in ihren 30ern ihren Stil suchen, Lebensstile ausprobieren oder ihren Weg in ein den gesellschaftlichen Normen entsprechendes Leben immer noch nicht gefunden haben. Aber auch die kritische Frage, wie zentral für die eigene Lebensgestaltung gesellschaftliche Normen und Werte überhaupt noch sind, könnte durchaus irgendwann gestellt werden.

Die Frage "Wer bin ich – und wenn ja, wieviele?", aus dem gleichnamigen Buch von Richard David Precht, könnte heute ebenfalls eine gewisse Relevanz erhalten. Wir haben nicht nur die üblichen privaten oder öffentlichen Identitäten, die an Rollenerwartungen und Funktionen gekoppelt sind. Wir haben gleichzeitig eine oder mehrere Identitäten im Netz. Unter dem Titel "Kurzbefehl - Der Kompass für das digitale Leben" beschreibt David Bauer eine Reihe sehr anregender Beobachtungen und Erkenntnisse gerade über diesen Bereich[41]. Im Kapitel "Sein und Selbst" beschreibt er, dass die normale Funktionsweise der Internetnutzung so ist, dass eine erfundene Identität oder Persönlichkeit von den Wünschen, Erwartungen und Haltungen einer realen Person erschaffen wird und in diesem Rahmen existiert. Unter Berufung auf die Journalistin Esther Dyson schreibt er, dass unser Alter Ego letztlich eine Karikatur unserer wahren Persönlichkeit ist. Sobald dieser Raum verlassen wird, kehrt die Person zu sich selbst zurück. Durch die Nutzung von Plattformen und online-Communities, die keine Anonymität mehr gewähren, kann es jedoch zu Vermischungen zwischen der online-Persönlichkeit und der offline-Persönlichkeit kommen. Die Identitäten aus dem Netz schwappen in die Realität über, und das reale Ich wird plötzlich seiner eigenen Karikatur ähnlicher. Die Frage, wer ich bin, wird dadurch noch viel komplexer und schwieriger zu beantworten, als es in früheren Zeiten möglich war.

Gender-Identitäten

Wo ich aber schon einmal mit den Themen Internetsucht und Feminismus durch ein Minenfeld gelaufen bin kann ich auch gleich einmal einen Abstecher in ein anderes prekäres Thema machen, das zwischen Selbstdarstellung und Identitätssuche eine Verbindung herstellt. Denn inzwischen werden die Debatten um Gleichheit der Geschlechter und die Frage nach Identität durch ein Phänomen ergänzt, das sich in den letzten Jahren langsam erweitert und verbreitet hat und nun an die breite Öffentlichkeit gelangt ist. Der Verdienst dafür ist Facebook zugeschrieben worden, auch wenn es schon vorher ein Thema war. Die Rede ist von der Gender-Thematik.

Ursprünglich gab es im Volksmund zwei biologische Geschlechter, Mann und Frau. Die existenten Kombinationen für die sozialen

---
41 http://www.kurzbefehl.ch/inhalt

Geschlechter waren Heterosexualität und Homosexualität. Gelegentlich gab es Bisexualität, und in anderen Fällen Asexualität. Damit war das Feld aber dann so ziemlich abgedeckt. Unabhängig davon gab es Lebensstile, die wesentlich in die zwei Felder Monogamie und Polygamie getrennt waren. Auch gab es Lebensstile, wie Swinger oder Drag-Queens, die sich wiederum in verschiedene Unterkategorien teilen ließen und da schon mehr in den Bereich der Subkulturen verlaufen, weil sie trotz allem Anschein nicht primär über ihre Sexualität definiert werden.

Das Gefühl, in das falsche biologische Geschlecht geboren zu sein, und der Wunsch, das Geschlecht zu wechseln, existiert in Einzelfällen vielleicht seit den ersten zivilisierten Gesellschaften. Wer besonders an diesem empfundenen Schicksalsschlag litt hatte kaum eine andere Möglichkeit, als sich letztlich zu fügen, sich das Leben zu nehmen oder den Versuch zu unternehmen, als das jeweils andere Geschlecht zu leben und dessen Eigenschaften möglichst genau zu emulieren. Auch dafür gab es zwar Möglichkeiten, aber die entsprechen-den Menschen wurden für Gewöhnlich zu Fetischen reduziert, was sicherlich auch nicht deren Wunschvorstellung war, insbesondere wenn es ihnen nicht um ihr soziales, sondern um ihr biologisches Geschlecht ging.

Durch Fortschritte in den medizinischen Wissenschaften ist es heute aber möglich, Operationen und Hormontherapien durchzuführen, mit denen fast schon eine Art Geschlechtsumwandlung herbeigeführt werden kann. Damit lösen sich Menschen nun auch von den Fesseln des Schicksals, das seit jeher über ihre Köpfe hinweg entscheidet, als was sie geboren werden. Das ist im Sinne unserer nach Individualität und Freiheit strebenden Gesellschaft und auch eine wichtige Möglichkeit, psychische Leiden zu behandeln, die auf der Grundlage dieser empfundenen Fehleinordnung entstehen. Selbst wenn man sich nicht mit der Frage betraut, das biologische Geschlecht zu wechseln, kann man sich zumindest der Gewissheit erfreuen, dass man nicht mehr gezwungenermaßen, sondern freiwillig ein Vertreter des jeweiligen Geschlechts ist. Diese Möglichkeit steht aber auch am Anfang einer wahrhaftigen Gender-Explosion.

Inzwischen gibt es einen fast unüberschaubaren Dschungel an Angeboten für Selbstzuschreibungen, von denen Facebook derzeit 71 auflistet, und aus denen ein Nutzer wählen kann. Diese Liste enthält einige Labels, die keine Abgrenzung mehr zwischen den bislang klar getrennten Bereichen aufweisen. Vermischt werden die biologisch-genetischen Geschlechter, die gefühlte Zugehörigkeit zu einem, beiden oder keinem dieser Geschlechter, die sexuellen und romantischen Präferenzen, sowie der Lebensstil und Haltungen gegenüber anderen Gruppierungen, und sogar der Ausprägungsgrad des jeweiligen Geschlechts, also zum Beispiel ob man sich als nicht, normal oder sehr männlich sieht. Einer gravierenden lexikalischen Erweiterung steht eine semantische Vereinfachung gegenüber.

Ich muss zugeben, dass ich, als ich erstmals von diesem Gender-Füllhorn hörte, dachte, es sei ein Internet-Scherz oder das Hirngespinst einer Bewegung, die sich gegen den Feminismus wendet, indem sie die Grenzen zwischen den Geschlechtern aufweicht und die Aufmerksamkeit durch lautstarke Forderungen, all jene Ausrichtungen doch bitte anzuerkennen, ins Lächerliche ziehen will. Denn wenn die Cisgender, also die polaren Bezeichnungen "Mann" und "Frau", aufgelöst werden oder neben 69 anderen Geschlechtern existieren, für wen ist dann noch der Feminismus zuständig? Dass irgendwie alles durcheinander gewirbelt wurde und keinen klaren Bezug zu den Wissenschaften hatte, die sich normalerweise mit diesem Thema befassen, war ebenfalls Grund für meine Verwirrung.

Außerdem sind die Advokaten der neuen Geschlechter durchsetzt mit Personen, die diese von Anfang an zu diskreditieren versucht haben, wie es scheint. Einige Menschen haben angesichts der plötzlichen Schwemme an Identitäten verkündet, sie würden sich ab jetzt als Apache Helikopter identifizieren. Es sei ja nicht alberner als die meisten der nun existierenden Bezeichnungen. Andere verbreiten die Meinung, dass die neuen Geschlechter eine Möglichkeit bieten, aggressive Feministinnen in die Schranken zu weisen, die angeblich Männer grundsätzlich als Vergewaltiger bezeichnen und ihnen schon beim "Man-spreading", also dem Sitzen mit offenen Beinen, sexuelle Belästigung vorwerfen. Wenn jeder sich nach Belieben als alles definieren kann, gibt es weder Opfer, noch Unterdrücker, und niemand kann irgendwem irgendetwas vorwerfen, so die Vorstellung. Wieder andere scheinen ihre komplexe Zuordnung lediglich zu nutzen, um auf sich aufmerksam- oder jedes Mal eine Szene zu machen, wenn sie von irgendwelchen Fremden als Mann oder Frau bezeichnet werden. Der "Independent" berichtet, dass an der Oxford University angeblich Studenten dafür plädieren, neue geschlechtsneutrale Pronomen zu benutzen, um die Studenten nicht zu diskriminieren[42], und in den USA ist inzwischen (oder erneut) eine erstaunlich glühende Debatte über die Frage in Gange, ob Transsexuelle weiterhin das Bad ihres Ursprungsgeschlechts nutzen sollen[43]. Dabei kommt dann nicht selten das herablassende Scheinargument auf, dass Transsexuelle bloß Perverse sind, die mit echten Mitgliedern des anderen Geschlechts aufs Klo oder unter die Dusche gehen wollen. Und dann gibt es noch Personen, die versuchen, das ganze Konzept ins Lächerliche zu ziehen, indem sie behaupten, es gäbe nun auch so genannte Transabled, also Menschen, die, weil sie sich als körperlich behindert empfinden, Körperteile entfernen lassen, oder Transager, die sich als Kind empfinden und deshalb fordern, dass ihnen der romantische und sexuelle Umgang mit Kindern und Jugendlichen erlaubt sein solle. Es würde ansonsten in ihre Persönlichkeitsrechte eingreifen.

Was die Labels selber unabhängig von dem Umgang mit ihnen angeht, finde ich es aus einem linguistischen Sichtpunkt gut, wenn das Lexikon der Selbstbilder ergänzt wird. Es passt in die Instant-Gesellschaft und ist eine Möglichkeit, die Identität zu artikulieren, wenn man die Gesamtheit seiner Geschlechtsidentität in all seinen Erscheinungsformen und Ausprägungen auf einen Begriff reduzieren kann. Ob man bei Facebook jetzt unbedingt statt des biologischen Geschlechts durch eines dieser Labels über sein Selbstbild, seine Befindlichkeiten und Neigungen aufklären will, sei jedem selbst überlassen. Die Sache ist, dass die Identitätsfrage "Wer bin ich?", nicht nur durch eine stark erweiterte Frage "Wer kann ich sein?", ergänzt wird, sondern auch durch die Frage "Wer und was will ich sein?". Genauso wie bei der Wahl einer Religion, eines Lebensstils und einer Subkultur ist trotz allen Widerstands die Möglichkeit viel größer, sich selbst zu definieren und diese Definition auch zu leben.

---

42 Artikel von Rachael Pells vom 12.12.2016:
http://www.independent.co.uk/student/news/oxford-university-students-gender-neutral-pronouns-peter-tatchell-student-union-ze-xe-a7470196.html
43 Rachael Thorn für BBC News vom 08.06.2016: http://www.bbc.com/news/uk-england-36395646

Gegenüber Homosexualität ist die generelle (westliche) Gesellschaft beispielsweise wesentlich aufgeschlossener geworden, und wer feststellt, dass er sich zu Vertretern seines eigenen Geschlechts hingezogen fühlt, muss normalerweise kein Leben in den Schatten mehr führen. Vielleicht öffnet sich die Gesellschaft künftig auch für andere Lebens- und Daseinsformen, so dass ihre Besonderheit nicht überzeichnet oder karikiert wird - weder von den Betroffenen, noch von den Spöttern.

Integration

Obwohl ich um eine möglichst neutrale Darstellung der Auswirkungen des Internets als wesentlicher Träger des digitalen Zeitalters und der Instant-Gesellschaft bemüht bin, habe ich einen Großteil gängiger Klischees zumindest teilweise bestätigen müssen. Das betraf selbst die Teile, die ich ursprünglich sehr positiv gesehen hatte, bevor ich mit den Recherchen angefangen hatte. Einige Annahmen wirkten einfach logisch, stellten sich aber als falsch heraus, und umgekehrt. Nun bearbeite ich das Thema Sozialisation, schaue auf die Notizen und weiß jetzt schon, dass das ebenfalls kein glückliches Ende nehmen wird.

Integration ist ein Begriff, der im Alltag eher mit Immigranten in Verbindung gebracht wird, aber eigentlich nicht einzig mit interkulturellen Anpassungsprozessen zu tun hat. Sozialisation, also das idealerweise gesunde und erfolgreiche Hineinwachsen in eine Gesellschaft, definiert als die übergeordnete kulturelle Gruppe des jeweiligen Ortes des Aufwachsens, ist in zwei Komponenten unterteilt. Diese nannte ich zuvor, will sie aber noch einmal kurz umreißen. Die Individuation ist wichtig, um sich selbst als ein unabhängiges, von der Gesellschaft abgesondertes und autonomes Wesen fühlen zu können und die eigene Integrität zu wahren, während die Integration das Erlernen sozialer Normen und Werte, der Regeln des Umgangs und der Inhalte der sozialen Rollen umfasst. Integriert ist also, wer seinen Platz in der Gesellschaft gefunden hat und in seinem sozialen Kontext funktioniert. Ist dies im digitalen Zeitalter für Kinder und Jugendliche einfacher oder schwieriger geworden?
Bisher scheint es ja so, als würde das Internet eine gute Gelegenheit

bieten, sich mit anderen Jugendlichen aus der ganzen Welt zu vergleichen, zu messen und mit ihnen in Kontakt zu treten, sich ihnen gegenüber zu positionieren und sich selbst darzustellen. Auf der anderen Seite stehen die Befürchtungen von Eltern, dass sich ihre Kinder durch übermäßigen Konsum zu sehr abschotten, während sie in ihren Zimmern körperlosen Entitäten lauschen, mit ihnen Sprechen und schreiben. Und auch aus wissenschaftlicher Perspektive werden Zweifel angemeldet, ob sich der virtuelle Umgang direkt in soziale Fähigkeiten umsetzt, die im realen Leben nutzbar sind. Eigentlich wollte ich angesichts der Eindrücke, die man gerade von Jungen hat, die, laut Obszönitäten brüllend, vor dem Mehrspieler-Spiel ihrer Wahl sitzen, auf die Frage eingehen, ob das Internet die Jugend verroht und asozial werden lässt, sie also zu "bösen Menschen" macht. Ich wollte Vergleiche anstellen mit den Hobbycholerikern, die die gleichen Ausfälligkeiten vor dem Fernseher bei einem Fußballspiel zeigen und dadurch kein besonders gutes Vorbild bieten, aber nach längerer Suche habe ich nur sehr dünne Grundlagen dafür gefunden, in dieser Angelegenheit eine sachliche Analyse zu schreiben. Deshalb muss ich mich mit einigen Denkanreizen begnügen und danach den Fokus auf einen anderen Aspekt der Integration richten.

In einem geringen Umfang ist das Soziale unserer Gesellschaft seit der Jahrtausendwende in das Internet umgezogen oder hat dort einige seiner Anteile hineinprojiziert. Im Berufsleben werden gerade bei Büro-Jobs immer häufiger auch Möglichkeiten geboten, online per Video-Chat ein Bewerbungsgespräch durchzuführen, und Meetings und Konferenzen in Vorständen erfordern es auch nicht mehr zwingend, dass alle betreffenden Personen physisch anwesend sein oder lange Anreisen in Kauf nehmen müssen. Das ist komfortabel, effizient, ökonomisch und teils sogar ökologisch, hat aber einen entscheidenden Haken. Denn aus mehreren Gründen funktioniert eine digitale Konferenz anders als ein Treffen, bei dem alle Teilnehmer direkt beieinander sitzen. Es mag ein schwaches Argument sein, aber zuerst einmal sorgt die Notwendigkeit, einen gewissen Aufwand zu betreiben, um an dem Treffen teilzunehmen, für eine empfundene Bedeutsamkeit des Ereignisses an sich. Man fährt nicht quer durch die halbe Stadt und verwendet zusätzliche Zeit, um zum und vom Meeting zurück zu kommen, wenn das Treffen am Ende zwecklos gewesen ist.

Wenn alle Teilnehmer direkt beieinander sitzen bekommt das Treffen auch eine Verbindlichkeit, und eventuelle Quellen der Ablenkung können direkt beseitigt werden, wie etwa Handys oder andere Unterhaltungselektronik, die von dem Treffen ablenken könnte. Der wichtigste Punkt aber ist, dass eine Interaktion mit realen Menschen in einem realen Umfeld stattfinden muss. Und hier gibt es eine deutliche Diskrepanz zwischen der realen und digitalen Welt. Mit der modernen Technologie erspart sich der Vergleich zwischen echten Gesprächen und reinen Chats, in denen man nur Text lesen kann. Menschen können sich inzwischen mit einer oder mehreren Personen direkt verbinden und sich gegenseitig hören und sogar sehen. Dies ist ein großer Fortschritt, denn die rein geschriebene Sprache trägt weder die Flexion, noch die Mimik oder andere "social cues", die notwendig sind, um die Stimmung des Gegenübers einzufangen und zum Beispiel Ironie oder Sarkasmus zu erkennen. Da helfen auch Emoticons, also die Smiley-Gesichter, die zwinkernd oder lächelnd darauf hinweisen, dass das, was gesagt wurde, nicht so gemeint war, auch nicht immer. Sie tragen oft auch nicht wirklich zur Seriosität des Gespräches unter Erwachsenen bei. Aber selbst wenn wir inzwischen Bild und Ton zur Verfügung haben, ist dieses Problem auch nicht gelöst. Obwohl das Telefon schon so lange existiert, dass alle aktuell lebenden Menschen damit aufgewachsen sind, fällt es vielen immer noch schwer, ein Telefonat zu führen. Das liegt daran, dass natürliche Kommunikation nun einmal eine Mischung aus visuellen und akustischen Reizen ist (in einzelnen Fällen taktiler Reize und sogar olfaktorischer Stimuli), und die Hälfte dieser Komponenten in einem Telefonat nicht gegeben ist. Zahllose Ratgeber über Körpersprache deuten darauf hin, dass es bestimmte Signale gibt, die, weil sie unbewusst aufgegriffen werden, ein Gespräch strukturieren und eine Dynamik zwischen den Gesprächspartnern aufbauen. Es geht hier weniger um Lügen, für die es scheinbar eine ganze Reihe von verräterischen Bewegungen gibt, sondern insbesondere um Ablehnung. In einem normalen Gespräch, zum Beispiel, in dem ich jemandem von meiner politischen oder sonst wie bestreitbaren Haltung erzähle, kann ich zurück rudern oder den Kurs des Gespräches wechseln wenn ich merke, dass mein Gesprächspartner immer mehr das Gesicht verzieht. Dadurch lässt sich zumindest ein

Eklat verhindern. In einem Telefonat würde ich fröhlich weiter plappern, insbesondere wenn am anderen Ende eine sehr höfliche Person steht, die mich erst nach einem langen Monolog darüber aufklärt, dass ich soeben gewaltig in ihrer Achtung gesunken bin oder totalen Quatsch geredet habe. Neben dem Vorteil, den man hat, wenn man die visuellen Signale deuten kann, fällt auch diese Dynamik weg und wird viel stärker auf der Tonhöhe, Lautstärke und Betonung aufgebaut. Aber versuchen Sie mal, jemanden über das Telefon zur Schnecke zu machen, der jederzeit einfach auflegen kann. Trost per Telefon ist auch eine schwierige Sache. Über das Telefon werden in meiner Alterskohorte nur diejenigen Freunde in seelischer Not getröstet, die man nicht spontan treffen kann, um von Person zu Person zu reden. Per SMS machen auch nur die Rückgratlosen Schluss. Manche Sachen gehören einfach nicht in die digitale Welt, so sieht es zumindest meine Teilgeneration. Es geht ins Spekulative und Metaphysische, aber wenn ich in körperlicher Nähe zu meinem Gesprächspartner stehe, baut sich eine Art Resonanzfeld auf. Ich kann mein Gegenüber zu jedem Zeitpunkt des Gespräches in den Arm nehmen, ihm auf die Schulter klopfen oder ihm ins Gesicht schlagen. Und mein Gegenüber kann das genauso tun. Wenn wir das Gespräch beenden dauert das länger als ein Klicken, und auch die Option, den Gesprächspartner zu blocken, damit er nicht versucht, das Gespräch wieder aufzunehmen, ist nicht gegeben. Um sich aus diesem Gauntlet, dieser Arena des interpersonalen Dialogs, zu lösen, braucht es mehr Energie und Zeit.

Eventuell hat die jüngere Generation einen Weg gefunden, diese Resonanz auch im digitalen Raum aufzubauen. Was die jüngeren Leute heutzutage als taktvoll oder taktlos bezeichnen würden, dazu fehlen mir die Daten. Im Allgemeinen wird aber wohl vermutet, dass für die Millennials grundsätzlich auch die persönlichsten Angelegenheiten per Anruf oder Instant-Messenger geregelt werden können. Denn die Jugend, die mit den neuen Kommunikationsmedien aufgewachsen ist, hat sich an den Gebrauch dieser Mittel gewöhnt und unterscheidet scheinbar nicht so sehr zwischen realer und digitaler Kommunikation, betrachtet sie statt dessen wohl als gleichwertig. Vielleicht verfügt die Jugend über ganz andere Sensoren, die die verbalen Reize wesentlich mehr betont, um das Gespräch zu lenken.

Denn trotz einer etwas fragwürdigen Gesprächskultur und einem sich reduzierenden Wortschatz (oder gerade deswegen), scheint es weniger Missverständnisse unter Jugendlichen zu geben, als unter den Erwachsenen. Der realen Kommunikation mit einzelnen oder mehreren Menschen steht aber auch mit den Möglichkeiten der Bildtelefonie eine technologische Hürde im Weg. Eine Kamera ist selbst bei einer ausgezeichneten Bildqualität und einer hohen Framerate ein statisches Element, das unsere Gewohnheiten nicht adäquat umsetzt. Sie ist immer fokussiert, schweift nicht ab, beobachtet nicht das Umfeld durch ein peripheres Sichtfeld oder reagiert auf physische Signale, wie eingehendes Licht, Bewegungen oder das Verhalten des Gesprächspartners. Ob VR-Brillen in Zukunft Abhilfe schaffen oder das Feld ebnen können, kann ich nicht abschätzen. Es kann sein, dass das digitale Zeitalter die Jugend dazu befähigt, mit ihren Mitteln ihre Kommunikation und ihr Sozialverhalten in digitalen Raum zu verbessern und könnte sich komplementär zu dem sozialen Lernen in der realen Welt verhalten.

Gerade das Internet, namentlich Google und Facebook, hat aber noch überraschende weitere Auswirkungen auf das Sozialverhalten seiner Nutzer. Das Stichwort ist "Algorithmus", oder das intelligente Internet. Bevor ich eine wissenschaftliche Position aufgreife bringe ich mal eine kleine Anekdote ein. Im Pädagogikunterricht bearbeite ich mit den Schülern auch das Thema der verschiedenen Erziehungsstile und Methoden. Um aufzuzeigen, dass autoritäre Erziehung und sogar das Schlagen von Kindern nicht Hass, sondern einer Überzeugung entspringen, das Beste für das eigene Kind zu tun, suchte ich ein Bild aus dem Netz, welches ich schon einmal benutzt und dann verlegt hatte, um daraus eine Folie für einen Impuls zu machen. Das Bild zeigt einen Vater, der seinen Sohn übers Knie legt und sagt: "Glaub mir, das tut mir mehr weh als dir.". Bei Google gab ich den Suchbegriff "übers Knie legen" ein. Die Ergebnisse bei der Bildersuche waren mäßig hilfreich und ein wenig verstörend. Als Englischlehrer hätte ich es besser wissen sollen, aber als ich nicht fündig wurde dachte ich mir, dass ich ja mal nach dem englischen Wort suchen könnte, weil die Datenbanken für diese Sprache ja weit größer sind. Was ich dann als Bildmaterial bekam war definitiv nichts, was ich für den Unterricht hätte verwenden können oder sollen. Neben den vielen Spanking-Bildern war aber überraschender-weise auch genau das Bild zu finden, das ich gesucht hatte. Später suchte ich für eine andere Unterrichts-reihe nach einem möglichst stereotypen Bild eines Polen und gab "Pole" ein. Google griff bei der Bildersuche auf meinen Browser-Verlauf zurück und erinnerte sich daran, dass ich zuvor offensichtlich nach Schweinkram gesucht hatte. Die Top-Suchbegriffe zeigten also keine Polen, sondern Pole-Dancing. Nachdem ich meinen Verlauf gelöscht hatte verlor Google die Neigung, mir die schlüpfrigsten Ergebnisse zuerst zu zeigen, aber ich weiß, dass irgendwo auf dieser Welt ein Google-Server steht, der mich für ein wenig versaut hält.

Solche an den Nutzer angepassten Suchmasken und künstlichen Intelligenzen gibt es auch bei Facebook. Dort gefiel mir das Bild einer Bekannten, die mit ihrem Bruder zusammen einen Ausflug genoss. Das Bild zeigte beide, wie sie gemütlich an einem Tisch saßen, auf dem ein großes Bierglas stand. Im Post selber wurde die Biermarke nicht erwähnt oder irgendwie darauf hingewiesen, aber auf dem Glas stand, durch die Rundung und das Logo verzerrt, der Name Heineken. Die nächsten Werbebanner, die ich auf Facebook sah, waren von eben dieser Firma. Auf Shopping-Seiten wie Amazon werden diese Funktionen ebenfalls genutzt, und man geht da viel offener damit um. Wenn Sie etwas angucken oder kaufen, wird das vermerkt, selbst wenn Sie nicht eingeloggt sind. Cookies sei Dank. Und solange Sie nicht Ihren Verlauf löschen oder die IP Ihres Rechners ändern, bleiben diese Daten auch erhalten. Dann wird Ihnen angezeigt, was Sie interessieren könnte, was Sie aufgrund Ihres Verhaltens im Netz wahrscheinlich zusammen mit dem aktuellen Produkt kaufen sollten oder was andere Nutzer mit ähnlichen Gewohnheiten gekauft haben.

Auch wenn es da skeptische Stimmen gibt scheint es die meisten Nutzer nicht wirklich zu stören, wenn Google-Suchen oder Werbungen individualisiert werden. Als eine EU-Kommission Google vorwarf, seine eigenen Tochterfirmen, Services und Partner bei Suchen zu bevorzugen und dadurch unlauteren Wettbewerb zu betreiben, war das kein welterschütternder Skandal. Tatsächlich dürften die meisten Nutzer, die das überhaupt mitbekommen hatten, gar nicht nachvollzogen haben, was daran schlimm sein sollte, dass ein Unternehmen seine eigenen Produkte bewirbt. Der Punkt war, dass die Suchmaschine Google von allen Nutzern als neutral aufgefasst wird, dass die Betreiber das wissen müssten und deshalb laut Kommission dadurch fragwürdig handelten, dass sie ihren eigenen Diensten scheinbar einen Vorrang unter den Suchergebnissen einräumten oder bestimmte Alternativen angeblich nicht zeigten[44].

Bedenklicher ist die Weise, wie unser Sozialverhalten durch die Mechanismen der digitalen Medien beeinflusst werden können, sei dies nun beabsichtigt oder nicht. Und das betrifft junge und alte Leute gleichermaßen. David Bauer legt in "Kurzbefehl" sehr überzeugend dar, wie zum Beispiel Facebook unsere Freundschaften beeinflusst. Unsere "Wall", also unser Anschlagbrett für Neuigkeiten aus unserem Freundeskreis, wird grundsätzlich entsprechend unserem Verhalten gefüllt. Mögen wir Einträge bestimmter Freunde oder zu bestimmten Themen öfter, werden diese und ähnliche Einträge auch öfter angezeigt, denn unsere Anschlagbretter enthalten nie sämtliche Informationen darüber, was sämtliche Freunde geliked, kommentiert oder selbst geschrieben haben. Es gibt immer nur eine Auswahl. Dadurch interpretiert Facebook, was für uns wichtig sein könnte, und vermittelt, so schließt David Bauer, den Nutzern ein Bild davon, welche Menschen wirklich wichtig sind, wessen Lebensgeschichten uns interessieren und wer uns näher oder ferner ist. Natürlich schreibt auch er, dass dieser Einfluss nicht groß genug ist, um leidlich Bekannte über echte Freunde zu stellen, weil das reale Leben nun einmal höherwertig ist. Aber Bekanntschaften, die an sich gleichwertig sind und die hauptsächlich über das Netz geführt werden, können durchaus auf- oder abgewertet werden.

Ein gerne aufgegriffener Kritikpunkt betrifft, wenn es um Facebook geht, eben jene Freundschaften[45]. Es sei ein Zeichen der Amerikanisierung unseres sozialen Gefüges, weil die typisch US-

---

44 Spiegel Online vom 10.04.2013: http://www.spiegel.de/netzwelt/netzpolitik/eu-kartellverfahren-google-suche-bevorzugt-angeblich-google-dienste-a-893529.html
45 Ein Beispiel, auch wenn der restliche Artikel für meinen Geschmack etwas zu hart mit Facebook ins Gericht geht (Isabella Alt, 29.07.2012): http://www.focus.de/gesundheit/news/focus-titel-facebook-schadet-der-echten-freundschaft_aid_789545.html

amerikanische Oberflächlichkeit jeden flüchtigen Bekannten zu einem Freund erhebe und dadurch unser kulturspezifisches Konzept dieses tiefgreifenden emotionalen Bundes aufweiche. Ich finde es immer wieder seltsam, solche Artikel oder Statements zu lesen, weil sie zwar nicht ganz Unrecht haben, dass da ein ganz wichtiger lexikalischer Begriff zermürbt wird. Aber selbst wenn das Verschwinden des Begriffes einen gravierenden Einfluss auf unseren sozialen Umgang haben sollte ist es, wie bei vielen der Vorwürfe, mit denen ich mich bisher auseinandergesetzt habe, nur alter Wein in neuen Schläuchen.

Erst einmal ist es ja eigentlich egal, welches Label ich einer Person gebe, die ich kenne, mag oder liebe. Wichtiger ist, was ich für einen adäquaten Umgang auf der jeweiligen Stufe pflege. In diesem Bereich findet, wie überall, natürlich eine gewisse Individualisierung statt, und es ist umso wichtiger, dass man sich gerade bei wichtigen Grenzen verständigt. Zum Beispiel nehme ich flüchtige Bekannte zur Begrüßung oder zum Abschied nicht in den Arm und finde es auch nicht schön, wenn die das versuchen. Andere haben damit weniger Probleme, selbst wenn sie aus meinem Kulturkreis, meiner Gegend oder sogar meiner Familie kommen und eigentlich den gleichen Habitus haben müssten. Trotzdem gibt es einige Grundlagen für den korrekten sozialen Umgang, die in unserem Kulturkreis geteilt werden. Diese kulturell geprägten Verhaltensweisen sind aber Wandlungen von innen und außen unterlegen, also durch Generationen und historische Ereignisse einerseits, und durch Eroberung, Unterdrückung oder importierte Konsumgüter andererseits.

Wenn es um die Einflüsse von außen durch Konsumgüter geht, sind die Vereinigten Staaten natürlich ein Paradebeispiel, denn von dort kommen die Serien und Filme und ein Teil der Musik, die auch die deutschen Verbraucher so sehr lieben. Die in den Seifenopern, Sitcoms und Serien, aber auch in den vielen sozialen Shows, Programmen, auf Internetseiten und Apps präsentierten Umgangsformen und Beziehungsmuster sind sinnvollerweise typisch US-amerikanisch und der entsprechenden Kultur entlehnt. Gerade die Seifenopern wurden früher in Angriff genommen, wenn es darum ging, den Einfluss auf das Sozialverhalten der Jugend zu kritisieren. Denn auch die sozialen Themen, die Konflikte, deren Lösungen und der allgemeine Lebensstil waren trotz- oder wegen ihrer Stilisierung deutlich anders, als es für die deutsche Lebensart angemessen zu sein schien. Es half nicht viel, dass es in Deutschland dann auch eigene Formate gab, zum Beispiel Seifenopern oder "Soaps", denn diese waren sehr eng an das klassische Drehbuch des US-amerikanischen Vorbildes angelehnt. Sie ließen lediglich die Aspekte des Lebensstils aus, die nicht auf Deutschland übertragbar waren, wie etwa die Bedeutung des Autos aufgrund der gewaltigen Distanzen zwischen Orten, die sozialen Umstände, die politischen Rahmenbedingungen und das Schulsystem, dessen soziales Gefüge nicht auf der Existenz der verschiedenen Cliquen und der gewaltigen Bedeutung des Schulsports aufbaut. Was blieb waren die amerikanisierten Umgangsformen, jedoch in einem deutschen Umfeld, was vielleicht noch ungünstiger war, weil sie dadurch realitätsnäher wurden.

Wie viel von dem Gesehenen die Kinder und Jugendlichen dann für ihren Alltag übernahmen oder übernehmen, bleibt unschlüssig, auch wenn es scheinbar recht viele wissenschaftliche Abhandlungen darüber gibt, die sich aber uneinig über das Ausmaß sind. Bekannt ist aber, dass insbesondere der soziale Umgang etwas ist, das bei Jugendlichen normalerweise auf eigene Suchbewegungen und Erfahrungen zurück geht. Selten sind die Eltern oder Betreuungspersonen eingebunden, wenn es darum geht, eine Beziehung zu beginnen, Krisen zu meistern oder den eigenen Freundeskreis zu verwalten. Ebenso benötigen Jugendliche eine Möglichkeit, zu überprüfen, ob die eigenen Konflikte oder die ihres Umfeldes normal sind. Und auch hier sind Schablonen wieder sehr geschätzte Orientierungshilfen, wenn sie nicht sogar eins zu eins als Patentlösungen übernommen werden.

Wie weit der Einfluss unterschiedlicher Kulturen in das Alltagsleben eingreifen kann, wenn unterschiedliche Auffassungen und Gewohnheiten aufeinander treffen, illustriert eine Studie von Prof. Margarete Payer[46]. Der Hintergrund war, dass seit dem Ende des Zweiten Weltkrieges in England US-amerikanische Soldaten stationiert waren. Unter diesen kursierte irgendwann das Gerücht, die

---

46 Die ursprüngliche Studie kann ich nicht finden, aber im Interview präsentiert sie ähnliche Ergebnisse: https://www.evangelisch.de/inhalte/723/27-04-2012/kuesse-werden-sehr-unterschiedlich-interpretiert

britischen Frauen seien leicht zu haben. Gleichzeitig beschwerten sich viele britische Frauen, die US-amerikanischen Soldaten seien ungehobelt und übergriffig. Die Studie, die dieser Situation auf den Grund gehen sollte, konnte zumindest eine plausible Erklärung liefern. Durch Befragungen konnte eine Hierarchie von körperlichen Handlungen entsprechend des Grades ihrer Intimität aufgestellt werden, die von kleinen Berührungen bis hin zum Geschlechtsverkehr reichte. Es stellte sich heraus, dass die Reihenfolge aber nicht für alle Teilnehmer gleich war. Einige Fixpunkte gab es. Beispielsweise siedelten beide Gruppen den Geschlechtsakt auf der höchsten Ebene der Intimität an. Der Kuss auf die Lippen aber wurde von den US-amerikanern auf einen deutlich niedrigeren Rang gesetzt, als bei den Britinnen. Für die Männer aus den USA stand der Kuss relativ früh in einer Beziehung an. Die Britinnen waren erst fast am oberen Ende der Beziehungsgesten bereit, diesen Kuss zu gewähren. Wenn also ein US-amerikaner eine Britin küsste, übersprang er aus ihrer Sicht mehrere Stufen der Intimität, um die sich die Partnerin dann betrogen fühlte. Daher kam der Vorwurf der Übergriffigkeit. Wenn sich eine Britin dann doch nicht von ihrem Partner abwandte, machte sie den nächsten Schritt und war recht bald dazu bereit, mit dem US-Amerikaner zu schlafen, wodurch dieser ebenfalls einige Schritte in seiner Hierarchie überspringen musste und das Gefühl hatte, die Britin habe eine sehr lose Moral.

Das Beispiel soll als Ergänzung zu den bisherigen Ausführungen illustrieren, dass in unserer modernen und digitalisierten Gesellschaft auch zahllose Angebote an Lebensstilen und sozialen Verhaltensweisen existieren, die eine ohnehin bestehende Orientierungslosigkeit für Kinder und Jugendliche noch verschärfen und eine Kommunikationskultur erfordern, mit denen Grenzen kommuniziert und akzeptiert werden können. Ansonsten wird auch hier durch das Überangebot Chaos geschaffen, was zu verhindern ist.

Cyber-Mobbing

Jugendliche und Kinder stehen in der digitalisierten Welt unter einem ständigen sozialen Druck. Sie haben, wie dargestellt, die gefühlte Verpflichtung, ihre verschiedenen Identitäten zu pflegen, sich selbst zu aktualisieren, täglich Informationsnetzwerke zu durchforsten und ihr Umfeld im Auge zu behalten. Weil das auf alle zutrifft wissen auch alle, dass sie unter einer ständigen Beobachtung stehen. Die Möglichkeit, Informationen in die gesamte Welt zu schicken und die Bühne zu betreten, wann immer es als notwendig erscheint, wird kontrastiert durch das ungute Gefühl, auch jederzeit ohne die eigene Einwilligung ins Rampenlicht geschickt zu werden, was auch häufig genug passiert. Und so sehr wir es mögen, wenn uns aufgrund unserer kleinen und großen Erfolge zugejubelt und gratuliert wird, so sehr ängstigt uns der Gedanke, dass unsere kleinen Fehler, Mängel, Schwächen und Peinlichkeiten auf eben jener Bühne präsentiert werden könnten. Und wie es in unserer Natur liegt, wiegen Misserfolge oft schwerer als Erfolge.

Mobbing hat sicherlich schon immer in irgendeiner Form stattgefunden, aber als Begriff ist es in unserem Kulturkreis erst seit der Mitte des 20. Jahrhunderts angekommen und dürfte als groß angelegter gruppendynamischer Prozess ein Kind der Globalisierung sein. In den Bildungseinrichtungen hat dieses Phänomen eine besonders lange Vorgeschichte. Gerade in der Schule, in der Jugendliche in Altersgruppen zusammen gefasst werden und einen wesentlichen Teil des Tages mit Hunderten von Kindern und Jugendlichen verbringen, sind Konflikte vorprogrammiert. Wenn dann noch Stress, eventuelle Versagensängste oder äußere Faktoren hinzukommen, kann die Stimmung auf dem Schulhof und im Klassenzimmer kippen. Meistens werden rein persönliche Konflikte ausgespielt, aber sehr oft sorgen verschiedene Bedingungen dafür, dass ganze Gruppen ihre Aktionen auf ein und dieselbe Person richten. Die Hintergründe variieren, aber die Aktionen sind immer sehr ähnlich. Mobbing kann in kleineren, oft unbemerkten Aktionen bestehen, wie Streichen, dem Verstecken oder Wegnehmen von Gegenständen, Ausschluss von gemeinsamen Aktionen oder gelegentlichen Beleidigungen. Diese sind für das Lehrpersonal schwierig zu erkennen, weil sie über einen langen Zeitraum durchgeführt werden und jede für sich nicht nach Intervention schreit. Dem gegenüber stehen die großen Aktionen, wie schwerer Diebstahl, Verletzungen und Sachbeschädigung. Ein Schüler wird auf dem Schulhof verprügelt, eine Schülerin wird in die Mülltonne gesteckt, oder ein Kind wird in den Dreck geschubst und ausgelacht. Mit etwas Glück werden die Betreuungspersonen, also die Lehrer, auf das Geschehen aufmerksam und können eingreifen, aber ohne die richtigen Kompetenzen und Maßnahmen werden die Probleme dann noch schlimmer, weil sich eventuelle Aktionen verschärfen oder auf den Bereich außerhalb der Schule verlagert werden. In vielen Fällen wird irgendwann der Schulwechsel oder sogar ein Umzug empfohlen, um den ständigen Attacken zu entkommen.

Dass inzwischen fast jedes Kind eine internetfähige Foto- und Videokamera bei sich hat, hat die Situation noch verschlimmert. Das Kind, das gedemütigt wurde, wird nicht mehr nur von dem halben Dutzend Mitschülern ausgelacht, wenn es passiert. Fotos und Videos kursieren in Gruppen oder im Internet generell und sorgen noch lange Zeit dafür, dass sich die Schule, fremde Leute, vielleicht die ganze Welt über das Leid des Opfers lustig macht. Selbst wenn der Spruch "Das Internet vergisst nie.", nur wenig Biss in einer Zeit hat, in der die Halbwertszeit für diese Aufzeichnungen sehr gering ist, sorgt die Verbreitung im Netz auch über kurze Zeiträume für eine zusätzliche Potenzierung der Demütigung. Und der angerichtete Schaden steigt exponentiell zu der Schwere der Tat. Der Schubser in den Matsch hält sich vielleicht nur einige Tage im Netz oder in einer schulinternen Gruppe und sorgt für Amüsement auf Kosten des Opfers. Das geklaute Nacktfoto oder das peinliche Youtube-Tanzvideo, das das Opfer eigentlich löschen wollte, das aber von Mitschülern heruntergeladen und aufbewahrt wurde, kann das Leben eines Kindes nachhaltig beeinträchtigen oder sogar ruinieren.

Das Neue daran ist, dass fast jede Vermeidungsstrategie und die Option des Umzugs oder Schulwechsels entfällt. Normalerweise kann ein Kind versuchen, alternative Routen zur Schule zu gehen oder einen anderen Bus zu nehmen, kann sich vielleicht an Orten aufhalten, wo es geschützt ist, oder eine Person bei sich haben, die für einen gewissen Schutz sorgt. Und einer der wichtigsten sicheren Räume ist das Haus der Eltern und das eigene Zimmer. Weil aber ein Teil des Lebens des Kindes oder des Jugendlichen auch im Netz stattfindet, kann es dort jederzeit aufgesucht und angegriffen werden. Und dabei geht es nicht nur um Schmähungen oder geschriebene Beleidigungen auf irgendwelchen Internetseiten. Potentiell können gefälschte Profile des Opfers erstellt und Bilder zusammen mit dem Namen und der Adresse auf Seiten veröffentlicht werden, die das Opfer in wirklich unangenehme oder bedrohliche Situationen bringen können. Auch Hacking ist durch verfügbare Scriptprogramme nicht mehr allein den Computerprofis überlassen, und sogar der tumbe Klischee-Schläger kann bei minimalem Know-How auf Mittel zurückgreifen, die ihm Zugriff auf Kameras, Mikrophone oder gespeicherte Daten des Handys oder Computers eines Opfers geben können. Cybermobbing verhindert, dass sich ein Opfer verstecken oder weglaufen kann. Und selbst die Gegenwehr ist eine sehr viel schwierigere Angelegenheit, besonders dann, wenn die Eltern oder lokalen Behörden nicht fähig sind, die Gefahr korrekt einzuschätzen oder effiziente Gegenmaßnahmen zu ergreifen.

Umzug ist auch nur noch bedingt hilfreich, um aus der Sache rauszukommen. Abgesehen davon, dass ein Kind seine Vergangenheit auch in sein neues Leben mit hineinträgt, kann es auch problemlos von seinen ehemaligen Peinigern verfolgt werden. Und neue Täter können sich recht einfach über den alten Wohnort und die Vergangenheit ihrer Opfer informieren. Die Frage ist nur, warum die Täter geneigt sind, nicht von dem Opfer abzulassen. Jeder Erwachsene weiß, wie schwierig es trotz der verfügbaren Kommunikationsmittel ist, eine Freundschaft aufrecht zu erhalten, wenn man sich nicht mehr täglich sieht, selbst wenn man nur einige Kilometer weit weggezogen ist. Warum sollten Feindseligkeiten nicht genauso ausfasern? Ein Teil des Grundes ist, dass die physische Person zwar die Stadt verlassen kann, aber seine komplette digitale Person ist trotzdem noch an Ort und Stelle. Das Internet hat die Welt zu einem Dorf gemacht, und aus dieser Sicht ist es ungefähr so, als wäre das Opfer lediglich ans andere Ende der Straße gezogen. Es ist, solange kein besseres Opfer gefunden werden kann, immer noch in Reichweite und verfügbar für eine publikumswirksame Demütigung.

Aber warum lassen Kinder nicht voneinander ab, wenn ein Opfer gewissermaßen schon am Boden liegt? Gerade im Netz ist die Hemmschwelle, wirklich Grausames zu tun, deutlich verringert, weil die eigene Wahrnehmung verzerrt wird. Die Ursache liegt in einem grundlegenden psychischen Mechanismus, den ich hier kurz anhand des berühmteren Experiments Stanley Milgrams aufzeigen will[47].

In dem Versuch gibt es drei Personen: den Versuchsleiter - einen angesehenen Professor der Yale Universität -, einen Studenten, der als Versuchshelfer arbeitet und in das Experiment eingeweiht ist, und einen ahnungslosen Studenten, welcher die Versuchsperson ist. Die Versuchsperson glaubt, es werde ein Experiment zum Lernen unter Bestrafung durchgeführt. Es wird zunächst ausgelost, wer von den beiden Teilnehmern die Rolle des Schülers einnimmt, und wer der Lehrer ist. Die Lose sind aber manipuliert, so dass die Versuchsperson zum Lehrer wird. Der Schüler geht in einen anderen Raum, ist aber durch Mikrofon und Lautsprecher mit dem Lehrer verbunden. Dieser setzt sich dann an einen Apparat, der verschiedene Hebel mit entsprechenden Voltzahlen von 15 bis 450 Volt hat, die auch mit Warnzeichen versehen sind (leichter Schock, Lebensgefahr etc.). Eine Lernübung soll durchgeführt werden, und immer wenn der Schüler eine falsche Antwort gibt, soll der jeweils nächste Schalter von dem Lehrer umgelegt werden. Bei der Beschreibung des genauen Ablauf gehen die Quellen ein wenig auseinander. Einige Aspekte bleiben aber gleich. Die Versuchsperson war nicht wirklich an Elektroden angeschlossen und schauspielerte nur (oder es lief ein Tonband ab). Bei steigenden Voltzahlen waren Schmerzlaute zu hören, irgendwann Schreie, Verweigerungen, weiterzumachen, klagende Bitten und schließlich Stille. Die Probanden, also die Lehrer, zeigten deutliche Anzeichen von Stress, blickten zum Versuchsleiter, weinten, wollten sogar das Experiment abbrechen, aber taten dies nie. Sie wurden nicht körperlich davon abgehalten, den Raum zu verlassen, und die Tür war nicht verschlossen. Der Versuchsleiter gab lediglich leichte bis deutliche Anweisungen und Warnungen bezüglich der Notwendigkeit, das Experiment fortzuführen. Am Ende legten mehr als 62% der Versuchspersonen den 450 Volt Schalter um.

Das Experiment wurde unter vielen Bedingungen wiederholt. Es gab unterschiedliche Zusammensetzungen bezüglich der Geschlechter, des Alters und der sozialen Hintergründe, und auch über die Zeit wurde dieses Experiment wiederholt, auch wenn die nach den 70ern deutlich verschärften ethischen Richtlinien derart traumatisierende

---

[47] http://www.stangl-taller.at/TESTEXPERIMENT/experimentbspmilgram.html

Experimente verbaten und nur unter viel Aufwand eine deutlich abgeschwächte Variante durchgeführt werden durfte[48]. Nur ein Faktor verursachte eine signifikante Veränderung in den Ergebnissen. Es war die Distanz zwischen Täter und Opfer. Wenn der Lehrer den Schüler sehen konnte, wenn er ihm direkt gegenüber saß oder sogar gezwungen war, die Hand des Schülers aktiv auf die Kontaktplatten zu drücken, sank die Bereitschaft, absoluten Gehorsam zu zeigen und die Höchststrafe zu verhängen. Bei der letzten Variante war es nur noch ein Drittel der Probanden, das bis zum Ende blieb und den stärksten möglichen Schock verabreichte.

Milgram wollte ursprünglich der Frage auf den Grund gehen, warum die Nationalsozialisten damals so wenig Widerstand angesichts der ihnen abgeforderten und vorgezeigten Gräueltaten zeigten, ob sie eine einzigartige Gehorsamkeit aufwiesen oder ob unter gewissen Umständen jeder Mensch zu einem Monster werden kann. Letzteres scheint zumindest plausibel, wenn eine Reihe von situativen Faktoren gegeben sind. Solange wir einem hohen sozialen Druck ausgesetzt sind, von einer Person angeleitet werden, denen wir eine hohe Kompetenz zuschreiben und deshalb vertrauen, wenn wir die Möglichkeit haben, die Verantwortung für unsere Taten auf diese Person zu übertragen, können wir unter ihrer Anweisung sehr viel Unheil anrichten, selbst wenn mehrere oder alle Faktoren nur unserer Empfindung entspringen.

Der ständige Handlungszwang, Entwicklungsdruck und Stress ist zumindest für Jugendliche gegeben. Und das Opfer ist bei Cybermobbing nicht in Berührungs- oder Sichtweite, was die Hemmschwellen weiter verringert, ihm Abscheuliches anzutun. Nun gibt es aber keine Kompetenzperson, der die Verantwortung für die eigenen Taten übertragen werden kann oder die Befehle gibt. Statt dessen bietet das Internet Anonymität selbst da, wo man sie eigentlich ausschließen würde. Die Verantwortung kann also ähnlich wie im klassischen Beispiel der Begegnung in der Wüste abgelegt werden, weil es keine Zeugen und keine Strafverfolgung gibt, zumindest ist es

---

48 Das Experiment wurde übrigens Anfang 2017 noch einmal nachgebildet und zeigte wieder im Kern das gleiche Ergebnis. Artikel von Jana Hauschild für den Spiegel vom 15.03.2017: http://www.spiegel.de/wissenschaft/mensch/milgram-experiment-fast-jeder-wuerde-auf-befehl-foltern-a-1138728.html

unwahrscheinlich, dass man erwischt wird, wenn man nicht direkt vom eigenen Account aus handelt. Und selbst dann ist es nicht garantiert, dass man für Mobbing belangt wird, solange man es nicht übertreibt. Denn wir leben noch immer in einer Gesellschaft, in der der beste Rat für Mobbingopfer ist, wegzuhören, sich ein dickes Fell zuzulegen oder die Täter zu meiden. Man kann doch einfach die Nummer oder den Account blocken. Das funktioniert aber nicht bei all den Aktionen, die keine direkten Aktionen erfordern, wie etwa die Verbreitung von unangenehmen privaten Daten oder die Aufstellung von gefälschten Profilen. Und ein neuer Account ist auch sehr schnell erstellt. Die Abstinenz von sozialen Netzwerken oder dem Internet an sich ist indessen keine Option mehr für ein Kind, das im digitalen Zeitalter lebt.

Weil es immer wieder den Vorwurf gibt, dass Lehrer und ihre Schulen wegschauen, möchte ich an dieser Stelle anmerken, dass weder die Justiz, noch die Eltern bei der Bearbeitung dieser Fälle wirklich hilfreich sind. Bis die Übergriffe rechtlich verfolgbar sind, müssen sie schon sehr handfest werden, und die Beweislage ist hier sehr kompliziert. Selbst das Opfer hat oft Schwierigkeiten, überhaupt an die Betreuungspersonen heranzutreten oder mit ihnen zu kooperieren, weil es befürchtet, dass gerade das passiert, was es vermeiden wollte. Es könnte noch weiter exponiert und bloßgestellt werden, wenn das Mobbing thematisiert wird, und würde vielleicht noch schlimmer oder von noch mehr Tätern ins Visier genommen werden. Wer selbst schon einmal in eine solche oder ähnliche Situation verwickelt worden ist wird es nachvollziehen können. Die Täter haben gerade bei konstanten oder grenzwertigen Übergriffen normalerweise kein Verständnis dafür, dass das, was sie dem Opfer angetan haben, eine schlimme Sache gewesen sein könnte. Für sie war es ein harmloser Spaß, und sie sagen sogar, dass sie es viel besser vertragen würden, wenn das Gleiche mit ihnen geschehen würde. Und die Eltern, die in den meisten Fällen ein Teil des Grundes für das Verhalten ihrer Kinder sind, zeigen ebenfalls nur in seltenen Fällen ein echtes Verständnis für das, was ihr Kind einem anderen Kind angetan hat, und schieben die Schuld oft sogar auf das Opfer.

Jetzt sind abschließend aber noch zwei Anmerkungen zu machen. Mobbing findet natürlich nicht nur zwischen Schülern und innerhalb der Schule statt. Lehrer, Eltern und Personen im privaten Umkreis haben ebenfalls hohe Potentiale, sich des Mobbings schuldig zu machen oder sich daran zu beteiligen, selbst wenn sie es nicht einmal bemerken. Es genügt eine peinliche Anekdote, die ins Netz gestellt wird, ein Bild oder eine Information, die Tätern in die Hände spielt oder das Kind zusätzlich einer Erniedrigung aussetzt und den Prozess des Mobbings einen Anfangspunkt liefert. Dadurch ist auch erklärlich, dass, wie die Universität Lüneburg in einer Studie festgestellt hat, inzwischen 50% aller befragten Schüler angibt, schon einmal Opfer von Angriffen und gezielten Demütigungen gewesen zu sein (nicht Mobbing, da sind es nur 37%)[49]. Es trifft nicht nur die Exoten und Außenseiter, sondern potentiell jeden, und das aus den nichtigsten Gründen. Kinder und Jugendliche leben also in einer Welt, in der ihre Reputation ständig auf dem Prüfstand ist und jederzeit durch einen Skandal erschüttert werden kann, ohne dass sie der daraus entstehenden Krise entrinnen können.

<u>Wertewandel</u>

Dieser Abschnitt sollte eigentlich ein Herzstück dieses Kapitels werden. Aber im Endeffekt leide ich hier wohl einfach an Tunnelblick. Das Thema behandle ich als Pädagogiklehrer so oft, dass mir fast alles, das sich dazu sagen ließe, so selbstverständlich vorkommt, dass ich nicht sicher bin, ob es sich überhaupt lohnt, darüber zu schreiben. Schon an den genannten (angeblichen) Zitaten Sokrates' und Hesiods lässt sich ablesen, dass die Elterngeneration seit jeher immer irgendwie enttäuscht von ihren Nachkommen gewesen ist, was deren Umgang mit den sozialen Werten und Normen angeht. Das Thema hatte ich ja schon behandelt. Und in diesem Rahmen geht es ja gerade um den Begriff des Werteverfalls, der bei der Besprechung der Millennials häufig auf die eine oder andere Weise ins Spiel kommt. Aber schlagen Sie ein beliebiges wissenschaftliches Buch auf, das sich mit dieser Thematik befasst, und Sie werden mit größter Wahrscheinlichkeit ein Statement finden, das sehr ähnlich klingt, wie das Statement des Erziehungswissenschaftlers Hermann Giesecke, den ich in diesem Fall einfach mal zitiere, weil ich seine Worte auch nicht

---

[49] http://www.leuphana.de/news/meldungen/titelstories/mobbingstudie.html

besser verkürzt wiedergeben könnte:
> Obwohl die Sozialforschung immer wieder betont, dass in den letzten Jahrzehnten kein Werte*verfall*, sondern ein Werte*wandel* stattgefunden habe, hat die öffentliche Diskussion über die moralischen Werte, denen die Menschen folgen oder jedenfalls folgen sollten, einen überwiegend negativen Tonfall, nämlich im Sinne eines Werte*verlustes*."[50]

Man kann aus der Passage herauslesen, dass auch Herr Giesecke die ständig notwendigen Hinweise ein wenig satt haben könnte. Ein Werteverfall tritt nämlich nur dann als echtes soziales Problem auf, wenn Werte aufgrund einer akuten Krise verfallen, wie einem Krieg, einer Epidemie oder Hungersnot. Wenn Nächstenliebe, Familie und die Achtung der Menschenrechte dem reinen Überlebensinstinkt weichen, kann man getrost von einem sozialen Missstand reden. Dies lässt sich auch an den Aussagen Abraham Maslows zeigen, denn in Krisen rutschen wir die Pyramide herunter und kümmern uns kaum um mehr als das nackte Überleben und die Sicherung der Grundbedürfnisse, während höherrangige soziale Sorgen hinten anstehen.

Aber solange das Lebensumfeld einer gegebenen Gesellschaft stabil ist, verfallen Werte nur dann vollständig, wenn sie keinen Platz mehr in einer gegebenen Kultur haben, sie also aus ihnen herausgewachsen ist. Und das ist für gewöhnlich ein schleichender Prozess, der sich über Jahrzehnte oder Jahrhunderte hinziehen kann. Wenn es dann so weit ist, trauern ihnen nur diejenigen nach, die aufgrund ihrer eigenen Erziehungsgeschichte noch vermittelt bekommen hatten, dass diese essentiell für das Funktionieren des sozialen Gefüges sind. Das sind dann sinnvollerweise meistens die älteren Generationen. Und auch wenn Werte im Sinne einer Minderung ihrer Bedeutung verfallen, hat das normalerweise Gründe. Weil sich in den letzten Jahrzehnten sehr viele soziale, politische und technologische Umbrüche ereignet haben ist es auch verständlich, dass schon die jeweilige Elterngeneration kaum mehr einen Bezug zu den Werten hat, die von ihren eigenen Kindern vertreten und gelebt werden. Nur ganz wenige Grundwerte

---

50 Gruehn, Sabine/Kluchert, Gerhard/Koinzer, Thomas (Hrsg.): Was Schule macht. Schule, Unterricht und Werteerziehung: theoretisch, historisch, empirisch. Weinheim/Basel. 2004, Seite 235.

sind wirklich ehern und überdauern den Zeitenwandel. Um einen Überblick darüber zu bekommen, wie sich Werte wandeln, empfehle ich neben Gieseckes Werken auch das umstrittene "Lob der Disziplin" Bernhard Buebs, welcher eine interessante Brücke zwischen seiner Wahrnehmung moderner Erziehung und traditionellen Werten schlägt und dabei auch einen historischen Exkurs gibt, den ich mir an dieser Stelle mal spare.

Wie sieht es also mit dieser Generation aus? Mit meinen Schülern hatte ich das Thema des Wertewandels besprochen und sie nach ihrer Meinung befragt. Ein Beispiel aus der Diskussion betraf Flexibilität. Bevor die Kommunikationstechnologien unser Leben grundlegend veränderten, war eine Reihe von Eigenschaften unerlässlich, um sich im Freundeskreis keinen schlechten Ruf aufzubauen. Hatte man sich verabredet, gemeinsam ins Kino zu gehen, musste man darauf achten, auch pünktlich zu sein, insbesondere wenn man von weiter weg anreisen musste, etwa aus einer anderen Stadt. Denn sobald man das eigene Haus verließ gab es abgesehen von Telefonzellen keine Möglichkeit mehr, die Freunde anzurufen, falls sich der Zug verspätet hatte oder verpasst wurde. Selbst Telefonzellen halfen allerdings nicht viel, weil die Freunde ja auch unterwegs waren. Es war also notwendig, pünktlich zu sein und sich an Abmachungen zu halten oder wenigstens den Anstand zu haben, vorher abzusagen, wenn man krank war oder keine Lust mehr hatte, dabei zu sein. Auf der anderen Seite war dann natürlich Geduld gefragt, weil man nicht wissen konnte, warum jemand nicht kam oder wie lange die Verzögerung dauern würde.

Alle diese Eigenschaften fallen in den Bereich der Zuverlässigkeit. Obwohl diese auch heute noch sehr geschätzt wird, verliert sie zum Teil ihren Einfluss auf unsere Verhaltensnormen zugunsten von Flexibilität. Wenn man den Zug verpasst oder weiß, dass man zu spät am Treffpunkt sein wird, kann man die Freunde einfach anrufen, so dass diese dann umplanen, warten oder in der Zeit einer anderen Tätigkeit nachgehen können. Vielleicht findet man während der Fahrt beim Surfen im Internet eine andere Aktivität oder Veranstaltung, die interessanter ist. Statt den Kinofilm zu gucken, der morgen auch noch im Kino läuft, könnte man ein einmaliges Event in einer nahe gelegenen Lokalität finden, das man statt dessen besuchen könnte, solange alle einverstanden sind. Wenn man es versäumt hat, vor der Abreise die genaue Route oder Busverbindung rauszusuchen, die zum Treffpunkt führt, kann man auch einfach eine entsprechende App nutzen. Zur Not ist man gar nicht mehr auf den Freundeskreis angewiesen, sondern kann sich über soziale Netzwerke oder Aktivitäten-Apps einfach Leute suchen, die mit einem zusammen etwas unternehmen wollen.

Solch ein Verhalten sollte keinen Anlass bieten, sich über Oberflächlichkeit, Beliebigkeit oder Wankelmut der Jugend aufzuregen. Bestimmte Verbindlichkeiten werden nun einmal durch unsere erweiterten Möglichkeiten aufgeweicht, und in manchen Einzelaspekten wirkt starres Beharren auf Abmachungen sogar rückständig. Wie ich es angedeutet habe geht es hier aber nicht darum, dass Zuverlässigkeit redundant wird. Wenn eine Gruppe Pläne hat und jemand eine Alternative vorschlägt, ist dies notwendigerweise mit einer Menge sozialem Feingefühl verbunden, wenn man nicht von der Gruppe ausgestoßen werden will, weil man scheinbar keine Lust auf die ursprünglich abgemachte Veranstaltung hat. Auch muss man das diplomatische Vermögen haben, die Gruppe richtig einzuschätzen und dann nicht zu spalten, weil dann doch einige Mitglieder der Gruppe dem neuen Vorschlag folgen wollen, wobei man sich dann ja nach dem Event in einer Bar wieder zusammenfinden und vom jeweiligen Erlebnis berichten kann. Im Kern ist neben der Flexibilität also auch viel mehr Kompetenz im soziodynamischen Bereich gefragt, um das zu ermöglichen, was dann nach außen hin leichtfertig wirkt. Soziales Handeln wird variabler, aber auch wesentlich komplexer.

Andere Werte verändern sich, während sie aber auf der gleichen Ebene bleiben, sich also horizontal verschieben. So zum Beispiel das Bedürfnis nach Sicherheit von Leib und Leben sowie die unseres Hab und Guts. Wie geschrieben steht dem Fehlen einer ständigen realen Bedrohung durch Krieg, Armut, Hunger oder Seuchen das Bewusstsein gegenüber, dass wir in einer hochgradig sicheren, finanziell recht stabilen und friedvollen Zeit leben, in der allerdings jederzeit und plötzlich ein schreckliches Ereignis über uns hereinbrechen kann. Was unsere Sicherheit gefährdet sind also punktuelle Ereignisse statt anhaltender Leidenszustände. In beiden Fällen geht es natürlich um Wahrnehmungen, aber wenn die

Jugendlichen aussagen, dass sie sich finanziell, sozial und gesundheitlich recht sicher fühlen, soll das erst einmal ausreichen. Und statistisch gesehen liegen die Dinge, um die wir uns periodisch Sorgen machen, insbesondere Terrorismus oder die jährliche Tiergrippe, so ziemlich am unteren Ende der Dinge, die uns urplötzlich aus dem Leben reißen. Deshalb verlieren sie schnell ihre Relevanz, wenn das Thema nicht immer wieder gefüttert wird.

Wir leben außerdem - nur zur Erinnerung - in einer Gesellschaft, in der so ziemlich jeder Mensch jederzeit eine Foto- und Videokamera mit Tonband griffbereit hat, und die Dinger sind inzwischen zu wirklich guten Aufnahmen fähig. Auch wenn mir ein Polizeibeamter während einer Fortbildung gesagt hat, dass diese privaten Aufnahmen aus verschiedenen Gründen kaum zulässig sind, könnten sie durchaus hilfreich sein, Zeugenberichte zu unterstützen, weil sie den Schock des Moments und ein lückenhaftes Gedächtnis ausgleichen oder erweitern könnten. Jedenfalls trägt die immer wieder geforderte Erhöhung von Kameras an öffentlichen Plätzen kaum zu der Menge an bereits verfügbaren Überwachungsmedien bei. Gleichzeitig haben wir mit dem Handy ein Gerät bei uns, mit dem wir fast überall einen Notruf absetzen können, und das mag das eine oder andere Leben gerettet und aus manch einer ungünstigen Situation geholfen haben. Und dann gibt es da noch das Global Positioning System, eine noch nicht perfekt ausgereifte aber dennoch sehr hilfreiche Technologie, mit der wir verloren gegangene Menschen und teilweise auch Sachen wiederfinden können. Das GPS ist hilfreich, um Diebe und Entführer zu verunsichern oder zu schnappen, wobei ich abgesehen von optimistischen Reportagen noch keine Quelle gefunden habe, die der Existenz von GPS eine abschreckende Wirkung auf derlei Straftaten oder eine Erhöhung der Aufklärungsrate zuschreibt. Außerdem kann man einen Chip oder ein Gerät mit dieser Funktion aufgrund seiner geringen Größe nicht nur in Handys, sondern so ziemlich überall einbauen. Allerdings ist dies zwiespältig, gerade für die Personen, die nicht gefunden werden wollen und sich dadurch unter einer ständigen Kontrolle sehen. Auch Stalker haben sicherlich ihre helle Freude an den Segnungen des GPS. Das mögliche Gefühl von Sicherheit, das sich insgesamt aus der Verfügbarkeit der neuen digitalen Technologien ergibt, wird zudem kontrastiert durch die ständige Bedrohung durch einen Angriff aus dem Netz, wie zuvor beschrieben.

Weil Werte nicht in einem luftleeren Raum existieren bestehen auch hier Querverbindungen, die gleichzeitig oder als Nebenwirkung eine Verschiebung anderer Normen und Werte bewirken. Während die Bedrohung durch einen Werteverfall meistens eher marginal ist oder gar nicht existiert, könnte er in einem Punkt ein echtes Problem darstellen. Und hier komme ich zurück auf die Instant-Gesellschaft. Denn in ihr geht die Fähigkeit, Geduld zu üben, langsam aber sicher verloren. Das betrifft nicht nur die jungen Leute, sondern so ziemlich die gesamte Gesellschaft, und auf dem aktuellen Niveau ist es überall bemerkbar, wie unsere schnelllebige Gesellschaft Druck auf ihre Mitglieder ausübt. Dies habe ich zuvor im Abschnitt zur Reizüberflutung und den Biographien beschrieben. Deshalb reicht es hier anzumerken, dass die Unfähigkeit, sich auch mal zu langweilen, den eigenen Schlaf-Wachrhythmus im Auge zu behalten oder Stille und Untätigkeit zu ertragen, schon im jungen Alter zu Stresserkrankungen führen kann, bis hin zum Burnout. Das Gehirn braucht Leerlauf und Zeit, Eindrücke zu verarbeiten, und gerade wenn sehr viele Daten angesammelt werden ist es wichtig, auch mal eine Pause einzulegen. Bei den Recherchen bin ich neben einer sehr netten Fernsehsendung mit dem Titel "Adam ruins everything" auf einen sehenswerten kurzen Videoclip gestoßen, in dem die Figur Adam Conover aufzeigt, wie insbesondere unser Online-Verhalten inzwischen von eben jener Unfähigkeit geprägt ist, Untätigkeit zu ertragen oder auf Multitasking zu verzichten und uns dadurch einer Reizüberflutung auszusetzen, die uns letztlich unsere gesamte Konzentration kostet[51].

Und Ungeduld kann zu Problemen führen, wenn versucht wird, Entwicklungsstufen und wichtige Lektionen zu überspringen, um schneller an ein Ziel zu gelangen. Ich habe darüber geschrieben, dass Kinder und Jugendliche seit jeher auf natürliche Weise versuchen, sich auf ihr Erwachsenenleben vorzubereiten, indem sie Rollenspiele durchführen oder vorsichtige und geregelte Abstecher in das Leben der Erwachsenen machen, die sie zuvor genau beobachtet haben. Während Klaus Hurrelmann nebst anderen bestätigt, dass sich der

---

51 https://www.youtube.com/watch?v=Edx9D2yaOGs

Prozess des erwachsen Werdens in unserer modernen Gesellschaft sehr weit herauszögert, gilt das Gleiche nicht für die Beschleunigung dieses Prozesses. Hier gibt es schlicht eine biologische Grenze, die keine Beschleunigung zulässt. Selbst wenn man sämtliche Gesetze aufhöbe und Kinder und Erwachsene in allen Aspekten des Lebens gleich stellte, selbst wenn man sie gezielt mit allen Essentials des Erwachsenenlebens beschallte und ihnen überdies den freien Zugriff auf alle verfügbaren Informationsnetzwerke ohne jeden Filter gäbe, sie wären doch durch ihre biologischen Reifungsprozesse daran gehindert, im gleichen Maße ihre Rechte wahrzunehmen, ihren Pflichten nachzukommen oder sich selbst zu regulieren, wie es für ein autonomes Leben notwendig wäre. Die Argumente kommen aus der Gehirnforschung genauso wie aus der Soziologie und mehr oder minder allen Entwicklungstheorien, auch wenn der letztliche Eintritt in das Erwachsenenalter jeweils um einige Jahre voneinander abweicht. Und in diesem Zuge ist es geradezu gefährlich anzunehmen, dass in unserer Gesellschaft durch die freie Verfügbarkeit von Informationen, die finanzielle und rechtliche Stärkung des Kindes und die Auflockerung gesellschaftlicher Strukturen eine Art Nürnberger Trichter entsteht, mit dem das Kind in kürzester Zeit alles lernen kann, das es braucht, um im Leben klarzukommen. Ohne gewisse Erfahrungen, die es selbst macht, und langwierige Lernprozesse ist es in vielen Bereichen nicht möglich, sich zu einer vollwertigen erwachsenen Person zu bilden. Es ist schwierig, dies zu illustrieren, deshalb muss ich an dieser Stelle auf eine Parallele zurück greifen.

Spielplätze erfüllen in der Erziehung von Kindern eine zentrale Rolle. Sie sind nicht nur ein Ort zum Spielen und Toben, wodurch sich die Kinder körperlich ertüchtigen oder herausfinden können, wie Sand schmeckt. Spielplätze sind auch ein Ort der Begegnung für Eltern und Kinder gleichermaßen. Wenn man sich einige der Spielgeräte ansieht, die auf den Spielplätzen häufig vertreten sind, kann man es als zart besaiteter Elternteil schnell mal mit der Angst zu tun bekommen. Alles wackelt, ist hoch gebaut und steckt voller Verletzungsgefahren. Aber zum Glück gibt es ja den weichen Sand. Verletzungen sind jedoch immer ein gegebenes Risiko geblieben. In der Benutzung der Spielgeräte steckt die Möglichkeit einer wichtigen Lebenserfahrung. Sie sind dazu da, Grenzen auszuloten, Ängste zu überwinden und ein

Gefühl für den eigenen Körper zu bekommen. Ein kleines Kind wird nicht sofort ganz nach oben auf ein Klettergerüst gehen, und selbst wenn das schon bei der ersten Benutzung passiert, dann normalerweise vorsichtig und kleinschrittig. Und mindestens ein Elternteil ist bei solchen Aktionen in der Nähe, um Schlimmeres zu verhindern, maßlose Selbstüberschätzung einzudämmen oder das Kind vom Gerüst zu pflücken, wenn es oben angekommen ist und merkt, dass man auch irgendwie wieder runter muss. Und oft macht erst der Abstieg dem Kind bewusst, wie hoch es geklettert ist. Jedenfalls gibt es auch in den Innenstädten oft Spielplätze, die aber auf den Sand verzichten und statt dessen weiches Pflaster haben. In dem Bewusstsein, dass dieses Pflaster genauso wirkt wie Sand, vielleicht sogar besser, neigen viele Eltern scheinbar dazu, dieser trügerischen Sicherheit zu vertrauen. Das Kind übernimmt dies und klettert gleich viel höher, als es dies normalerweise täte. Durch das Überspringen der ersten Lernstufen verliert das Kind die Möglichkeit, sich selbst einzuschätzen, und kann sich an den Geräten mitunter sehr schwer verletzen[52]. Schwerwiegender ist es aber, dem Kind ganz das Spielen auf einem Spielplatz zu verwehren, denn die Erfahrung, körperliche Grenzen auszuloten ist eine der zentralsten Grundfähigkeiten des Lernens und überträgt sich auch auf andere Bereiche der Selbstreflexion und Lernfähigkeit. Für diesen Bereich gibt es kein Surrogat, und noch so viele Bücher, Videos oder digitale VR-Kletterwände können diese Erfahrung ersetzen. Und selbst für die Dinge, die das Kind in der Abgeschlossenheit seines eigenen sicheren Heimes lernen könnte, gibt es deutliche Grenzen.

Medienkompetenz

Millennials werden gerne auch mit dem Titel "Net-Generation" versehen. Sie gelten als so genannte "Digital Natives". Man sollte davon ausgehen, dass sie, die ja mit den neuen digitalen Technologien aufgewachsen sind, vollkommen selbstverständlich mit diesen umzugehen wissen. Dass dies leider nicht ganz so einfach ist, stellt

---

52 Artikel von Verena Ahne für den Spiegel Online vom 09.06.2012:
http://www.spiegel.de/gesundheit/psychologie/erziehung-warum-eltern-ihre-kinder-toben-lassen-sollten-a-836706-3.html

Manfred Spitzer fest und wird durch viele andere Autoren bestätigt. Ein "Digital Native" zu sein bedeutet nämlich nicht, den Umgang mit neuen Medien gemeistert zu haben oder als Geburtsrecht in die Wiege gelegt bekommen zu haben. Es bedeutet lediglich, durch das Aufwachsen mit diesen so an sie gewöhnt zu sein, dass man sie selbstverständlich benutzt, als gegeben erachtet, meistens keine Alternativen kennen gelernt hat und deshalb auch nicht hinterfragt, ob sie wirklich der beste Weg sind, gewisse Dinge zu erledigen. Medienkompetenz ist etwas das man nicht einfach hat, sondern das man lernen muss. Dadurch wird die Annahme, Kinder und Jugendliche hätten eine angeborene Medienkompetenz und müssten diese nicht beigebracht bekommen (von wem denn auch), zu einer folgenreichen und bisweilen sogar gefährlichen Fehleinschätzung.

Ein Klassiker, aber immer noch eine wesentliche Größe in diesem Feld, ist Prof. Gerhard Tulodziecki, der im Bereich der Mediendidaktik die Entwicklung und Vermittlung von Medienkompetenz erforscht. Er macht klar, dass sich diese Kompetenz nicht allein in der handwerklichen Fähigkeit erschöpft, sondern in vielen Teilkompetenzen besteht. Und einige dieser Teilkompetenzen will ich an dieser Stelle heranziehen und betrachten[53].

Die Kompetenz, die am Einfachsten zu fassen ist, ist die Fähigkeit zum technischen Gebrauch von Medien. Eine Zeitung richtig herum zu halten, sie korrekt zu entfalten und die Texte lesen zu können mag sicherlich eine ähnlich tolle Errungenschaft sein, wie die Fähigkeit, ein Radio einzuschalten und den richtigen Sender zu finden, aber die neuen digitalen Medien bringen eine Fülle an besonderen Komplikationen mit sich. Moderne Technologien bestehen immer auch aus mehreren Komponenten, die alle funktionieren müssen, damit mit ihnen gearbeitet werden kann. Schon der Gebrauch eines simplen Computers ist davon abhängig, dass sämtliche Hardware-Komponenten, wie Tower mitsamt aller Funktionsteile, Tastatur, Bildschirm, Lautsprecher, Verkabelungen und eventuell auch W-LAN,

---

53 Zwar beziehe ich mich auf Texte aus dem Studium, die ich nicht mehr reproduzieren kann, aber im Kern reicht für einen Überblick und einige gute Zusammenfassungen und online-Texte eine kurze Google-Suche. Die meisten Texte sind aber nur für den Privatgebrauch freigegeben, weshalb ich sie hier nicht angeben kann.

Router, Server und den besuchten Seiten funktionieren. Schon der Ausfall einer Komponente kann die Funktionstüchtigkeit einschränken oder unmöglich machen. Und dann ist da noch die Software, also das Betriebsprogramm des Computers, sowie eine Vielzahl von kleinen Programmen und Prozessen, die ebenfalls ihren Dienst verrichten müssen. Über die meiste Zeit funktioniert auch alles, aber man muss sich vor Augen halten, wie anfällig das System an sich sein kann. In beiden Bereichen, Hard- und Software, ist eine relativ geringe Grundkompetenz erforderlich, um die basale Handhabung zu ermöglichen. Wer sich aber besonders gut mit den digitalen Technologien auskennt, der kann damit teils Dinge tun, die andere als gar nicht möglich erachtet haben.

Die Mutter einer Schülerin wurde einmal in einem Elterngespräch darauf hingewiesen, dass ihre Tochter oft im Unterricht ihr Handy nutzt. Die Mutter reagierte skeptisch. Ja, sie erlaube ihrer Tochter, das Handy mitzunehmen, aber sie habe keine Möglichkeit, ins Internet zu gehen. Das Handy sei rein zum Anrufen und für Kleinigkeiten und böte keine Chance, zu chatten, Videos abzuspielen oder im Netz zu surfen. Die Sim-Karte habe sie entfernt. Die Tochter, die auch anwesend war, warf mir einen kurzen prüfenden Blick zu und erklärte dann ihrer Mutter, was ein Hotspot ist.

Selbst wenn man sich mit dem Gebrauch neuer Medien auskennt, kann man in zwei Fallen tappen. Die erste Falle ist das absolute Vertrauen auf die Funktionstüchtigkeit der Geräte, die einen auch heute noch allzu oft im Stich lassen. Es lohnt sich immer, bei einem Referat oder einer Vorlesung eine offline-Variante einzuplanen, wie sich allein in meinem Studium und meiner Lehrtätigkeit häufig gezeigt hat. Das zweite Problem allerdings ist die Versteifung auf eine eingeschleifte Benutzungsweise, denn diese verwehrt den Nutzern die Möglichkeit, flexibel zu denken oder die Funktionen eines gegebenen Gerätes auszuschöpfen.

Ein Beispiel: In unserem Lehrerzimmer gibt es einen Drucker. Es ist eines dieser einfachen Dinger von Hewlett-Packard und verfügt über einen Kippschalter an der Rückwand des Gehäuses. Nun weiß jeder, der den alten Laserjet-Drucker hat, dass so gut wie niemand das Gerät jemals ganz ausschaltet, und ich kann mir vorstellen, dass kaum die Hälfte aller Nutzer weiß, dass es diesen Schalter überhaupt gibt. An einem Montag beschwerte sich eine Kollegin darüber, dass das Gerät nicht funktionierte. Ich legte den Schalter um, und das Gerät schaltete sich ein, denn ich selbst hatte das Gerät am Freitag ausgeschaltet, um Energie zu sparen. Ein anderes Mal wurde ich mitten aus dem Unterricht gebeten, da es im Computerraum ein Problem gab. Man könne die Fernbedienung für den Beamer nicht finden. Ich ging in den Raum, in dem eine ganze neunte Klasse saß, begierig, einen Film zu gucken, aber ungewiss darüber, was angesichts der fehlenden Fernbedienung zu tun sei. Ich nahm mir wortlos einen Stuhl, stieg drauf und drückte den Knopf auf dem Beamer von Hand.

Wenn sich unser Verstand erst einmal auf eine bestimmte Verhaltensweise festgelegt hat, ist es schwierig, Alternativen zu überdenken. In manchen Fällen muss man aber auch erfinderisch sein. Als die Boxen an einem Rechner nicht funktionierten schloss ich per Kabel einen CD-Player an und konfigurierte den Rechner so, dass er den Ton darüber abspielte. Als in einem Seminar ein Kurzfilm gezeigt werden sollte, der Beamer aber streikte, schlug ich vor, dass die Teilnehmer, die ja allesamt mit Handys ausgerüstet waren und eventuell noch Datenvolumen hatten, das Video zu zweit oder zu dritt anschauen könnten. Worauf ich immer noch stolz bin ist eine Situation, in der ein USB-Stick mit Zeugnisdaten versehentlich gelöscht wurde und ich es geschafft hatte, aus dem zuletzt benutzten Rechner die Geisterkopien rauszufischen. Nur damit ich mich jetzt nicht als Könner geriere: Auf der anderen Seite bin ich immer mal wieder erstaunt, was es alles an guter Freeware im Netz gibt, die die Schüler scheinbar ganz einfach ausfindig machen können. Sie wissen auch, was man mit einigen Programmen anstellen kann, mit deren Grundfunktionen ich eigentlich schon ganz zufrieden war. Manchmal ist es ein wenig wie auf die Existenz eines fünften Ganges bei seinem Auto hingewiesen zu werden. Außerdem höre ich von einem Kollegen oft begeisterte Berichte darüber, wie gut selbst die jüngeren Schüler darin sind, die Computer zu bedienen, effizient zu recherchieren, die Geräte zu warten und sogar ganze Apparate auseinanderzunehmen und wieder zusammen-zuschrauben, ohne dass diese beschädigt würden. Ein allgemeiner Kompetenzzuwachs dürfte sich trotz allem also irgendwie ereignen.

Ob Medienkompetenz im Sinne der Bedienung und Wartung der

Geräte vorhanden ist, ist insgesamt also weniger eine Frage des Alters, sondern des persönlichen Interesses an diesen Dingen, selbst wenn die neuen Technologien unseren Alltag zunehmend bestimmen. Millennial zu sein heißt nicht automatisch, dass man auch Profi im Umgang mit ihnen ist.

Tulodziecki unterscheidet aber das technische Know-How deutlich von der Fähigkeit, die Funktionsweise der Medien im Sinne persönlicher Beeinflussung zu verstehen und damit umzugehen. Er bezieht sich mehr auf die soziale Beeinflussung im großen Umfang, etwa dass Kameraführung, Musik, Licht, aber auch Themenwahl oder Rhetorik einen speziellen vorformenden Effekt besitzen, dessen man sich gewahr sein muss. Was das Internet betrifft sind Erwachsene oft geradezu paranoid und kramen die alten "Stranger Danger" Sprüche heraus, während die Kinder und Jugendlichen überaus naiv an die Sache herangehen. Natürlich liegt die Wahrheit irgendwo dazwischen, und ich erwische mich während ich dies schreibe auch selbst bei der Erkenntnis, dass ich im Lauf der Zeit immer weiter in das Lager der Übervorsichtigen übergegangen bin. Der Spruch "Im Internet weiß niemand, dass du ein Hund bist" aus Peter Steiners Cartoon hat nicht umsonst eine genauso große Berühmtheit erhalten, wie das Sprichwort "Das Internet vergisst nichts".

Einigen Schülern einer neunten Klasse zeigte ich in einer Pause während eines Projektes im Computerraum, wie einfach es sein kann, an ihre Informationen zu gelangen. Sie hatten sich zuvor über Datenschutz unterhalten und glaubten mir nicht als ich meinte, man brauche nicht einmal wirklich viel zu tun, um sie auszuspähen. Ich ging auf die Seite von Facebook und suchte nach den Schülern. Diese waren selbst erstaunt darüber, wie viele Sachen sie, teils unwissend, öffentlich gepostet hatten. Da gab es Fotos von Badeurlauben, Informationen, wann sie wo sein würden, was sie so zu sich nahmen, und in einem Fall auch wann bei ihnen "sturmfreie Bude" war. Sie empfanden die meisten Dinge, die man offen über sie erfahren konnte, als nicht so schlimm, waren nur ein wenig sauer, dass sie durch die ständigen Einstellungsveränderungen und Änderungen der Richtlinien den Überblick verlören, was denn nun was sei.

Vielleicht haben sie auch irgendwie Recht. Die oben kurz erwähnte "Stranger Danger" Kampagne wurde damals gerade im vereinigten

Königreich kritisiert, weil sie die Gefahr von Fremden betonte, während die meisten Missbrauchsfälle im Zusammenhang mit Bekannten und Familienmitgliedern standen. Es ist möglich, aber unwahrscheinlich, dass private Bilder plötzlich auf irgendwelchen zwielichtigen Seiten auftauchen oder Informationen für Raubzüge verwendet werden. Aber trotzdem sollte man sich fragen, ob man an dem umgekehrten Roulette mit empfindlichen Daten teilnehmen sollte. Nach wie vor bleibt ein echtes Problem, dass zum Beispiel Jobdetektive oder künftige Arbeitgeber durchaus mal einen Blick ins Netz werfen, um den Hintergrund eines Bewerbers zu überprüfen. Dann sollte man besser darauf achten, dass nicht allzu viele Bilder von wilden Saufgelagen und keine Prahlereien über Gesetzesverstöße im Netz sind. Wenn man weiß, wie das Spiel läuft, kann man das Ganze natürlich auch zum eigenen Vorteil nutzen, aber das ist eine ganz andere Geschichte.

Dass Naivität schädlich sein kann zeigt auch das Beispiel der App "Snapchat", als sie zuerst auf den Markt kam. Die Idee war, dass man chatten, aber auch Bilder schicken konnte, die aber nach einer festgelegten Zeit nicht mehr angesehen werden konnten und unwiederbringlich vom Handy des Empfängers gelöscht wurden. Auch die Screenshot-Funktion des Handys wurde während der Betrachtung des Bildes blockiert. Die Prämisse klang für mich und auch meine Freunde und Bekannten sofort fragwürdig. Erstens wussten wir, dass das Bildmaterial auf dem Handy des Sendenden erst einmal gespeichert ist und dadurch automatisch für den großen Datenkosmos verfügbar ist, selbst wenn es nach dem Senden gelöscht wurde. Zweitens nahmen wir an, dass jedes Bild einen Server passieren und eventuell auf diesem zwischengespeichert werden müsste, was sich ja auch als wahr herausgestellt hat. Das Bild war spätestens da im Internet. Außerdem war uns klar, dass es mehrere Wege gab, ein Bild trotzdem zu speichern. Man konnte entweder das Handy rooten, um Sperrungen zu umgehen oder Datensätze abzurufen, oder man konnte einfach mit einem anderen Gerät den Bildschirm abfotografieren.

Damals hatten wir an eine weitere Möglichkeit gar nicht gedacht, die aber irgendwie logisch ist. Was passiert, wenn Sie irgendwem sagen "Ich habe X so konzipiert, dass es unmöglich ist, Y zu machen."? Es wird zu einer Herausforderung, die in die weite Welt gerufen wird und mindestens auf einige Ohren trifft, die diese annehmen. Und eine Tatsache der Welt der Apps und Programme ist, dass es mitunter nur sehr kurz dauert, bis ein illegaler Download, ein Hack oder eine Information zu Sicherheitslücken irgendwo im Netz erscheint. Diese Lücken zu schließen oder die Programme und Informationen zu beseitigen ist immer eine Sisyphus-Aufgabe. Hacker, Leaker und Programmierer sind Herstellern und ihrem Team fast immer einen Schritt voraus. Während ich diesen Abschnitt schreibe habe ich einmal kurz nach Hacks gesucht und habe seitenweise welche gefunden (aber nicht überprüft, ob die alle aktuell sind und noch funktionieren, da ich Snapchat nicht nutze). Teilweise gibt es die sogar auf einschlägigen Seiten wie Giga.de.

Jetzt gehe ich mal davon aus, dass die Grundidee von Snapchat war, ein harmloses Feature anzubieten, an dem sich niemand wirklich stören oder vergreifen würde. Eine heimliche Hoffnung war es bestimmt, dass die Nutzer durch die Ankündigung, ihre Snaps seien sicher vor Missbrauch oder ungewollter Speicherung, mutiger bei der Aufnahme ihrer Schnappschüsse würden und dadurch vielleicht interessantere Ware oder Daten für den Weiterverkauf darstellen könnten. Was sie nicht geahnt zu haben schienen war, dass auf ihren Servern ziemlich bald auch eine recht große Menge an Kinderpornographie gelandet war, deren Zustrom man mit dem Sieb abschöpfen musste. Denn, wie erwähnt, ist das Netz nie gut darin gewesen, Kinder und Jugendliche von falschen Altersangaben abzuhalten oder bessere Sicherungen einzuführen, die sie von selbstgefährdendem Verhalten abhalten. Im Endeffekt führte die ganze Sache dazu, dass irgendwann irgendwer, vielleicht um die ausgesprochene Herausforderung anzunehmen, vielleicht um an brisantes Bildmaterial zu gelangen oder um aufzuzeigen, dass der Dienst nicht sicher ist, im Oktober 2014 eine Vielzahl an Bildern von Servern holte und ins Netz stellte[54]. Fairerweise möchte ich hinzufügen, dass alle Apps und Programme mit Bildfunktionen das gleiche Problem haben und Snapchat hier kein böser Wille

---

54 Artikel von Spiegel Online vom 14.10.2014:
http://www.spiegel.de/netzwelt/web/snapchat-hack-war-sicherheitsluecke-bei-snapsaved-a-997052.html

vorgeworfen werden sollte. Aber es erweist sich als sehr ratsam, bei dem Angebot von Internetdiensten nicht naiv zu handeln, während die Jugend gut beraten ist, ein wenig Skepsis zu zeigen, wenn fragwürdige Sicherheiten versprochen werden. Was ebenfalls immer schwieriger wird und womit die Jugend vielleicht ein wenig besser zurecht kommt, als die Elterngeneration, ist das Erkennen von Fälschungen. Jetzt ist das ganze Thema zwischen 2016 und 2017 ein wenig in Schieflage geraten. Da würde ich auf einen Fall aus dem Kapitel zur Glaubwürdigkeit von Medien zurückgreifen. Ursprünglich kam der Begriff der Fake-News ins Gespräch, als jemand ein vermeintliches Zitat Renate Künasts veröffentlicht hatte, das sie niemals so gesagt hatte, auch nicht im Wortlaut. Es ging um ihr vermeintliches Verständnis für einen Mörder aus Freiburg. Die Intention war eindeutig böswillige Rufschädigung. Es war also nicht einfach eine Falschmeldung. Wer die Politikerin kannte, konnte schnell merken, dass mit der Aussage irgendetwas nicht stimmen konnte. Alle anderen mussten eine Münze werfen. Dass das Zitat nicht in einer Zeitung oder anderen seriösen Quelle veröffentlicht, sondern ohne Angabe einer Quelle auf Facebook zu kursieren begann, machte die Sache scheinbar nicht unglaubwürdiger, wenn man sich die Resonanz betrachtet. Jetzt ist Facebook nicht per se eine fragwürdige Quelle, aber wenn jeder Mensch Informationen veröffentlichen kann, kann auch jeder seinen Unsinn veröffentlichen. Und das muss man im Bewusstsein haben. Ansonsten verdrehen sich Wahr und Falsch, und letztlich wird das, was sachlich korrekt und objektiv wahr ist, zu einer reinen Auslegungssache, während gewaltige Verwirrung entsteht. Zudem ist unsere Technologie inzwischen so fortgeschritten, dass Stimmen, Gesichter (Real-Time Face Capture), historische Videos und Dokumente und eigentlich alle Quellen so manipuliert werden können, dass es ohne Hintergrundwissen an sich unmöglich ist, herauszufinden, dass es eigentlich eine Fälschung ist. In unserer Zeit, so scheint es, ist nichts mehr absolut sicher, wenn es im Netz gefunden wird.

 Es ist aber ein Symptom der Instant-Gesellschaft, dass, wie im Kapitel zu den Medien genannt, den etablierten Nachrichtensendungen, Zeitungen und Magazinen ein gewaltiger Anspruch auf absolute Korrektheit und Fehlerlosigkeit entgegen gebracht wird, weil es für den einzelnen Menschen nicht mehr möglich ist, aus der Fülle an Möglichkeiten und angebotenen subjektiven Wahrheiten und Perspektiven eine befriedigende Quintessenz zu ziehen. Aber auch die Nachrichtenmedien werden von Menschen gemacht, die genauso überfordert sein können und auf die selben Fälschungen reinfallen, selbst wenn ihnen zusätzliche Möglichkeiten und exklusive Informationsquellen zur Verfügung stehen. Und erneut ist dieses Kompetenzproblem im Umgang mit Medien nicht allein bei den Millennials zu sehen.

Und um es noch einmal aufzubereiten, bevor ich zum nächsten Kapitel weitergehe: Die Digitalisierung weiter Teile unseres Privat- und Soziallebens trifft in unserer Gesellschaft auf ein disproportional entwickeltes Verständnis der Funktionsweisen neuer Medien, mit dem wir uns bei allen gegebenen Vorteilen gegen die teils gravierenden Probleme wappnen müssen, die die digitale Wende mit sich gebracht hat. Wenn wir unser Geld per Mausklick für Dinge ausgeben, die uns gerade gefallen, statt noch einmal eine Nacht darüber zu schlafen, wenn wir unbekannten Quellen vorbehaltlos glauben, weil sie vielleicht unsere Meinung widerspiegeln und gleichzeitig Reporter beschuldigen, die Unwahrheit zu sagen, weil sie genauso aufgeschmissen sind, wie wir, wenn wir kaum mehr eine Ahnung haben, wie neue Technologien überhaupt funktionieren, dann bringen wir uns selbst und die uns nachfolgenden Generationen durch unsere Unfähigkeit, diese zu schützen und zu unterweisen, in eine ernsthafte Problemsituation.

ELTERNHÄUSER IN DER INSTANT-GESELLSCHAFT

Mark Twain soll einmal gesagt haben, dass die Erziehung eine systematische Verteidigung der Eltern gegen die Jugend sei. Er war bestimmt kein Kinderhasser und wird es sicherlich nicht genau so gemeint haben, aber in gewisser Weise könnte er mit der Äußerung durchaus Recht haben. Es mag ein unrühmliches Kapitel der Pädagogik sein, aber ein wesentlicher Eckpfeiler des pädagogischen Verhältnisses war schon immer der Umstand, dass Kinder in vielfältiger Weise von ihren Eltern abhängig sind. Überhaupt ergibt sich erst daraus die Möglichkeit und Pflicht der Pädagogik, die sich als "Kunst der Kindesführung" übersetzen lässt. Wenn das Kind noch ein Säugling ist, liegt das auf der Hand, aber auch bis zur vollständigen Erlangung seiner Autonomie ist das Kind auf seine Eltern angewiesen. Das bedeutet natürlich einerseits, dass man verantwortlich für das eigene Kind ist und für alles gerade stehen muss, was es so anstellt. Wenn etwas Dummes passiert, müssen die Eltern haften oder sich wenigstens kritische Kommentare gefallen lassen. Auf der anderen Seite bekommt man als Elternteil auch gleich ein sehr nettes Repertoire mitgeliefert, mit dem die Aufgaben der Erziehung vereinfacht werden - zumindest theoretisch. Ursprünglich hatten wir eine physische, intellektuelle, soziale und monetäre Überlegenheit gegenüber unserem Nachwuchs, mit der wir klare Grenzen zwischen Erzieher und Zögling ausmachen konnten. Als Erwachsene hatten wir zahlreiche Kompetenzen und Ressourcen, um das Kind anzuleiten, es zu schützen und zu unterstützen. Manchmal erforderte dies, dem Kind seine Grenzen aufzuzeigen, Wissen vorzuenthalten oder auch mal auf den Tisch zu hauen. Leider - und teilweise zum Glück - sind diese Vorteile über die letzten Jahrzehnte immer stärker weg gekrümelt.

körperliche Überlegenheit

Die physische Überlegenheit ist hierbei noch der offensichtlichste traditionelle Vorteil der Eltern und muss wohl nicht weiter erklärt werden. Bis das Kind groß genug ist sind wir halt größer und stärker. Deshalb werde ich lieber die Motive und Konsequenzen der körperlichen Gewalt als pädagogische Maßnahme ansprechen.

Denn zugegeben: In der Praxis hatte die körperliche Züchtigung durchaus ihren Charme. Sie verlief meistens schnell und unkompliziert und konnte effektiv im Rahmen der Gesetzmäßigkeit von Aktion und Reaktion pädagogisch wirksam eingebracht werden. Das Risiko von Widerstand und Rache war im gegebenen Kontext denkbar niedrig, und das "Prügeln" hatte den attraktiven zusätzlichen Vorteil der Korrektur eines durch das Fehlverhalten des Kindes verursachten Bruches der Hierarchie zwischen Erzieher und Zögling.

Ein Elternteil konnte ungewolltes Verhalten stoppen, seine Machtposition demonstrieren und gleichzeitig dem Kind zeigen, dass die unerwünschte Handlung Konsequenzen hat, ohne sich darauf verlassen zu müssen, dass das Kind durch Reflexion, die natürlichen Folgen des eigenen Handelns oder langwierige Erklärungen von der Falschheit seines Handelns überzeugt werden musste. Daher ist es für mich nachvollziehbar, jedoch trotzdem nicht verständlich, dass in einer Instant-Gesellschaft immer mehr Befürworter der Prügelstrafe ihre Stimme erheben und generelle körperliche Gewalt als legitimes Erziehungsmittel zurück fordern. Es ist meines Erachtens aber ein großer Segen, dass wir die exzessive Nutzung dieses "Weges des geringsten Widerstandes" aufgegeben haben.

Es gilt natürlich zu beachten, dass ich hier von einer systematischen Einbindung der körperlichen Züchtigung als Erziehungsmethode ausgehe, die subjektiv durch die Motive und Ziele des Erziehers legitimiert werden. Der Spruch "Das tut mir jetzt mehr weh, als dir.", ist immerhin Sinnbild für die Erkenntnis, dass Eltern, die ihre Kinder schlugen (und schlagen) oft glaubten, dass es letztlich zum Vorteil ihrer Kinder wäre. Auch diese Eltern wollten nur das Beste für ihre Kinder und liebten diese. Sie glaubten lediglich fest an die Prügelstrafe als Königsweg der Erziehung. Es geht bei dieser Betrachtung also nicht um den Schlag im Affekt oder eine völlig untypische drakonische Strafe, deren sich fast alle Eltern irgendwann schuldig machen, weil zahlreiche Faktoren in einer gegebenen Situation zusammen gekommen sind. Auch geht es nicht um die sadistische oder narzisstische Misshandlung von Kindern oder Verzweiflungstaten.

Selbst bei noblen Intentionen kann die methodische Ausnutzung des körperlichen Vorteils neben möglichen physischen und psychischen Traumata zahlreiche ungünstige Folgen haben. In unserem aktuellen Wertesystem bricht die Gewalt gegen Kinder mit sämtlichen Konventionen unserer modernen Gesellschaft, angefangen bei der gebotenen Achtung der Menschenwürde bis hin zur ordentlichen Erfüllung der eigenen Vorbildfunktion auf dem Hintergrund der weiteren Implikationen für das Leben in einer Gesellschaft, die den Frieden anstrebt.

geistige Überlegenheit

Ich habe mich in diesem Buch schon häufiger auf den Soziologen Neil Postman bezogen, und zuvor erwähnte ich das Zitat eines anonymen Schreibers, welcher es als schwierig bezeichnete, einem Zeitreisenden das Smartphone zu erklären und was wir damit letztlich anstellen. Wie würde Postman wohl reagieren, wenn er dieser Zeitreisende wäre? Zugegeben, es wäre eine relativ kurze Zeitreise, aber es wäre trotzdem wie eine Reise in eine ferne Zukunft für ihn. Postman war Soziologe und befasste sich unter Anderem mit der Kindheit, seiner geschichtlichen Entwicklung und den Effekten, die bestimmte historische Umstände auf die Konzeption dieser Kindheit hatten und haben. Ich habe an anderer Stelle umrissen, welche Schlüsse Postman aus seiner Bearbeitung gezogen hat, und werde diese noch ein wenig ergänzen.

Postman schreibt, dass dem Kind in unserer modernen Gesellschaft ein sozialer Schutzraum zugesprochen wird, in dem ihm Zeit gegeben wird, sich zu entfalten und zu entwickeln, während die als negativ deklarierten Einflüsse und das Wissen, das das Kind noch nicht korrekt verarbeiten kann, von ihm fern gehalten und langsam an es herangetragen werden. Beispielsweise kann das Kind noch nicht lesen und ist auf die Vermittlung von Informationen durch die ältere Generation angewiesen. Diese kann bestimmen, welche Informationen an das Kind weitergegeben werden sollen. Wenn das Kind selbst lesen kann, ist es dazu in der Lage, sich selbst Informationen über die Welt anzueignen, aber auch hier ist eine gewisse Kontrolle gegeben, weil wissenschaftliche oder tiefgründige Bücher erst später von dem Kind verstanden werden können und es in der Regel auch nicht sonderlich interessieren. Später kann das Kind als Jugendlicher in einem gesunden Umfang die Welt kennen lernen. Das Fernsehen, so Postman, bricht diese Progression auf. Das Kind wird unkontrolliert Informationen ausgesetzt, die es noch nicht verarbeiten kann, insbesondere weil das Fernsehen nicht auf jedes Kind individuell zugeschnitten ist. Es nötigt die Eltern, die gesehenen und gehörten Dinge zu erklären und bringt sie in eine gewisse Not, da die ganzen Zwischenschritte des heranführenden Lernens übersprungen wurden - manchmal werden Jahre vorweg genommen. Das Fernsehen raubt dem Kind viel zu früh seine Unschuld und verwirrt es.

Neil Postman starb im Jahr 2003 und bekam im Laufe seines Lebens noch das Kabelfernsehen, Satelliten und den Aufstieg der Privatsender mit. Im Jahr 1996 äußerte er sich zu der Entwicklung des Internets noch generell positiv bezüglich der Möglichkeiten für die wissenschaftliche Arbeit, bezweifelte aber dessen Bedeutung für den Privatnutzer. Ein Paar Suchmaschinen und soziale Netzwerke später sah die Sache natürlich ein wenig anders aus, und meiner Einschätzung nach wäre er wohl nicht mehr so begeistert gewesen.

Ein wesentliches Problem für die Erziehung bestand nach Postman in dem stetigen Abbau des Wissensvorsprungs, den Eltern vor ihren Kindern hatten. Auch die Rolle des Wissensvermittlers wurde teilweise, und das selten mit Absicht, an die Medien übergeben, wodurch für die Erziehung und Bildung zwei wesentliche Probleme entstanden. Es ist vielleicht nicht rühmlich, aber nachdem körperliche Züchtigung dankenswerterweise aus dem Kader der Erziehungsmaßnahmen entfernt wurde blieb im pädagogischen Repertoire noch ein mächtiges Werkzeug: die Notlüge oder Halbwahrheit. Nicht immer wurde sie bewusst eingesetzt, aber sie war immer ein Trick, mit dem Eltern ihre Autorität und ihre Glaubwürdigkeit aufrecht erhalten konnten. Sie findet sich noch heute in einfachen Aussagen, wie der Drohung "Wenn Du weiter so eine Grimasse schneidest, bleibt sie dir stehen.", und erweiterte sich damals in Situationen, in denen Eltern oder auch Lehrer, die in einer Sache nicht ganz Bescheid wussten, mehr oder weniger plausible Informationen bereit stellen konnten ohne sich darum zu sorgen, dass ihnen das Kind allzu schnell auf die Schliche kommen würde. Das sorgte für eine Möglichkeit der Kontrolle und Lenkung. Der Zweck heiligte hier oftmals die Mittel. In einer Zeit jedoch, in der Kinder immer früher eine Möglichkeit haben, schnell und unkompliziert in Erfahrung zu bringen, ob gewisse Vorgaben oder Informationen korrekt oder falsch sind, wird es schwieriger, dieses Kontrollelement aufrecht zu erhalten.

Eltern verlieren zudem über viele Dinge des Alltagslebens die Definitionsgewalt und Kontrolle, weil sie ihnen in einer vom Internet und anderen Medien geprägten Welt entrissen wird, und die allgemeine Marktwirtschaft ist geradezu darauf ausgelegt, die ganze Sache noch schlimmer zu machen. Mehr noch, dem Kind wird über das Fernsehen und die vorgeschlagenen Sender, Formate oder Channel nahe gelegt, sich für bestimmte jugendbezogene Themen zu interessieren. Titel wie "10 Dinge, die deine Eltern vor dir geheim halten.", "Taschengeldrechner", "Was muss ich im Haushalt wirklich tun?" oder "Dürfen mir meine Eltern X verbieten?" findet man in Kinder-Fernsehnetzwerken online und offline in den letzten Jahren immer häufiger. Und es macht ökonomisch auch Sinn, zumindest für die Anbieter. Das ist es doch, was die Kinder interessieren könnte. Ein Kind, das seinen Eltern eigentlich vertraut, kann durch die richtigen Stichworte zur Skepsis bewegt werden. Und schon klickt es das Video an oder schaltet den Kanal ein, um aufgeklärt zu werden oder wenigstens zu überprüfen, ob es sich um haltlose Vorwürfe handelt. Nicht umsonst gibt es inzwischen sehr strenge Gesetze, die das aktive Einmischen in Erziehungsfragen oder das Ausnutzen des Eltern-Kind-Verhältnisses verbieten. Es geht hier nicht nur um die plumpe Aufwiegelung, bei der einem Kind weisgemacht wird, dass *gute* Eltern *nur* das jeweilige Produkt kaufen und dass Mami ihr Kind nicht lieb hat, wenn sie ihm nicht dieses Produkt kauft. Gleichzeitig muss ich noch einmal erwähnen, dass die Medien und Unternehmen, die Werbungen schalten, auch keinen pädagogischen Auftrag haben. Sie sind also nicht verpflichtet, die Eltern erzieherisch zu entlasten.

Eine Werbeaktion für den Media Markt zeigte 2014 auf, wie schwierig die Grenzen zu finden sind, was in diesem Rahmen in Ordnung ist und was nicht[55]. In diesem speziellen Fall waren sich Bundesgerichtshof und Verbraucherschutzverbände uneinig. Der Media Markt kündigte den Kindern an, dass sie durch das Vorzeigen ihres Zeugnisses für jedes "sehr gut" einen Rabatt von zwei Euro auf ihren nächsten Einkauf bekämen. Der Bundesgerichtshof hatte keine Einwände gegen diese Praxis, aber aus der Sicht des Verbraucherschutzes, welcher sich beschwert hatte, wurden hier Kinder und Eltern gegeneinander ausgespielt, um bestenfalls beide

---

55 Artikel von Markus von Fuchs für die Wirtschaftswoche vom 13.04.2014:
http://www.wiwo.de/finanzen/steuern-recht/rein-rechtlich-werbung-gegenueber-kindern-kauf-mich-geht-nicht/9751972.html Artikel von Robert Gast für die Süddeutsche Zeitung vom 03.03.2014:
http://www.sueddeutsche.de/wirtschaft/umstrittene-werbeaktion-bei-media-markt-zwei-euro-rabatt-fuer-jede-eins-im-zeugnis-1.1929139

Parteien trotz des erwartbar sehr geringen Preisnachlasses zu unnötigem Konsum zu verleiten. Die Kinder würden ein verstecktes Geldgeschenk erhalten und dadurch ermutigt oder sogar direkt aufgefordert, bei Mediamarkt einzukaufen, um sich den Bonus zu sichern. Die Eltern von Kindern, die das Angebot gerne annehmen wollten, befanden sich dann in einer Zwickmühle. Entweder mussten sie ihr Kind unnötig Geld für Artikel ausgeben lassen, die es momentan gar nicht brauchte, weil ansonsten der Rabatt verloren ginge, oder sie müssten dem Kind dieses tolle und unerwartete Geschenk wegnehmen, beziehungsweise ein entsprechendes Gegenangebot machen, um das Kind nicht zu enttäuschen, wenn es denn auf die Werbung angesprungen war. Inzwischen wird dieses Marketing-Modell scheinbar begeistert aufgenommen, und da in dem Moment, in dem ich diesen Abschnitt schreibe, gerade ein Schulhalbjahr zu Ende gegangen ist, findet sich gerade ein wahres Füllhorn an solchen Beispielen im Netz.

Zu beschreiben, was mit Rollenerwartungen, Schönheitsidealen, Lebensstilen und Meinungen an Manipulation geschieht, spare ich mir an dieser Stelle. Es wurde schon sehr viel dazu publiziert, so dass es hier müßig wäre, es noch einmal aufzurollen. Außerdem habe ich das Thema teilweise schon vorher ein wenig behandelt. Insgesamt zeigt sich: Was wahr ist, was gut ist, richtig oder falsch, das übernehmen die digitalen Medien zwar nicht vollständig, greifen aber immer stärker in familiäre Prozesse gerade bei der Wissens- und Wertevermittlung ein, wobei ihre Absichten oft sehr viel deutlicher wirtschaftlich geprägt sind, als pädagogisch, wodurch sie den Interessen von Eltern allzu oft diametral gegenüber stehen. Eltern sehen sich oft dem Einfluss neuer Medien gegenüber, die das Kind nur allzu gerne mit mehr Informationen ausrüsten, als es das Verhältnis (der Mächte) zwischen Kind und Eltern verkraften kann. Erziehung insgesamt wird hierdurch in vielen Punkten erschwert.

<u>monetäre Gewalt</u>

Nach den Ausführungen von eben und in früheren Kapiteln erübrigt sich dieser Abschnitt fast. Dennoch gibt es einige Kleinigkeiten hinzuzufügen. Wilhelm Busch schrieb in einem Gedicht: "Vater werden ist nicht schwer, Vater sein dagegen sehr." Er beschrieb die Vaterschaft als finanzielle Bürde, aber auch als eine Frage der Redlichkeit, die letztlich überwiegen sollte. Aber warum, wenn die ketzerische Frage erlaubt ist, haben Menschen heutzutage überhaupt noch Kinder? Aus den Zeiten, in denen das Alphamännchen einfach neue Kinder gemacht hat, sind wir ja schon ein wenig heraus. Arme oder ländliche Familien hatten im Mittelalter oft vielen Nachwuchs, einerseits weil sie auf lange Sicht viele helfende Hände brauchten, aber auch wegen der sehr hohen Kindersterblichkeit. Man lebte teils auch in mehreren Generationen unter einem Dach, was die Aufzucht vereinfachte. In seltenen Fällen waren Kinder später, zum Beispiel während der industriellen Revolution, auch eine Art Investition, weil sie früh für den Erhalt der restlichen Familie arbeiten konnten. Im Nationalsozialismus wollte Hitler, dass die Frauen möglichst viele Kinder gebären, weil sie für die Ausbreitung der Bevölkerung und für den Krieg gebraucht wurden. Eine Frau bekam sogar eine Auszeichnung ab vier Kindern - und eine Ausgabe von "Mein Kampf", denn das Buch wurde den Leuten offensichtlich bei jeder sich bietenden Gelegenheit hinterher geworfen. Wie mit den meisten Problemen, mit denen ich mich bislang befasst habe, ist auch hier feststellbar, dass sich die Motivationen zwar über die Zeit gewandelt haben, dass aber kleinere Familien kein Produkt der Neuzeit sind und dass die Angst vor einer überalternden Gesellschaft schon seit 250 Jahren existiert[56].

Heute sind die Motivationen andere und außerdem vielfältig, gerade weil sozialer Druck und finanzielle Not nachlassen. Das meistgenannte offizielle Argument der Politiker, warum man sich fortpflanzen möge, ist wirtschaftlich geprägt. Kinder würden die Rente der Elterngeneration sichern. Das Argument will ich in der Tiefe gar nicht diskutieren, weil es vom Thema wegführt, aber die Produktivität jedes einzelnen Menschen ist über die Jahrzehnte in einem solchen Maß angestiegen, dass zum Erhalt der Gesamtgesellschaft bei der gleichen wirtschaftlichen Leistung deutlich weniger Menschen benötigt werden. Für die Betroffenen selbst hat das

---

56 http://www.berlin-institut.org/online-handbuchdemografie/bevoelkerungsdynamik/regionale-dynamik/kinderreichtumin-deutschland.html

aber scheinbar sehr wenig Relevanz. An erster Stelle stehen religiöse und gesellschaftliche Pflichtgefühle, die wahrscheinlich auch das Feld der Gewohnheiten abdecken, das ich in den Umfragen und Erhebungen nicht gefunden habe ("Ich habe mir keine Gedanken gemacht. Es gehört halt zum Leben/Ehe dazu, Kinder zu haben."). Zudem ist, abgesehen von ungeplanten Schwangerschaften und Mehrlingsgeburten, heute so gut wie jedes Kind eine bewusste Entscheidung und mit einem irgendwie gearteten Anliegen, Motiv oder Plan verbunden.

Jedenfalls ist der Wunsch nach Kindern nur noch bedingt finanziellen Kriterien unterworfen und wird zunehmend zu einer persönlichen Lebensstilentscheidung und nicht zu einem Opfer, das man für den Staat auf sich nimmt. Es stellt sich die Frage, ob man sich ein Kind oder mehrere leisten kann ohne das eigene Konsumverhalten maßgeblich einschränken zu müssen oder ob man den eigenen Lebenswandel, etwa berufliches oder privates Reisen, oder ein aktives Sozialleben, in dieser Form fortführen kann, wenn man ein Kind hat. Man lässt sich immerhin darauf ein, sich mindestens 18 Jahre lang (das gesamte eigene junge Erwachsenenleben!) um den Nachwuchs zu kümmern, statistisch gesehen aber eher so 26 Jahre lang, und das vielleicht mehrfach. Eventuell ist die Rolle als Mutter oder Vater sogar der gewünschte Lebensstil selbst. Ein Problem ist, dass ähnlich wie Kinder durch neue Medien mit Klischees über ihre scheinbare Rolle, ihre Eltern und das von ihnen erwartete Verhältnis zu diesen versorgt werden, den zukünftigen Eltern die ganze Sache tendenziell madig gemacht wird.

Eines der ersten Themen, die im erziehungswissenschaftlichen Unterricht behandelt werden, ist das gespaltene und teilweise ambivalente Verhältnis der Gesellschaft zu Kindern. Jede fremde Person scheint gerade bei jungen Eltern ihren Senf dazu geben zu müssen, und die Gesellschaft beobachtet diese jungen Eltern besonders genau. Kinder werden als wichtiges Gut unserer Gesellschaft betrachtet, und wer sie hat gilt als nobel, aber wehe wenn eine Familie mit Kindern ein Restaurant betritt, ein Spielplatz in eine bis dahin ruhige Wohngegend gebaut werden soll oder gar eine Kindertagesstätte öffnen will, von denen wir für die scheinbar viel zu wenigen Kinder trotzdem viel zu wenige haben. Die Aufzucht wird oft in der Belletristik und im Fernsehen parodistisch als Eierlauf und wenig belohnend beschrieben, und die Wertschätzung und Zuneigung für die Jahre der Fürsorge kann nicht garantiert werden. Der generelle Tenor scheint der zu sein, dass Kinder ein undankbarer finanzieller Klotz am Bein sind und am Ende die eigenen Eltern in ein Heim abschieben oder so selten Kontakt zu ihnen aufnehmen, dass sie, wie es die Mundpropaganda sagt, wochenlang in der eigenen Wohnung tot auf dem Boden liegen, bevor sie jemand wegen der Geruchsentwicklung findet.

Als ich klein war hatten wir noch 1,7 Kinder pro Frau, inzwischen sind wir bei 1,4. In der Shell-Jugendstudie zeigt sich, dass der Kinderwunsch gering ist und die Geburtenrate wahrscheinlich weiter zurück gehen wird. Weil in die Geburtenstatistik auch Frauen eingehen, die komplett kinderlos sind, heißt das nicht, dass wir fast nur noch Einzelkinder haben. Trotzdem wird geschätzt, dass jedes vierte Kind als Einzelkind aufwächst. Das schränkt zumindest die Annahme ein, dass Einzelkindfamilien die Norm sind und dass, sofern die Eltern noch beide im Haushalt vorhanden sind, alle finanziellen und zeitlichen Ressourcen auf ein einzelnes Kind konzentriert werden. Trotzdem wird immer wieder davon berichtet, dass die Kaufkraft der Kinder und Jugendlichen immer weiter steigt, was auch die im letzten Abschnitt beschriebene Vermarktung an diese lukrative Zielgruppe erklärt. Nur woher kommt das ganze Geld?

Das Thema Taschengeld habe ich oft als Tabuthema erlebt, und es wurde mir einmal in der Ausbildung geraten, die Schüler nicht danach zu fragen, wenn ich jemals noch ein Wort mit den Eltern sprechen wolle. Als ein Radiosender das Thema einmal aufgriff gab es schon während der Sendung erboste Anrufe und Mails. Taschengeld ist jedenfalls dazu da, damit das Kind lernt, mit Geld umzugehen, insbesondere zu sparen, wenn es eine größere Anschaffung tätigen will. Dadurch soll es auch den Wert von Dingen und zu schätzen lernen. Weil ich mir selbst nicht ganz sicher war, wie sich Lebenswandel und Inflation auf das empfohlene Taschengeld auswirkt und ob es überhaupt dafür eine allgemeine Empfehlung gibt, musste ich das auch noch einmal nachschlagen. Es gibt wohl Tabellen, die ein wenig voneinander abweichen, aber im Kern einen soliden Mittelwert bilden[57]. Am Ende stehen in den Tabellen Werte, die einige Fragen aufwerfen, sowohl in Foren, in denen diese als Referenz verwendet wird, als auch auf den Portalen für Eltern, auf denen diese vorgestellt werden. Es geht hier natürlich um die Menge an Geld, die dem Kind zur freien Verfügung gestellt werden sollte, unabhängig von Geschenken zu Feiertagen oder Anschaffungen, wie Kleidung, oder die Zahlung für Urlaube oder Klassenausflüge. Auch wenn die letzteren beiden Ausgaben letztlich leider zu einer Ja/Nein-Frage werden, besteht bei den regelmäßigen Anschaffungen für das Kind oft eine ähnlich große Unsicherheit wie bei dem Taschengeld. Wie teuer dürfen Geschenke sein? Was für Kleidung sollte mein Kind tragen und ist es meine Pflicht, zusätzlich Accessoires und Kosmetik zu kaufen, die nicht durch Taschengeld abgedeckt werden können? Soll ich die Handyrechnungen meines Kindes tragen? Und wenn es nicht gut hausgehaltet hat, sollte ich den Kinobesuch bezahlen, den es mit dem Freundeskreis geplant hat? Natürlich orientiert sich die Antwort letztlich an dem Finanzvolumen des Haushaltes, aber selbst innerhalb dieser Grenzen gibt es teils gravierende Unterschiede zwischen Familien. Ich hörte und las von Eltern, die, um ihr Kind angemessen auszustatten, auf ihren eigenen Urlaub verzichtet hatten oder sich auf andere Weise massiv einschränkten, um ihr Kind für sehr viel Geld ins Ausland zu schicken, damit es Lebenserfahrungen sammelt.

Für manche anderen Sachen braucht das Kind sein Taschengeld ebenfalls nicht auszugeben, und das betrifft eines der teuersten Geräte, die die meisten Kinder heute haben. Denn Eltern haben ja auch Handys, und wenn sie sich ein neues Handy zulegen oder aufgrund von Verträgen ein neues Modell geliefert bekommen, wird das alte Exemplar überflüssig. Weil es ja funktionstüchtig, aber eben nicht mehr aktuell ist, wird dies, um es nicht verkommen zu lassen, oft an ein Kind weitergegeben. Das ist ökonomisch und vielleicht sogar ökologisch sinnvoll, aber erziehungstechnisch ist es eine Sache, die man nicht einfach so als Routine machen sollte. Nicht nur wird ein Kind meist ohne weitere Überlegungen wegen der sich bietenden Gelegenheit mit einem Gerät ausgestattet, das einen großen Einfluss auf sein Leben haben könnte, es wird auch der Sinn von Taschengeld

---

57 http://www.taschengeldtabelle.org/

geschmälert.

Wenn alle größeren Anschaffungen zum Geburtstag, zu Weihnachten oder bei beliebig vielen anderen Feiertagen und sich bietenden Gelegenheiten an das Kind ausgehändigt werden, verlieren sie ihren monetären und pädagogischen Wert. Natürlich leben die meisten Kinder immer noch ein aktives Leben mit Rangeleien, Gerenne und Sport, und ein Kind mit Brille richtet dabei seine Kleidung und auch die eine oder andere Brille zugrunde. Das ist für Eltern dann ärgerlich, aber eine Brille ist eine Notwendigkeit, und für aktive Brillenträger gibt es ja Sportbrillen. Eltern halten ihr Kind ja auch dazu an, nicht ihre Sonntagskleidung zum Fußball anzuziehen. Aber wenn man einem Kind ein Handy für mehrere hundert Euro schenkt, wird es damit nicht umgehen wie mit einem rohen Ei. Und selbst das neue iPhone hat bei den meisten Jugendlichen nach einer Weile die "Spider-App" runtergeladen, die ihren Namen von dem netzartigen Muster des Glasbruchs erhält, der entsteht, wenn das Handy zu Boden fällt und auf einer Kante aufschlägt. Ein Spruch, den ich in meiner Jugend immer wieder zu hören bekam, war "Was nichts kostet ist auch nichts wert.", und auch wenn der Spruch nur eine bedingte Gültigkeit hat trifft er auf Güter durchaus zu. Der Grund, dass Eltern ihr Kind dennoch schon früh und freigiebig mit Handys versorgen, liegt wohl darin, dass es in unserer Gesellschaft kein Luxusgut mehr ist, sondern ein Gebrauchsgegenstand oder sogar eine Notwendigkeit wie etwa Kleidung und Nahrung oder gar die Brille.

Das gilt nicht nur für Handys. Wenn das Kind nach seiner eigenen Auffassung oder der der Eltern jetzt ein Fahrrad oder einen Rechner für Schularbeiten braucht, kann man ihm zwar sagen, dass es dann besser hätte sparen sollen oder dass es einen Vorschuss bekommt und dann die nächsten Jahre das Fahrrad mit seinem Taschengeld bei den Eltern abbezahlen soll, aber das ist dann schon ein wenig gemein. Selbst in Haushalten, in denen die Kinder und Jugendlichen - wie dargestellt - eigenes Einkommen haben, bleibt durch die dem Kind auferlegten Restriktionen ein finanzielles Missverhältnis, das Eltern nutzen können, um finanzielle Unterstützung zu gewähren oder zu verwehren. Und viele Eltern nehmen das dankbar zur Kenntnis. Wenn das Kind nach finanziellen Zuwendungen fragen muss, schaffen die Abhängigkeiten Möglichkeiten, um Forderungen zu stellen. Dieses mächtige Instrumentarium in unserem sich leerenden Werkzeugkasten überzustrapazieren widerspricht aber dem guten pädagogischen Verhältnis, weil Geld zum Machtinstrument und zum Dreh- und Angelpunkt wird. Es entsteht eine Atmosphäre von Zwang und Tyrannei, sowie eine auf Geld bezogene Motivation, die im schlimmsten Fall eine emotionale Barriere schafft oder Bestehende stärkt. Zudem finden die Kinder und Jugendlichen in der Instant-Gesellschaft schnell ausreichende Möglichkeiten, ihre Eltern unter Druck zu setzen.

<u>soziale Gewalt: Selbst- und Fremdwahrnehmung</u>

Das Problem dieses sozialen Drucks wird in unserem kommunikativen Alltag immer wieder aufgegriffen. Kabarettisten füllen uns immer wieder mit unangenehmem Gelächter, wenn sie uns vorhalten, dass uns unsere Kinder eigentlich mehr im Griff haben, als wir es gerne hätten. Beispiele und Erklärungsansätze liefern auch Bücher wie Martina Leibovici-Mühlbergers "Wenn die Tyrannenkinder erwachsen werden - warum wir nicht auf die nächste Generation zählen können", in dem sie die mehr oder minder vollständige Verwahrlosung der Jugend dem Fehlverhalten der Eltern zuschreibt, sie aber im Endeffekt auch ein wenig in Schutz nimmt, da sie innerhalb eines entsprechenden Systems handeln. Manfred Spitzer sieht die Eltern ebenfalls als Opfer der Umstände, die ihren Kindern durch empfundenen sozialen Druck viel mehr Zugriff auf Konsumgüter, insbesondere das Handy, ermöglichen, als gut wäre. Dadurch nimmt er sie zunächst auch erst einmal aus dem gravierenden Vorwurf der reinen Selbstverschuldung heraus.

Eigentlich ist es aber weniger die Gesellschaft an sich, sondern die Existenz kommunikativer Barrieren, die die Gesellschaft an einer sinnvollen Kooperation hindern. Ein gefestigter und oft verbalisierter Fehlglaube ist laut Spitzer, dass ein Kind ohne Handy oder bestimmte Konsumgüter zum Außenseiter werde. Man würde ihnen quasi die Möglichkeit zu sozialer Teilhabe entziehen, denn jedes Kind habe doch ein Handy und nutze es so ausgiebig, dass es keine anderen Themen mehr gäbe, als das, was man über dieses Gerät vermittelt bekäme. Spitzer beschreibt, dass dies nicht stimmt, weil das soziale

Umfeld insbesondere von Schulkindern weit weniger von eng gefassten Themen geprägt ist, als allgemein angenommen wird. Und es erscheint plausibel. Kinder reden durchaus viel über Videospiele, Youtube-Trends oder Apps. Aber sie reden auch viel über so ziemlich alles andere. Jede Kollegin und jeder Kollege wird bestätigen können, dass Schüler über die phänomenale Gabe verfügen, jeden Tag den ganzen Tag mit ihrem Sitznachbarn über alles zu reden, egal wie zermürbend simpel der Gesprächsstoff oft aus der Sicht der Erwachsenen sein mag. Wenn kein gemeinsames Thema gefunden wird, greift man halt auf die Klassiker zurück, wie Erzählungen, Kommentare über den gerade gelesenen Text, zu den Äußerungen der Lehrperson oder Flachwitze. Außerhalb des Unterrichts werden auch den Kindern ohne Handy Videos gezeigt, und das ist sogar noch toller, weil man jemandem etwas Neues zu zeigen hat oder eine Chance hat, darüber zu erzählen. Oder es werden halt Karten oder andere einfache Spiele gemeinsam gespielt. Wenn ein Kind von seinem Umfeld ausgeschlossen wird, hat das völlig andere Gründe. Aber dass es am mangelnden Konsum liegt ist ein nahe liegender Gedanke für die Generation Golf, die ihren sozialen Wert in ihrer eigenen Kindheit sehr stark an Markenprodukten bemessen hat, wie es Florian Illies beschreibt. In diesem Punkt wenigstens sind die jüngeren Millennials wirklich anders als ihre Elterngeneration.

Dies wird aber für diesen Abschnitt so ziemlich das Leitmotiv sein, auch wenn es unlogisch wirkt: Wir glauben, dass die heutige Jugend gleichzeitig völlig anders ist als wir, und sind irgendwie davon überzeugt, dass sie trotzdem genau gleich funktioniert. Erwachsene werfen den Kindern und Jugendlichen tendenziell vor, dass sie nicht schon jetzt so weise, umsichtig und weltgewandt sind wie sie selbst erst durch ihre vielen Erfahrungen, Lern- und Entwicklungsprozesse geworden sind. Sie machen dies geradezu zu einer Erwartungshaltung, als wäre es selbstverständlich, dass Jugendliche über Fähigkeiten verfügen, die sich die Erwachsenen selbst erst mühsam erarbeiten mussten. Gleichzeitig aber gehen sie davon aus, dass die nächste Generation unabhängig von ihren Lebensbedingungen auch genauso funktioniert oder potentiell funktionieren können sollte, wie sie selbst es jetzt tun. Das ist aber natürlich eine völlig überhöhte Erwartungshaltung, weil bei ihr ein kleines Detail übergangen wird.

Denn einerseits sind Millennials (wie jede jüngere Generation) tatsächlich anders als ihre Elterngeneration, aber andererseits sind sie im Wesentlichen auch genau so wie ihre Elterngeneration war, als diese noch in den Kinderschuhen steckte.

Um zu erklären, was dahinter steckt, muss ich leider ziemlich tief in die psychologische Mottenkiste klettern. Identitätstheorien sind ein integrer Bestandteil des erziehungswissenschaftlichen Unterrichts und auch des Philosophieunterrichts. Unter den Theoretikern, die sich damit beschäftigt haben, kristallisieren sich immer neue Perspektiven auf dieses Thema heraus, aber eine Grundidee, die sich auf die Arbeiten des Psychologen Erik Erikson zurück führen lässt, teilt Identität in drei Definitionen auf: die Identität als das Erleben des eigenen Selbst als unverwechselbar und einzigartig, das Erleben des Selbst als Teil einer Gesamtheit im Sinn des identisch Seins, und schließlich die so genannte "Ich-bin-ich"-Erfahrung. Und diese stellt eine zentrale Erkenntnis über unsere Biographie dar. Sie erklärt auch den logischen Konflikt, in dem sich die Elterngeneration befindet, wenn es um die Bewertung der Handlungen und Charakteristika der Jugend geht. In ähnlicher Weise wie wir uns von der heutigen Jugend abgrenzen und sie still oder laut mit der Weisheit und Erfahrung des Erwachsenen beurteilen, tun wir das Gleiche mit unserem früheren Selbst. Wir leben im Eindruck, dass die unüberlegten Aktionen, die Peinlichkeiten und Unzulänglichkeiten, die uns in unserer Kindheit geprägt haben, nicht Teil unseres heutigen Selbst sind. Dabei sind wir das Produkt dieser Handlungen, deren Folgen und unserer Eigenschaften, und dadurch dass wir uns davon abgrenzen verleugnen wir einen Teil von uns selbst und behandeln uns selbst letztlich genauso ungerecht, wie die nachfolgende Generation.

Vielleicht kennen Sie Zitate wie diese, mit denen ich den Punkt illustrieren möchte.

- Das war damals so dumm von mir, das hätte ich echt besser wissen müssen.
- X zu tun war ein Fehler. Hätte ich Y getan, wäre ich heute viel besser dran.
- Wenn ich heute nochmal die Schulbank drücken (oder studieren) würde, würde ich bestimmt alles ganz anders machen.

Ich erwähnte Abraham Maslows Bedürfnispyramide und möchte kurz noch einmal darauf zurückkommen. Durch den hohen Bildungsgrad unserer Gesellschaft und den relativen Wohlstand, in dem wir leben, sind wir nicht mehr von der Notwendigkeit unseres Überlebenskampfes abgelenkt. Wir können uns also mit uns selbst beschäftigen und uns allerlei Gedankenspielereien hingeben, zum Beispiel abstrakten Szenarien, die unser Leben in andere Bahnen hätten lenken können. Und jedes dieser Zitate greift diese Neigung und Sehnsucht nach einem besseren Leben und einer besseren Version von uns selbst, die nie zustande gekommen ist, auf. Wir neigen zu der Fehlannahme, dass unsere hypothetische Zeitreise dazu führen würde, dass wir heute die selben Personen wären, nur mit bestimmten Boni, wie dem zusätzlichen Zertifikat, das wir gemacht hätten, einem tolleren Job oder dem Partner, den wir nicht durch unseren jugendlichen Leichtsinn hätten absägen dürfen. Aber wenn wir uns von unserem vergangenen Selbst abgrenzen verleugnen wir unsere aktuelle Identität. Denn alle Entscheidungen und daraus resultierenden Erfahrungen der Vergangenheit bilden zusammen die Grundlage für das, was wir heute sind. Schärfer formuliert sind wir nichts als das Produkt unserer eigenen Entscheidungen.

Dass ich zum Beispiel in Hagen an meiner Waldorfschule arbeite kann ich auf eine Kette von Ereignissen zurückführen. Damals konnte man sich in Münster nur alle zwei Semester für das Fach Mathematik einschreiben, was für mich zu dem Fehlschluss führte, dass dort Mathematik gar nicht als Lehramtsfach angeboten wurde. Also meldete ich mich statt dessen für meine zwei Leistungskursfächer an. Durch die Fächerkombination konnte ich nicht in dem Jahr, in dem ich mein Studium beendet hatte, im Studienseminar Münster unterkommen und wurde nach Hamm geschickt, wodurch ich schließlich in Kamen wohnte und nach einem zweiten Staatsexamen mit eher bescheidenen Noten aufgrund persönlicher Konflikte mit einem der Ausbilder im Umkreis Arbeit suchte und kaum fand, bis mich nach mehreren Vertretungsstellen eine Mitarbeiterin der Agentur für Arbeit darauf aufmerksam machte, dass eine Waldorfschule gerade einen Englischlehrer suchte. An jeder dieser Stationen hätte eine Umentscheidung dazu geführt, dass ich an einem ganz anderen Ort Arbeit gefunden hätte. Ich wäre in meinem Leben ganz anderen

Personen begegnet, hätte ganz andere Erfahrungen gemacht, wäre zu anderen Ansichten gelangt und hätte mich vielleicht sogar charakterlich anders entwickelt. Ich wäre immer noch im Wesentlichen der gleiche Mensch, aber trotzdem wäre ich nicht "Ich", sondern eine andere Version von mir selbst. Anders werden zu wollen ist ein vitaler Antrieb für unsere Zukunftsplanung, und ein Blick in die Vergangenheit kann uns helfen, aufmerksam für sich bietende Chancen zu werden. Aber ein anderer Mensch geworden sein zu wollen ist ein Akt der Selbstverleugnung und letztlich nur schädlich.

Die Einsicht, dass unsere Identität eine Folge der guten und schlechten Entscheidungen ist, die wir getroffen haben, und deshalb unser früheres Selbst nicht verleugnen sollten, schützt natürlich nicht davor, dass wir einige Dinge trotzdem bereuen. Das zweite Problem dieser Szenarien liegt darin, dass wir die Vergangenheit nicht einfach wieder erleben wollen, sondern irgendwie unsere jetzigen Erfahrungen und Einstellungen mitnehmen möchten. Es macht ja Sinn. Ohne diese würden wir doch nur wieder die gleichen dummen Entscheidungen treffen, wegen deren Korrektur wir überhaupt erst zurück gegangen sind. Aber hier liegt der Denkfehler, der auf unsere lang kultivierte getrennte Wahrnehmung von Materiellem und seelisch-Geistigem zurückzuführen ist. Wir neigen dazu zu glauben, dass der Geist eine vom Körper und der dinglichen Welt völlig getrennte Komponente unseres Selbst ist, deren Integrität nicht von unserem Umfeld abhängt und immer gleich bleibt. Wenn wir heute also weise sind, müssen wir es als Jugendliche auch schon irgendwie gewesen sein. Und darum ist die Frage nahe liegend, warum wir als Jugendliche so viele nicht weise Sachen gemacht haben. Ihre Intuition wird Ihnen nahe legen, zu widersprechen, weil Sie sich gerade in einem bewussten Denkprozess befinden, aber es handelt sich bei unserer Neigung, Körper und Geist zu trennen, um einen allgemeinen Logikfehler des Alltags, der sich in unserer Gesellschaft ziemlich breit gemacht hat und in vielen Lebensbereichen Einfluss übt ohne dabei wirklich hinterfragt zu werden.

Es gibt zahlreiche Beispiele, die unsere Neigung illustrieren, zwischen physischen und psychischen Einflüssen zu unterscheiden, als wären dies zwei absolut getrennte Bereiche. Wenn ein Kind geärgert und beleidigt wird, geben Eltern und Lehrpersonen noch heute den Rat, einfach wegzuhören. Es seien ja nur Worte. "Sticks and stones can break my bones, but words will never hurt me.", ist ein bekannter englischer Leitspruch, den ich in meiner Kindheit auch lernen konnte. Gerade bei Gewalt ist es einfach, zu unterscheiden. Blaue Flecken und gebrochene Knochen entstehen sofort als direkte Folge eines Unfalls oder Angriffs. Man kann sie sehen, und man sieht auch, wann sie geheilt sind. Außerdem sind sie greifbar. Mit einem gebrochenen Arm kann man nichts heben, mit einem kaputten Bein humpelt man. Seelische Wunden sind wesentlich schwieriger wahrzunehmen, selbst für die Medizin und die Naturwissenschaften, die sich eben damit beschäftigen. Erst handfeste Traumata und langjährige Erschöpfungserscheinungen machen psychisches Leiden für den Laien erkennbar. Und es gibt viele falsche Fährten und Fehldiagnosen, die es zum Beispiel schwierig machen, Selbstmörder oder Amokläufer ohne eine spezialisierte Ausbildung und langfristige Beobachtungen frühzeitig zu erkennen und eine Intervention einzuleiten, bevor es zu spät ist. Und weil die Psyche so eine komplexe Sache ist, wird sie gerne von der stofflichen Welt abgekoppelt und in einen anderen, metaphysischen Bereich verfrachtet, um sie zu einem unberechenbaren und "äußeren" Ding zu machen.

Diese Trennung erfolgt auch in unseren hypothetischen Zeitreisen. Die folgenden zwei Szenarien dürften den meisten Menschen reichlich albern erscheinen:
- Hätte ich damals als Kind so viel Geld verdient, wie heute, hätte ich ganz anders gelebt.
- Wäre ich damals schon so groß und stark gewesen hätte ich mir die Triezereien meiner Mitschüler nicht so einfach gefallen lassen.

Die Szenarien wirken unsinnig, weil wir wissen, dass man ein Gehalt nicht einfach so hat, sondern normalerweise erst durch eine langjährige Ausbildung und die Ausübung eines Berufes bekommt. Und groß und stark wird man auch nicht einfach so. Man muss viel trainieren, um stark zu werden, und man wächst halt auch nur mit der Zeit. Im Gegensatz dazu widerstrebt es uns wesentlich weniger, uns in eine Situation in der Vergangenheit zu versetzen, in der alles gleich ist, aber wir unsere Lebenserfahrungen, unsere Dispositionen und unser Wissen irgendwie mitnehmen. Zugegeben, es wäre auch reichlich blöd, das nicht tun zu können, denn unser Szenario würde gar nicht funktionieren, wenn wir die Erfahrungen nicht hätten. Wir würden ja alles genauso machen und wären am Ende kein Bisschen besser dran. Weisheit, Lebenserfahrung, Einstellungen und sogar Fachwissen und biographische Erfahrungen (etwa über die eigene Gesundheitsentwicklung oder historische Ereignisse) scheinen bei uns gegenüber materiellen Errungenschaften keinen logischen Konflikt auszulösen.

Wir glauben genau aus diesem Grund fest daran, dass wir die künftigen Generationen vor unseren Fehlern schützen können, indem wir ihnen einfach Bescheid geben und dieses Gedankenspiel stellvertretend für ihre späteren Ichs mit ihnen durchführen. Und eigentlich ist es ja auch ein nobler Gedanke, dass wir die zukünftigen Erwachsenen so beeinflussen wollen, dass sie unsere Fehlentscheidungen nicht wiederholen werden. Und wäre es nicht toll, wenn wir so funktionierten, dass wir Fehler vermeiden, wenn man uns nur sagt, was wir tun müssen, um sie zu vermeiden? Aber dass das nicht so einfach ist zeigt ein weiteres klassisches Zitat, das Sie sicherlich auch schon einmal in irgendeiner Form gehört haben könnten: "Hätte ich gewusst, wie wichtig das später sein würde, hätte ich mich mehr angestrengt und nicht so viel Unsinn getrieben.". Solche Bekundungen sind für mich als Lehrer besonders seltsam. Denn auch wenn wir als Lehrer neue Methoden und Umgangsformen haben, hat sich der wesentliche Lehrercharakter in den letzten Jahrzehnten nicht wirklich verändert. Das gilt auch für Eltern. Ich bin mir deshalb absolut sicher, dass jedem von uns immer wieder und mit Nachdruck erklärt wurde, dass wir fleißig sein müssen. Wir wurden ständig über unsere Pflichten aufgeklärt. Und doch haben wir so gehandelt, dass unsere späteren Ichs auf ihre früheren Versionen zurück blicken und sagen können, dass sie das im besseren Wissen anders gemacht hätten.

Zu glauben, dass die aktuelle Generation von Schülern nun doch auf verbale Signale und Tipps anzuspringen hätten, ist in dieser Hinsicht weder fair für uns selbst, noch für die Kinder und Jugendlichen. Genauso wie die heutige Jugend nicht schlechter ist, als wir, ist sie auch nicht so viel besser, dass sie die "Naturgesetze" der Bildung und Entwicklung ausheben kann und auf Zuruf alle Fehler vermeiden kann, wie wir es auf Zuruf nie konnten.

Aber wie legitimieren wir diese seltsame Überzeugung? Entweder sind wir trotz aller Vorbehalte gegenüber der Jugend davon überzeugt, dass sie mit Fähigkeiten gesegnet ist, die unsere eigenen übertreffen, oder wir halten uns für so gute Erzieher und Pädagogen, dass wir die kommende Generation mit unseren überlegenen Methoden besser fördern können, als es unsere eigenen Eltern je vermochten. Normalerweise würde ich sagen, dass die Antwort irgendwo in der Mitte liegt, aber anscheinend trifft diesmal beides zu.

Überforderung

Es gibt neben den dargestellten Projektionen unseres erfahrenen Selbst auf die unerfahrene Jugend drei wesentliche Faktoren, die zu überhöhten Erwartungen führen: unser fester Glaube an verbale Strategien, unsere Begeisterung für moderne Technologien und unsere Ignoranz für die Lebenswelt der Jugend.

Ich hoffe, dass mir die Fachkollegen verzeihen können, dass ich bei den Ausführungen zu den verbalen Strategien jetzt schon wieder auf einen Klassiker aus unserem Lehrbuch für Pädagogik zurück greife. Frühestens seit der Zeit der Reformpädagogik, aber spätestens seit den antiautoritären Projekten der 68er Bewegung hat sich gerade hierzulande ein Trend abgezeichnet, der dem auf die Eltern und deren Wunschvorstellungen zentrierten pädagogischen Ansatz eine zunehmende Achtung des Kindes als Individuum und eine gewaltfreie Erziehung gegenüber stellt. Das ist auch eine sehr schöne Sache, aber als Nebenprodukt hat sich eine zunehmende Verbalisierung der Erziehung zusätzlich zu einer deutlichen Demokratisierung entwickelt. Und hier kommt der dänische Familientherapeut Jesper Juul ins Spiel[58]. Er selbst ist dem Konzept des hierarchischen Erziehens abgeneigt, sieht aber auch ein Problem in der scheinbaren Demokratisierung in der Erziehung, wie sie sich in unserer heutigen Gesellschaft entfaltet. Denn die Eltern der Neuzeit, um im Sinne Juuls zu argumentieren, verwechseln Gleichberechtigung und gleiche Würde in ihrer Erziehung und richten damit viel Schaden an. Es gibt

---

58 Hier ein Artikel mit einer Zusammenfassung:
http://familylab.de/files/artikel_pdfs/familylab-artikel/grundprinzipien_von_jesper_juul.pdf

nämlich durchaus einen Machtunterschied zwischen Eltern und Kindern.

Ein Irrglaube bestehe in der pädagogischen Praxis darin, einem Kind mit Sachargumenten alles erklären zu können, so dass das Kind letztlich mit der gegebenen Situation zufrieden ist. Das ist zunächst einmal nicht möglich. Wenn eine erwachsene Person versucht, eine irgendwie geartete Diskussion mit einem Kind zu führen, hat das eigentlich nur zwei mögliche Ergebnisse. Entweder lässt sich das Kind auf eine Diskussion ein. Der Elternteil würde dann alle Fäden in der Hand haben. Sein Wortschatz ist größer, sein Wissen um den fraglichen Gesprächsgegenstand ist umfassender, und er hat Erfahrungen, auf die er sich stützen kann, sowie ein gewisses rhetorisches Repertoire. Es klingt wenig überraschend, aber in einer gleichwertigen Debatte würde ein Erwachsener ein Kind problemlos an die Wand diskutieren. Der realistischere Fall ist der, dass ein Erwachsener versucht, mit Sachargumenten ein Kind zu überzeugen, wodurch das Kind entweder ein scheinbares Sachargument zurück gibt, keine Gesprächsdynamik aufbauen wird, sicherlich keine Bereitschaft zeigen wird, zum Wohle eines Kompromisses auch auf die Gegenposition einzugehen, und eher früher als später auf die Beziehungsebene wechseln wird, kurz bevor emotionale Äußerungen und schließlich Weinen oder Gebrüll folgt. Oder es würde so lange auf dem selben Argument beharren, bis dem Erwachsenen seinerseits die Argumente ausgehen. In beiden Fällen würde das Kind den "Sieg" für sich verbuchen. All das ist kein pädagogisch sinnvoller Umgang und hat nichts mit der Achtung der Würde, sondern mit Ignoranz und Überforderung zu tun, weil das Kind in seiner Intelligenz als gleichwertiger Partner letztlich herabgesetzt wird.

Juul setzt statt dessen auf den notwendigen Versuch, die dem kindlichen Verhalten zugrunde liegenden Bedürfnisse besser einschätzen zu können und angemessen auf Konfliktsituationen und die Natur des Kindes reagieren zu können, sich also auf das Kind einzulassen. Dazu gehöre, auch mal wertschätzende Souveränität zu zeigen, denn dies schwäche nicht automatisch die Würde des Kindes. Obwohl das Kind sozial und emotional bereits viele Kompetenzen aufweist und schon im jungen Alter einen freien Zugriff auf Fachwissen haben kann, ist es nicht anzuraten, von ihm auch die intellektuelle Kapazität und rhetorische Kompetenz zu verlangen, an verbalen Auseinandersetzungen teilzunehmen. Eltern, die ein besonderes Harmoniebedürfnis haben und deshalb lieber vorsichtig erklären, warum sie kein Eis essen gehen können, keine Zeit haben, auf den Spielplatz zu gehen, auch mal für sich sein wollen oder Dinge tun dürfen, die für das Kind wiederum verboten sind, statt souverän zu agieren, werden, wenn man Juul folgt, auf Dauer das Nachsehen haben.

Ohne die Beobachtung überstrapazieren zu wollen muss ich feststellen, dass moderne Technologien oder Neuerungen an sich mit zunehmendem Alter von Erwachsenen immer stärker abgelehnt und verteufelt werden. Es scheint eine Art Altersabschnitt zu geben, in dem man dazu neigt, sie zu einer Projektionsfläche für alles zu machen, was irgendwie schief zu laufen scheint. Auch das hat Tradition. Ich war ein wenig erstaunt, konnte es aber irgendwie nachvollziehen, als mir meine Mutter erklärte, dass ihre Mutter sehr darunter zu leiden hatte, dass ihr Vater eine besondere Abneigung gegen Bücher hegte. Er empfand das Lesen von Romanen als Zeitverschwendung, weil es nichts brachte und nur vom Arbeiten und körperlicher Ertüchtigung abhalte.

Was jedenfalls die digitalen Medien angeht findet sich die Elterngeneration in einer seltsamen Mischung aus Begeisterung und Abscheu wieder. Beide Seiten wurden in diesem Buch ausführlich dargestellt, aber gerade aus dem Begeisterungsaspekt erwachsen deutlich erhöhte Ansprüche und Ambivalenzen. Wie ebenfalls dargestellt, sind die Jugendlichen heute nicht um Längen intelligenter oder leistungsfähiger, als die Elterngeneration. Ihre stark erhöhte Produktivität ist auf den technologischen Fortschritt zurückzuführen. Seitdem Bücher nicht mehr von Hand oder mit einer Schreibmaschine verfasst werden, sondern auf einem Computer erstellt werden können, sind Korrekturen und Umstrukturierungen viel einfacher. Auch Recherchen sind schneller. Studenten müssen nicht gleich für jedes Detail in ihren Arbeiten zur Bibliothek fahren oder dort alles abschreiben, was sie aus einem Buch benötigen. Es gibt das Internet, Kopierer und Scanner. Arbeitsgruppen sind einfacher zusammenzustellen, eine Arbeit zu erstellen, die damals Wochen oder Monate in Anspruch nahm, ist rein technisch gesehen nur noch eine

Frage von einigen Tagen, solange man konsequent arbeitet. Und auch in anderen Bereichen erhöht die Digitalisierung die Produktivität, wie etwa in der Landwirtschaft, der Industrie oder allen Berufen, in denen Datenverarbeitung und schnelle Kommunikation eine Rolle spielen. Aber bestimmte Anteile der modernen Arbeitswelt sind nicht digitalisierbar, und die Gleichung, dass eine gesteigerte Produktivität der Maschinen auch eine ums Vielfache gesteigerte Leistungs- und Belastungsfähigkeit des Menschen bedeutet, ist eine gefährliche Fehlannahme. Denn an dem hochgradig schnellen Rechner sitzt immer noch der biologisch träge Apparat, der sich gegenüber dem Modell, das noch an der Schreibmaschine oder mit Federkiel und Tintenfass am Schreibtisch saß, nicht wesentlich weiter entwickelt hat.

Eine deutliche Auswirkung dieses Denkens findet sich im Bildungswesen, aber bestimmt noch in anderen Bereichen, die ich nicht so intensiv erlebt habe. Zuletzt mussten wir in der Fachschaft in Münster eine ganze Reihe von Studenten mehr emotional als fachlich betreuen, weil sie mit der extremen Belastung durch die neu eingeführten Bachelor-Studiengänge nicht zurecht kamen. Bis zuletzt hatte sich die Uni geweigert, diese neuen Studiengänge einzuführen, aber irgendwann wurde man dann doch dazu genötigt. Ein Problem im Bachelor lag an der extremen Zunahme von Leistungsdruck in einigen Fachbereichen. Studenten mussten plötzlich in einem Semester etwa so viele Einzelleistungen erbringen, wie man davor im kompletten Grundstudium zu bewältigen hatte. Das sollte verhindern, dass sich Studenten mit einfachen Seminaren und möglichst wenig Aufwand bis zum Examen durchwieseln konnten. Und ich kann das teilweise verstehen, denn es gab vorher je nach Dozent und Thema extreme Schwankungen im Anspruch der jeweiligen Veranstaltungen. Die Standardisierung sollte auch für Fairness sorgen. Wer das Studium aber ernst nahm konnte plötzlich nicht mehr seine Seminare nach Sinnhaftigkeit und persönlichem Interesse aussuchen oder ein für eine Hausarbeit ausgewähltes Thema mit einer gewissen Tiefe bearbeiten. Massenproduktion war angesagt. Und für die Studenten war es ebenso unbefriedigend wie für die Dozenten. Einer der Professoren meinte zwischendurch resignierend, dass er bei der Menge an Leuten, die bei ihm in den Raum gequetscht werden, eigentlich nur noch Vorlesungen machen könne. Er überlege sich ernsthaft, künftig nur noch multiple-choice Tests zu geben, damit er mit den Korrekturen überhaupt mal fertig würde. Und es handelte sich um einen guten Professor, der mit einer großen Leidenschaft arbeitete und tolle Seminare gab. Außerdem stiegen die Plagiatsfälle so massiv an, dass die Universität zwischendurch mit dem Gedanken getragen war, geradezu drakonische Strafen zu verhängen, um diese Verzweiflungstaten (ja, und manchmal auch Faulheitstaten) einzudämmen.

Mit der Verkürzung des Gymnasiums auf 12 Jahre oder den Ideen, Englisch ab der ersten Klasse anzubieten und Kinder schon mit fünf Jahren einzuschulen sah das alles nicht viel besser aus. Aus diesem Aspekt heraus beobachtet erscheint es mir nicht als verwunderlich, dass die jungen Menschen unter der Belastung derart ächzen, dass sie sich andere Auswege suchen, um noch irgendwas von ihrem Leben zu haben und nicht völlig auszubrennen.

Zuletzt möchte ich noch ein Thema ansprechen, das vielleicht ein wenig amüsanter oder zumindest nicht so schwermütig ist, wie die bislang bearbeiteten Aspekte. Es geht auch weniger um überhöhte, als eher falsch orientierte Erwartungen. So sehr ich den Versuch der Verlage auch würdige, das Lehrmaterial möglichst schülergerecht zu gestalten, wundere ich mich doch immer wieder darüber, was für Themen, Inhalte und Gestaltungselemente immer wieder Einzug in die Lehrbücher halten. Ohne unnötig gemein werden zu wollen muss ich mir sogar immer wieder vorstellen, wie in einem Verlagstreffen eine Gruppe von Mittfünfzigern mit T-Shirts, Baggy Pants, Caps und Sonnenbrillen zusammen sitzt und irgendwann jemand fragt, was die coolen Kids von heute denn hip finden könnten. In den Lehrbüchern finden sich in immer wieder wechselnder Besetzung nämlich quirlig überdrehte Maskottchen mit albernen Kommentaren oder Begleitpersonen in Form von Teenagern, die entweder wandelnde Stereotype oder anti-Stereotype darstellen, was den Schülern ebenfalls auffällt. Dann trifft man in den Lehrbüchern auf Simpsons-Charaktere, Comicfiguren, Geschichten über Teenager, die natürlich nur die aktuellsten Medien nutzen, Texte über Web-Trends und Apps oder solche, die nur aus Internet-Sprech und Emojis bestehen. Anfangs fanden die Schüler, die ich unterrichtete, die Lernhelfer eher lustig, aber spätestens ab der 7. Klasse kam dann schon eher die Kritik auf, die Figuren seien einfach zu albern.

Auch die Themen erweckten oft den Eindruck, man wolle sich mit gezwungen coolen Themen anbiedern (die Schüler wählten den Ausdruck "heranwanzen" oder "einschleimen"), und meistens empfand man die Themenwahl als beleidigend. Einmal kam es zu einer Situation, in der eine Schülerin versuchte, das Thema der nächsten zentralen Prüfung zu erraten. "Bestimmt geht es wieder um irgendein rotznäsiges Kind, das sich total daneben benimmt und am Ende seine Lektion lernt. Ich tippe auf eine Party, die eskaliert oder einen Autounfall, weil ein Junge gerast ist.". Ganz richtig lag die Schülerin nicht. Es ging um ein Mädchen, das von der Mutter das Versprechen hatte, in den Ferien nach Paris fliegen zu dürfen, und im Garten als Freiheitsstatue verkleidet protestierte, als man ihr diese Freiheit aufgrund eines familiären Notstands nicht gewähren wollte. Es wird immer wieder klar, dass der Versuch, die Inhalte und Übungen altersgemäß zu gestalten, allzu häufig darauf hinausläuft, dass sie nicht wirklich altersgemäß gestaltet wird, sondern so wie die Erwachsenen glauben, dass sie angemessen sind. Und oft greift man bei der notwendigen Generalisierung ins Leere. Fies ist natürlich, dass selbst akkurate Darstellungen von Klischees, die von den meisten Jugendlichen bedient werden, zu Widerstand führen. So gesehen kann man bei so etwas gar nicht gewinnen.

Ein sehr unterhaltsames Element, welches ich für eine Eintagsfliege aus meiner eigenen Schulzeit gehalten hatte, ist aber der Versuch, die aktuelle Jugendsprache irgendwie einzufangen und nachzubilden. Das hat kürzlich erneut zu einer Reportage geführt, die vollständig aus scheinbarer Jugendsprache bestand. Die Quelle konnte ich aber nicht wiederfinden. Kaum jemand aus meiner Schülerschaft konnte den Artikel verstehen, und die meisten Begriffe waren mir ebenfalls unbekannt. Und das Jugendwort des Jahres 2016, "fly sein"[59], ist bestimmt ein viel benutzter Ausdruck, aber von niemandem, der mir bekannt wäre. Vielleicht lebe ich auch einfach nur in der falschen Region.

---

59 Artikel aus dem Spiegel Online vom 18.11.2016:
http://www.spiegel.de/lebenundlernen/schule/jugendwort-des-jahres-2016-ist-fly-sein-a-1121920.html

Überbehütung

Im Kontrast zu den umfassenden Ausführungen der letzten Abschnitte scheint dieses Thema nur die Rolle einer Randnotiz zu spielen, aber an dieser Stelle möchte ich noch gerne auf eine Gegebenheit zu sprechen kommen, die im vergangenen Jahr immer mehr in die Medien kam.

In die Fülle an Generationsnamen für die aktuelle Jugend hat sich nun auch der Begriff "Generation Schneeflocke" eingeschlichen. Eine Kollegin hatte mich auf einen entsprechenden Artikel aufmerksam gemacht[60]. Der Artikel beschreibt im Wesentlichen, wie Kinder von Dingen traumatisiert sind, die die Autorin zu ihrer Zeit nicht einmal wirklich wahrgenommen hatte, etwa von einem geworfenen Wollknäuel im Handarbeitsunterricht. Die Kinder würden zusehends verweichlichen. Es werden einige Beispiele aus England und den USA gegeben, bei denen Bildmaterial, wie die Kreuzigung Jesu, jetzt plötzlich mit einem Warnhinweis versehen werden müssen, um die Seelen der Jugend nicht durcheinander zu bringen. Dass die Verweichlichung der Jugend in Deutschland ein wirkliches Thema wäre erschließt sich mir aber nicht wirklich, zumindest deuten nur sehr wenige Quellen auf solch einen Trend hin. Und auch die bisherige Bearbeitung beschreibt eher einen Trend ins Gegenteil.

Ja, auch in Deutschland haben wir die so genannten Helikopter-Eltern, die jeden Schritt ihres Kindes überwachen und es zu Bestleistungen anhalten. Dass das nicht wenig Druck auf das Kind ausübt wurde in diesem Buch auch schon behandelt. Aber gleichzeitig tun Eltern zusätzlich oft alles, das in ihrer Macht steht, um ihrem Spross alle echten und scheinbaren Hindernisse aus dem Weg zu räumen. Dies schlägt im Umgang mit Schulen und Lehrkräften bisweilen in ein Verhalten um, das zu einem deutlichen Anstieg an Widersprüchen gegen Klausuren und Zeugnisse geführt hat und auch die pädagogische und fachliche Arbeit der Lehrer deutlich beeinträchtigt, weil auch deren Autoritätsposition einem stetigen Angriff ausgesetzt ist. Inzwischen gehört die rechtliche Selbstverteidigung und der diplomatische Umgang mit diesen besonderen Eltern zu jeder vollständigen Lehrerausbildung. Und es ist

---
60 http://www.achgut.com/artikel/invasion_der_memmen

den Eltern ja auch nicht wirklich zu verübeln. Sie wollen halt nur das Beste für ihr Kinder. Im Endeffekt hat dieses Verhalten aber eher eine schädliche Wirkung, wenn das Kind dadurch nicht lernt, entweder empfundene Ungerechtigkeiten (oder manchmal echte) zu ertragen oder für sich selbst einzustehen.

Aber all dies beschreibt nicht das Vermeidungsverhalten, wie es im Artikel angesprochen wird. Es wird durchaus Wert darauf gelegt, dass Lehrer darauf achten, ihre Schutzbefohlenen nicht negativ zu beeinflussen, weil sie einen pädagogischen Auftrag haben. Selbst wenn die Kinder fluchen wie die Kesselflicker und ein wirklich faules Mundwerk haben, ist es nicht in Ordnung, wenn die Lehrkraft auf diesem Niveau arbeitet, um sich den Schülern sympathisch zu machen. Aber es gibt nur sehr wenige Familien, die ihr Kind wirklich so in Watte packen und von allem Leid der Welt abschirmen wollen, wie es der Artikel nahe legt. Denn der Gedanke wurde von scheinbaren Entwicklungen in den USA inspiriert, von den Berichten über ständig notwendige Betreuung, "trigger warnings", einer überbordenden politischen Korrektheit und einem Bewusstsein für Diversität und kulturellen Pluralismus, das gezwungen und in einigen Fällen völlig überflüssig und unangebracht erscheint. Nicht umsonst wurde das Jahr 2016 als das Jahr bezeichnet, in dem es unmöglich war, nicht irgendwann in ein Fettnäpfchen zu treten.

Es sollte aber darauf geachtet werden, diese Entwicklung nicht direkt auf unsere Gesellschaft zu übertragen. Zwar liegt es nahe zu sagen, dass die Generation, die im Frieden aufwuchs und keine gravierenden sozialen Kämpfe auszutragen hatte, eine Generation aufzog, die sich künstliche Probleme schuf, um eine Existenzberechtigung zu haben, und dann ihre Kinder vor diesen ausgedachten Gefahren zu schützen versuchte, wie es Ronja Larissa von Rönne in ihrem Artikel zum Feminismus angemerkt hatte. Aber obwohl das Internet als einer der primären Austragungsorte für Zwiste über korrekten Umgang keine Nationalität hat und alle Teile der Welt verbindet, haben wir in Deutschland eine andere soziale und politische Geschichte mit anderen daraus resultierenden Formen des Umgangs, als sie in den USA vorliegt. Deshalb gibt es zwar auch im deutschen Teil des Netzes Kopien der Diskussionen aus den USA, aber in der Welt außerhalb dieses Bereiches laufen die Prozesse einfach anders ab.

Autorität durch die Vorbildfunktion

Eine Patentlösung für die in diesem Kapitel angesprochenen Probleme gibt es nicht. Das wäre ja auch der heilige Gral der Erziehungswissenschaft. Aber einige Schlüsse lassen sich aus den Beobachtungen durchaus ziehen. Denn eine Form der Gewalt ist von mir noch gar nicht angesprochen worden. Und der Begriff der Gewalt ist hier auch gar nicht so angebracht. Eine Möglichkeit, ohne körperliche Gewalt, intellektuelle Kriegsführung oder einen wirtschaftlichen Konflikt unsere Funktion als Autoritätspersonen ausüben zu können, liegt in der so genannten persönlichen Autorität. Wir müssen gute Vorbilder sein, uns an unsere eigenen Regeln halten, souverän handeln und versuchen, auf die von uns genau studierten Emotionen und die gegebenen Situationen angemessen zu reagieren. Das ist mit sehr viel Arbeit und Disziplin verbunden, und das ist eine Ressource, die in der Instant-Gesellschaft immer weniger verfügbar ist. Darum wird es auch unattraktiver, eine Familie zu gründen, wenn zu den Einschränkungen im eigenen Lebensstil und der finanziellen Belastung auch noch die sowieso schon schwierige Arbeit der Aufzucht noch dadurch erschwert wird, dass man gleichzeitig ein guter Mensch sein muss, um das eigene Kind nicht negativ zu beeinträchtigen.

Und unsere Gewohnheiten stehen uns dabei so sehr im Weg, wie der Lebensstil, den wir in der Instant-Gesellschaft stets vor Augen gehalten bekommen. Ein bezeichnendes Erlebnis hatte ich während eines Vortrags zum Umgang mit Medien in der Erziehung. Eine Mutter fragte, wie sie ihr fünfjähriges Kind davon abhalten könnte, ständig auf dem Tablet Spiele zu spielen und auch mal rauszugehen. Die Frage eines anderen Teilnehmers folgte recht zügig: "Warum hat ihr fünfjähriges Kind überhaupt ein Tablet?". Die Antwort war, dass es sich um das Tablet der Mutter handelte und sie ihrem Kind einfach nicht abschlagen könnte, damit zu spielen. Und wie schon erwähnt haben schon sehr junge Kinder Zugriff auf Smartphones oder ähnliche Geräte, weil den Eltern suggeriert wird, dass das normal, förderlich und für eine normale Entwicklung in unserer modernen Gesellschaft absolut notwendig ist. Selbst wenn sich Eltern einer Gruppe, wie etwa einer Schulklasse, darauf einigen, ihren Kindern bis zu einem gewissen Alter kein Handy zur Verfügung zu stellen, ist es eine Frage der Zeit, bis der erste Elternteil einknickt und die ganze Sache erst für die Kinder, und dann für die Eltern zu einer Partie "coole Eltern" gegen "geizige Eltern" wird. Der Punkt ist, dass Eltern in der Frage nach dem richtigen Umgang mit der Bereitstellung digitaler Medien derzeit noch einer großen Unsicherheit ausgesetzt sind.

Auch individuelle Bedürfnisse kommen ins Spiel, wenn es um die erfolgreiche Umsetzung der Vorbildfunktion geht. In meiner Ausbildung hörte ich von einer Bekannten, dass in Babysitterkreisen der Geheimtipp kursierte, die Kinder mit Eierlikör abzufüllen, um sie schlafen zu lassen und dann in Ruhe tun zu können, was man selbst tun wolle. Sogar Eltern würden bei ihren eigenen Kindern zu diesem Trick greifen. Diese Form von Kindesmisshandlung, ob sie nun nur auf ihre Heimatstadt Koblenz beschränkt war oder irgendwie auch anderswo praktiziert wurde, ist mit DVDs und Fernsehshows oder sogar Internetprogrammen für Kinder inzwischen leicht ersetzbar. Wer ein wenig Zeit für sich braucht, muss das Kind nur eine Weile vor dem Bildschirm parken. Selbst quirlige Kinder sitzen für eine ganze Weile davor, wie das Kaninchen vor der Schlange. Und selbst Eltern, die wissen, dass das nicht so gut ist, nehmen dies in Kauf, weil auch sie Menschen sind, die irgendwann am Ende ihrer Energien angekommen sind. Das gilt besonders für allein erziehende Eltern, und man kann ihnen nicht wirklich vorwerfen, dass sie sich nicht in jeder wachen Minute der Versorgung ihrer Kinder widmen können.

Im Sinne dieser ständigen Belastung und sämtlicher anderer Faktoren erlebt auch besonders die archaische Patentlösung der physischen Gewalt eine Art Renaissance. Denn in letzter Zeit gibt es auch stärkere Rufe nach einer Rückkehr zur Prügelstrafe und harter Erziehungsmethoden. Hier muss man allerdings zwischen der öffentlichen Debatte und privaten Ansichten trennen. Zwar gibt es immer mal wieder Umfragen in England und Deutschland, in denen die Frage in den Raum gestellt wird, ob man die Prügelstrafe an Schulen oder generell wieder einführen sollte, aber die Ergebnisse, in denen zwischen 25 und 40 Prozent mit "Ja" antworten, muss man nicht als Zeichen sehen, dass wir ins pädagogische Mittelalter zurückrutschen. Denn so wie Generationskonflikte funktionieren wollen Eltern immer härtere Strafen für Störenfriede, die es in einer verkorksten jüngeren Generation ja reichlich gibt, aber das eigene Kind ist davon natürlich ausgeschlossen. Gerade die Eltern, die von Lehrer ein sehr hartes Vorgehen vehement einfordern, sind dann besonders entsetzt, wenn es dann gegen das eigene Kind geht.

Beunruhigender war da eine Nachricht über den Erfolg, den die "Tigermutter" Amy Chua in den USA am Anfang des Jahrtausends hatte, als sie zahlreiche Eltern von ihrem Konzept einer strengeren und erfolgsorientierteren Erziehung nach asiatischem (chinesischem) Vorbild begeisterte. Und an einer Schule, an der ich zeitweise arbeitete, stießen die Kampfparolen einer Hauptschullehrerin auf große Zustimmung, die zum Thema "Moralerziehung" dazu aufforderte, sich nicht von den "Rotznasen unterbuttern zu lassen und den Kröten zu zeigen, wo der Hammer hängt". Ja, es ist einfacher, die leicht verfügbaren Mittel der Erziehung einzusetzen, anstatt zahlreiche Einschränkungen in Kauf zu nehmen, um eine harmonische Beziehung zum eigenen Kind oder den Schülern aufzubauen. Das wird sicherlich auch einer der Gründe sein, warum der Kinderwunsch hierzulande nicht selbstverständlich ist, sondern sehr, sehr gründlich überdacht und immer öfter auch abgelehnt wird - entsprechend der Jugendstudien teilweise mit eben dieser Begründung (Ich will es gut machen oder gar nicht).

So wichtig wie es uns ist, dass die nächste Generation zu guten Menschen wird, so sehr verwundert es, dass wir das Internet immer noch überwiegend als Spielzeug sehen und nutzen und es allgemein nicht ernst nehmen, während wir größtenteils untätig oder unfähig daneben stehen, während es nicht ohne unsere Mitschuld einen immer größer werdenden und unkontrollierten Einfluss auf das Leben dieser Kinder und Jugendlichen erhält. Ein erstes Ziel der nächsten Jahre sollte es sein, ein größeres Bewusstsein zu schaffen, wie wir mit uns selbst, unseren Schützlingen und auch mit den neuen Medien als geheime Erzieher umgehen können, uns also personale und mediale Kompetenzen anzueignen und eine Kultur des Lernens zu pflegen, um nicht komplett ins Hintertreffen zu geraten.

LERNEN ZWISCHEN HANDY UND ANACHRONISMUS

Mit all diesen Beobachtungen und Ausführungen kann ich mich nun einem Thema zuwenden, das ich zu Beginn des Buches nannte und welchem ich bislang zugearbeitet habe. Das Kernanliegen, das mich zum Verschriftlichen meiner Gedanken brachte, war, herauszufinden, was mit den Schülern los ist. Haben sie sich gegenüber früheren Jahrgängen negativ entwickelt? Gibt es einen Abwärtstrend, den man aufhalten muss? Wenn ja, wie soll das gehen? Und welche Rolle spielt die digitale Wende in dieser Sache?

Konzentrationsverlust und Lernschwierigkeiten

Einige Situationen und Umstände habe ich über den Verlauf des Buches ja bereits erwähnt und geschildert. In manchen Fällen habe ich auch schon den Ansatz einer möglichen Erklärung ausgearbeitet. Aber an dieser Stelle möchte ich noch einmal einen Überblick geben. Dabei werde ich versuchen, die gegebene Situation vom Alltagserleben im Unterricht am Beispiel meiner Fächer bis zu der systematischen Ebene darzustellen. Die Recherchen waren, muss ich zugeben, ziemlich schwierig. Die verschiedenen Quellen und Berichte sind teils von sehr subjektiven Erlebnissen geprägt, und weil jede Schule genauso wie jedes Schulkind besondere Eigenschaften hat und unter individuellen Bedingungen existiert, ist das auch an den Schulen und ihrem Personal beobachtbar. Ich selbst bin dreizehn Jahre lang zur Schule gegangen und habe, abgesehen von den kurzen Praktika während meines Studiums, seit 2008 an verschiedenen Schulen unterrichtet. Die Notwendigkeit, nach dem Referendariat erst einmal mehrere Vertretungsstellen wahrzunehmen, war zwar unbequem, aber dadurch habe ich immerhin gemerkt, dass die selben Klagelieder an all diesen Schulen gleichermaßen angestimmt werden. Und da ich sowohl in der GEW (Gewerkschaft Erziehung und Wissenschaft) gewesen bin und nun dem Philologenverband angehöre, habe ich neben meinen Fachzeitschriften auch in den entsprechenden Blättern der Verbände regelmäßig von den Themen lesen können, um die es hier gehen soll. Zwar geht mein persönliches Erfahrungsspektrum nicht über den Bereich der Gymnasien und Gesamtschulen des Ruhrgebiets hinaus, aber in Fortbildungen haben mir Kollegen, die an Real- und

Hauptschulen arbeiten, von Zuständen berichtet, die mir sehr bekannt vorgekommen sind, wenn nicht sogar in verschärfter Form dort auftreten. Ich beschränke mich der Übersichtlichkeit zuliebe auf einige charakteristische Situationen.

Im Englischunterricht wird nach einem didaktisch bewährten Rezept aus dem Studienseminar natürlich auch regelmäßig neues Vokabular eingeführt, eingeübt und abgefragt. Dass die Hausarbeiten von der Hälfte der Klassen nicht oder nur zum Teil gemacht werden habe ich nie anders erlebt, und für die Nacharbeit geht im Unterricht dann viel Lernzeit erst einmal in die Bearbeitung der Dinge, die eigentlich zuhause hätten gemacht werden sollen. So auch bei der Vokabelarbeit. Die Schüler hatten großzügig Zeit erhalten, mit verschiedenen ihnen angebotenen Methoden allein oder zu zweit die Vokabeln einzuüben - etwa 30 Stück. Nach der Bearbeitungszeit wurde dann der Vokabeltest geschrieben, den ich normalerweise direkt am Anfang der Stunde hätte schreiben lassen. Die Rückgabe erfolgte in der nächsten Stunde, und das Ergebnis war mäßig, obwohl es sich in Anbetracht der Umstände fast um eine Abfrage des Kurzzeitgedächtnisses handelte. Um einem Verdacht nachzugehen fragte ich die Vokabeln noch einmal im Unterrichtsgespräch ab und gab den Mitschülern den Auftrag, die Gelegenheit zu nutzen, sich die abgefragten Vokabeln einzuprägen. Es war mit der Ausnahme von einigen kleinen Privatgesprächen ruhig, und ich fragte die ersten Kinder ab. Die Vokabeln hatte scheinbar niemand so gelernt, dass zwei von drei Worten übersetzt werden konnten. Nach dem vierten Versuch ging ich dazu über, die Vokabelliste in chronologischer Folge einfach abzufragen. Selbst der siebte Schüler konnte aber die Vokabeln, die er nun schon sechsmal gehört hatte, nur zu einem ganz geringen Teil wiedergeben. Zu diesem Zeitpunkt war der intellektuelle Anspruch an die Schüler nicht höher als bei einer Dressur. Und das war frustrierend für uns alle, denn einen Teil der Vokabeln hatten wir zuvor noch leidenschaftlich in einem Lied ("Human" von Rag'n'Bone Man) am Anfang jeder Stunde zusammen gesungen. Und dass es sich um "Bühnenangst" oder Furcht vor mir als Lehrperson gehandelt hatte, kann ich an sich ausschließen, denn mit der Klasse habe ich ein sehr gutes Verhältnis.

In die gleiche Spate fällt ein Klassiker, und zwar die Frage in Endlosschleife. Das Spiel läuft etwa so: Jemand stellt eine Frage, die vor der gesamten Klasse beantwortet wird. Im Verlauf der Stunde wird die Frage dann mindestens von fünf weiteren Schülern gestellt, egal, wie oft man sie explizit vor der Klasse beantwortet hat. Das wurde bei einer Vorbereitungsklausur für die zentralen Abschlussprüfungen noch einmal sehr deutlich. Zum Training schreibe ich mit meinen Schülern zentrale Prüfungen aus den letzten Jahren. Weil die Klasse relativ klein ist und so eine ZP schnell korrigiert werden kann, konnte ich mir in diesem Schuljahr den Luxus leisten, sämtliche Prüfungen von 2010 bis 2015 zu schreiben. Als neulich dann die ZP 2016 dran war, wurde ich ungefähr siebenmal gefragt, wie viele Worte man in den Aufgaben 1, 2 und 3 schreiben sollte. Zwei Schüler aus der Lerngruppe verdrehten irgendwann die Augen oder riefen die Antwort, die seit mehr als einem Schuljahr immer wieder gegeben worden war, in den Raum. Ein Schüler fragte dann zum Spaß auch nochmal.

Ein letztes Beispiel: In der Erziehungswissenschaft brachte ich einer Klasse die wissenschaftliche Analyse nahe. Die Klasse hatte schon einen Erwartungshorizont, die Kopie der gelungenen Analyse einer Mitschülerin aus einer vorherigen Übung und eine von mir geschriebene Musterlösung erhalten, an der wir die Formalia abgearbeitet hatten. Nun stand eine neue Übung an, und die Schüler mussten daran erinnert werden, dass ihnen Werkzeug, ja, fast eine Schablone, zur Verfügung stand, um die Übung zu bewältigen. Und obwohl die Aufgabe mehr oder weniger den Anspruch hatte, einen Fantakuchen nach Rezept zu backen, während alle Zutaten schon auf dem Tisch standen, war das Ergebnis eher ernüchternd. Als ich dann noch einmal alle nötigen Schritte der Analyse per Tafelbild und mit einem weiteren Handout erklärte machte eine Schülerin den Vorschlag, dass wir zur Übung doch mal eine Analyse schreiben könnten.

Alle drei Beispiele legen nahe, dass irgendetwas mit der Lehrmethode oder der Aufnahme- und Lernfähigkeit der Schüler gravierend im Argen liegt. So richtig neu sind diese Phänomene natürlich auch nicht. Klassiker, wie die Unfähigkeit, das 'th' im Englischen auszusprechen, die 'he/she/it'-Regel zu verinnerlichen oder einen Kommentar mit einem Fazit abzuschließen, sind schon seit Jahren, vielleicht Jahrzehnten, im Umlauf. Aber von allen Seiten wird festgestellt oder zumindest der Verdacht geäußert, dass sich die

Lernschwächen und die Schwierigkeit, sich zu konzentrieren, intensivieren und bei immer mehr Schülern zu finden sind, während es sich früher um Einzelfälle handelte, die dann besondere Aufmerksamkeit und Förderung brauchten.

das harte Los, Lehrer zu sein

Man könnte jetzt den Schluss ziehen, dass es so doch gar nicht möglich ist, Klassenziele zu erreichen und Standards zu erfüllen. Aber so ganz stimmt das nicht. Nach Möglichkeit wird leistungsdifferenziert und mit kooperativen Lernmethoden unterrichtet, und als Lehrer schaufelt man sich in den Arbeitsphasen die Zeit frei, in der kurzen Unterrichtszeit in einer Klasse zwischen 20 und 30+ Schülern zwischendurch auch mal ein wenig Einzelbetreuung zu leisten. Lernbegleiter zur Verfügung zu haben ist ein gewaltiger Luxus, den das Budget der meisten Schulen genauso wenig hergibt, wie die Verfügbarkeit von Schulsozialarbeitern und Schulpsychologen, die nicht eine Warteliste von mehreren Monaten haben[61]. Neben dem verfügbaren und immer wieder aktualisierten methodischen Repertoire auch auf Räume und Lehrmittel zurück greifen zu können wäre ebenfalls hilfreich, aber beileibe nicht jedem Lehrinstitut gegeben. Als Lehrer muss man immer wieder feststellen, dass man in der gegebenen Situation komplett zwischen den Stühlen sitzt. Zwar hat man nicht in jeder Klasse oder mit jedem Kind die gleichen Probleme, aber insgesamt gibt es kaum eine Klasse, in der sich die Bedürfnisse zur intensiven Sonderförderung nicht häufen, und das trotz der über die Jahre stetig gesunkenen allgemeinen Anforderungen und die verbesserten Lehrbedingungen, die uns trotz des Mangels an finanziellen Mitteln zur Verfügung stehen.

Irgendwann müssen die Schüler natürlich einen Abschluss machen. Nach der Zusammenstreichung des Gymnasiums auf 12 Jahre und der

---

61 Obwohl es sich hier um einen tatsächlichen Missstand handelt, habe ich gleichzeitig eine offizielle Statistik ausfindig gemacht, die das oft angeprangerte Missverhältnis zwischen den Schüler- und Lehrerzahlen widerlegt. Im Schnitt scheinen auf einen Lehrer 15 Schüler*innen zu kommen. Was das in der Praxis bedeutet ist Auslegungssache.
https://www.schulministerium.nrw.de/docs/bp/Ministerium/Service/Schulstatistik/Amtliche-Schuldaten/StatTelegramm2015.pdf

Einführung der zentralen Abschlussprüfungen zum Zwecke der Standardisierung der Schulbildung gab es eine Menge Stress für die Schülerschaft und auch in den Lehrerzimmern, insbesondere mit dem Doppelabiturjahrgang. Aber nachdem in den ersten Jahren einige Kompensationsstrategien genutzt wurden, zu denen mancherorts mehr oder weniger das kollektive "Überspringen" der Inhalte der damals 10. Klasse gehörte, geht es jetzt wieder einigermaßen voran. Und die Idee, zu den alten 13 Jahren zurückzukehren, ist ja auch wieder auf dem Tisch. Wenn man in einem Fach nicht alle Themen abgearbeitet hat, macht man halt nur das Gerippe, also das Minimalprogramm. Denn obwohl wir nun auch in jedem Fach neben den Inhalten spezielle Kompetenzen vermitteln sollen, kann man zur Not eigentlich genauso weiter machen, wie vorher. Das mit der Kompetenzorientierung muss ich vielleicht noch kurz erklären, werde aber lieber am Ende des Kapitels noch einmal darauf zurück kommen. Erst einmal muss es genügen, dass, auch wenn es weder vorgesehen, noch in irgendeiner Weise förderlich oder zufrieden stellend ist, die Abiturklausur im Fach Englisch mit vergleichsweise wenigen Englischkenntnissen bestanden werden kann und auch diese neu eingeführten Kompetenzen in der Abiturprüfung selbst nicht viel ändern. Ein wesentlicher Teil der über 35 Kriterien, nach denen die Schülerleistung bewertet werden muss, hat mit Sprachkompetenz weniger zu tun, als mit der Fähigkeit, einen Text nach bestimmten formalen und inhaltlichen Kriterien zu bearbeiten. Zum Beispiel muss man wissen, wie man eine akademische Zusammenfassung und eine Analyse eines Zeitungsartikels verfasst und einen formgerechten Kommentar schreibt. Die Sprachmittlung, die seit 2017 neu dazu gekommen ist, kürzt alle anderen Teile und fügt eine "Übersetzungsaufgabe" hinzu, in der auf der Grundlage eines deutschsprachigen Texts ein englischsprachiger Zieltext formuliert werden soll. Dazu genügen einige Redewendungen, das Vokabular der 7. Klasse und einige zu beachtende Routinen. Dies kann man selbst Schüler mit großen Lernproblemen innerhalb der gegebenen Zeit per "drill and practice" antrainieren und eine 4 erzielen. Für die Abschlussprüfung der Haupt- und Realschule gilt Ähnliches.

Das ist sicherlich ausreichend, aber auf keinen Fall befriedigend, und damit meine ich nicht nur die Schulnoten. Zu wissen, dass ich mit einem Minimalprogramm selbst unter widrigen Umständen eine relativ schwache Lerngruppe mehr oder weniger unbeschadet ins Ziel bringen kann heißt nicht, dass ich nicht viel lieber eine echte Freude an der englischen Sprache vermitteln würde. Selbst über meine bislang eher kurze Lehrerlaufbahn habe ich merken können, dass es immer weniger Zeit und Möglichkeit gibt, sich gerade in der Oberstufe den faszinierenden Tiefen eines guten Romans zu widmen und eine Begeisterung für Gedichte und Dramen zu erwecken. Statt dessen wird noch auf der Zielgerade zum Abitur an den Zeiten gearbeitet, Grundvokabular geübt, werden Formalia vermittelt und Tipps und Tricks weiter gegeben, mit denen man in dem einen oder anderen Kriterium noch einige Punkte abgreifen kann, um die nötigen 45% der möglichen Punkte für eine glatte 4 zu kriegen. Sie können sich bestimmt vorstellen, dass diese Art des Arbeitens auf Dauer auch die leidenschaftlichste Lehrkraft zermürbt und im Endeffekt auch das gesamte eigentliche Lernziel verfehlt. Und es geht in allen Fächern so oder ähnlich zu. Entweder wird Inhalt ohne Möglichkeit zur Vertiefung in die Schüler reingestopft, oder eben nur Basisunterricht erteilt. Aber weil diese Kompensationsstrategien zu dem Eindruck führen, dass alles in Ordnung ist, scheint es noch keine besonderen Reformbestrebungen zu geben, insbesondere was die Gestaltung der Abschlüsse angeht. Aber trotzdem kommen wir vorerst noch zurecht.

Manche Eltern helfen auch nicht immer bei der Arbeit, wenn sie zum Wohle ihres eigenen Kindes weit mehr Zeit und Energie für dessen Förderung einfordern, als der einzelnen Lehrkraft zur Verfügung steht. Einige Eltern verstehen auch nicht, dass man den Unterricht nicht ausschließlich auf die leistungsstärksten Schüler ausrichten kann oder dass es nicht vertretbar ist, die Schwachen einfach auszusortieren. Und eigentlich kann man diesen wenigen Sonderfällen ihre Kurzsichtigkeit gar nicht verdenken. Sie wollen das Beste für ihr Kind, und auch wenn es gemein formuliert sein dürfte ist es doch auch irgendwie normal, dass es den meisten Eltern schwer fällt, das Wohl ihres eigenen Kindes dem Gemeinwohl zu opfern. Die Forderung, dem §1 unseres Schulgesetzes nachzukommen, ist nicht nur rechtlich gedeckt, sondern auch absolut verständlich. In der Realität kann nur leider nicht jederzeit jeder Schülerin und jedem Schüler das absolute Maximum an Förderung zukommen. Selbst das beste Konzept von

Binnendifferenzierung und individueller Förderung stößt irgendwann an seine Grenzen. Gegenüber diesen besonderen Fällen sind die meisten Eltern jedenfalls durchaus kooperativ und selbst Opfer von Umständen, die es ihnen schwierig macht, ihre Kinder so zu unterstützen, wie sie es gerne wollen.

Dass neben dem eigentlich sehr klar abgesteckten Erziehungsauftrag der Schule dann auch immer mal wieder Anteile der Erziehung im Elternhaus auf das Kollegium übertragen werden, ist zwar auch immer mal wieder ein Thema, aber das passiert scheinbar nicht so oft, wie man es in privaten Gesprächen unter Kollegen gelegentlich hört oder in Zeitschriften liest. Die Schule hat einen Erziehungsauftrag, der sich aber auf bestimmte Bereiche bezieht, die das Bildungswesen betreffen, und nicht die generelle Erziehung des Menschen, an der sie unterstützend mitwirken soll, diese aber nicht vollends übernehmen soll. Beispielsweise soll das Schulkind durch den Stundenrhythmus Pünktlichkeit lernen, durch anstehende Arbeiten Fleiß, aber auch durch das Gemeinsame Lernen soziale, inhaltliche und fachliche Kompetenzen erlangen und demokratische Strukturen vermittelt bekommen. Insgesamt geht es um eine Vorbereitung auf das spätere Arbeitsleben. Genauso wie diese Eigenschaften auch zuhause willkommen sein dürften, werden Manieren, Höflichkeit oder eine gesunde Lebensführung zwar in erster Linie durch die Eltern vermittelt und gefördert, aber auch durch die Schule ergänzt und unterstützt. Der Sinn ist, dass sich Eltern und Schule gegenseitig unter die Arme greifen, statt sich gegenseitig die alleinige Zuständigkeit zuzuschieben, und vielleicht werden die Schnittmengen zwischen den beiden Bereichen in der Zukunft noch größer, denn entsprechende Entwicklungen sind schon jetzt beobachtbar.

Ein letztes Problem, dem Lehrer gegenüber stehen, ist das strukturelle Paradox ihrer Tätigkeit. Es ist sowohl ein lange bekanntes, als auch erstaunlich selbstverständlich wahrgenommenes Problem, dass die Schule und die einzelne Lehrperson eine Reihe von Rollen und Funktionen erfüllen muss, die kaum miteinander vereinbar sind oder zu einer Art "Dr. Jekyll und Mr. Hyde"-Effekt führen. Dass sich über die Jahrhunderte hinweg die Funktion der Schule verändert hat, während ihre Struktur mehr oder weniger konstant geblieben ist, hat zur Folge, dass zum Beispiel Demokratie und Gleichwertigkeit aller

Menschen in einem Kontext vermittelt werden sollen, der trotz aller Reformen immer noch auf hierarchischen Prinzipien aufbaut und durch die Leistungsbewertung anhand eines Leistungsranges zwischen 1 und 6 einen deutlichen Wettkampfcharakter hat. Letztlich zählt das Ergebnis, der Output, mehr, als die Anstrengung und der persönliche Einsatz, und auch allgemeinbildende Schulen decken nicht sämtliche Talente ab, die ein Mensch haben kann. Und der Umstand, dass man unter Zwang in Form der Schulpflicht die Schule besuchen muss und somit genau von dem Erwachsenenleben abgehalten wird, auf welches man vorbereitet werden soll, macht die Sache auch nicht einfacher.

Dies sind natürlich alles Zuspitzungen, aber die einzelne Lehrperson in diesem System trägt dadurch gewaltige Verantwortungen und hat große Schwierigkeiten, eine konsistente Rolle gegenüber der Schülerschaft einzunehmen. Als Lehrer muss ich Pädagoge und Didaktiker sein. Ich muss Inhalte vermitteln, aber auch Kompetenzen. Ich muss fördern und fordern, beraten aber auch selektieren. Einerseits bin ich der Trainer, der dem Kind helfen soll, einen Hindernisparcours zu bewältigen, aber gleichzeitig bin ich derjenige, der die Hürden mit aufstellt und das Kind wieder an den Anfang oder gar ganz vom Platz schickt, wenn es den Parcours nicht schafft.

Während einer meiner Vertretungstätigkeiten hatte ich eine sehr gute Schülerin in meinem Englischkurs. Sie hatte einen wirklich guten Wortschatz, war sprachlich sicher und konnte auch fast akzentfrei sprechen. Zudem war sie sehr begabt, was das Schreiben von Gedichten anging. In der Zeit, in der ich unterrichtete, waren Gedichte aber nicht Teil des Lehrplans, und mit den strukturellen Vorgaben des Essayschreibens tat sich die Schülerin ziemlich schwer. Darum musste ich einer Schülerin mit ausgezeichneten sprachlichen Fähigkeiten am Ende trotzdem die Note "befreidigend" geben, was ihre Versiertheit in der englischen Sprache keineswegs widerspiegelte. Im Gegenteil verzerrte es jeden Eindruck, den ein späterer Arbeitgeber von den sprachlichen Fähigkeiten der Schülerin hätte haben können, und den Numerus Clausus interessiert auch nur der Notenschnitt und nicht der Hintergrund, auf dem eine Note zustande gekommen ist.

Eine kleine Linderung haben die zentralen Prüfungen immerhin gebracht: Jetzt sitzen Lehrer und Schüler in einem Boot, und die Lehrperson ist dafür zuständig, dass auch alle die Prüfung schaffen, die irgendeine schattenhafte und fremde Entität als Reifeprüfung an das Ende der Laufbahn gestellt hat.

digitales Lernen als Segen und Fluch

Die Problembereiche sind also meines Erachtens vorrangig struktureller Natur, aber wesentlich deshalb, weil sich das Alltagsleben der Schüler, die Bedingungen des Lernens und das Schulsystem gegeneinander verschoben haben und immer weiter auseinander driften. Dem bereits bestehenden Problem, das sich über die letzten Jahrhunderte seit dem Entstehen der ersten Schulen langsam aufgebaut hat, steht der rapide Wandel der politischen und sozialen Bedingungen des Aufwachsens gegenüber. Und hier kommt, wie bisher in diesem Buch behandelt, der Einfluss der digitalen Wende zum Tragen. Welche Rolle diese spielt, will ich nun bearbeiten.

Als Lehrer bin ich jedenfalls sehr glücklich über die vielen Segnungen des digitalen Zeitalters. Arbeitsblätter kann ich am Computer erstellen und editieren, Recherchen zu verschiedensten Themen werden mir bei gegebener Vorsicht bezüglich der Quellen unheimlich erleichtert, so dass ich zu jedem gegebenen Thema wesentlich mehr Hintergrundwissen erlangen kann, als wenn ich in der Hoffnung auf Hinweise eine Bücherei aufsuchen und per Hand nach versteckten Goldschätzen graben müsste. Ganze Netzwerke existieren, in denen sich Lehrer gegenseitig beraten, helfen, austauschen, Arbeitsblätter, Klausuren und Updates zu den Richtlinien und aktuellen Geschehnissen zur Verfügung stellen und Rezensionen, sowie Tipps für Lehrmaterial herausgeben. Im Unterricht selbst kann ich bei Bedarf auf Beamer und Internetzugang zurückgreifen und dadurch schnell und effizient bestehenden Fragen zusammen mit den Schülern nachgehen, wenn ich diese nicht ganz sicher beantworten kann. Wenn wir im Englischunterricht das Thema "New York" durchnehmen, kann ich dank Google Earth mit ihnen eine Fahrt durch die Häuserschluchten simulieren, ihnen auch einmal das "Lenkrad" in die Hand geben oder einen Blick von einem der Wolkenkratzer wagen, sowie direkt zu allen Sehenswürdigkeiten Informationen und Bildmaterial aufrufen. Inzwischen muss ich auch längst nicht mehr den alten CD-Player bemühen oder ein ganzes Instrumentarium an

Geräten aufbauen, um den Schülern politische Reden vorzuspielen oder Lieder mit ihnen einzustudieren. Es genügt ein Handy und ein Bluetooth-Lautsprecher, der nicht größer ist, als meine Faust. Die neuen Technologien haben meine Effizienz als Lehrer eindeutig gesteigert und mein Arbeitsleben sehr bereichert.

Und jetzt erscheint es wahrscheinlich erst einmal seltsam, dass ich die folgende Hypothese aufstelle, aber ich befürchte, dass all dies für die Schüler vielleicht aus den selben Gründen ein Nachteil ist, wenn es um ihren Lernprozess geht. Ja, es klingt nach all den begeisterten Schilderungen ein wenig wie ein klassischer Fall der Doppelmoral des Erwachsenen. In diesem Fall fühle ich mich sogar ein wenig wie ein Trinker, der einem Kind den Alkohol wegnehmen will, weil es damit noch gar nicht umgehen kann. Es ist zwar grundsätzlich richtig, das zu tun, aber erklären Sie es mal einem Jugendlichen. Das, was er tut, ist also nicht angemessen, aber wenn Sie es tun, ist es in Ordnung? Und wenn sich die Erklärung auf die Gleichung "älter = besser" herunterbrechen lässt, finden gerade Teenager nicht selten gewaltigen Anstoß daran. So wie mit dem Alkohol verhält sich unsere Gesellschaft jedenfalls in vielen Dingen und mit ebenso vielen logischen wie für Jugendliche oft inakzeptablen Begründungen.

Dass die Jugend hier gerade bei dem Altersargument über einen Kamm geschoren werden muss ist ein notwendiges Übel, damit die ganze Sache praktikabel bleibt. Und während einige Restriktionen auf notwendig noch zu vollziehender biologischer Reifung aufbauen, gibt es auch zahlreiche Sperren, die mit der Erwartung zusammenhängen, dass die meisten Kinder eines bestimmten Alters noch zu unerfahren sind und deshalb eines gewissen Schutzes, auch vor sich selbst, bedürfen. Deswegen wird ihnen einiges verwehrt und anderes nur unter Zustimmung der Eltern gewährt. Das trifft oft auf Unverständnis seitens der Kinder, die sich entfalten und eigene Entscheidungen treffen wollen. Besonders politisch interessierte Kinder und Jugendliche zum Beispiel fühlen sich einfach nicht ernst genommen und zu Unrecht benachteiligt, wenn sie an Kommunalwahlen erst ab 16 teilnehmen können, insbesondere wenn sie das Gefühl haben, dass diejenigen, die wählen dürfen, zum größten Teil weniger Ahnung zu haben scheinen und meist nicht einmal wissen, was ihre favorisierte Partei im Programm stehen hat. Manche wollen, wie schon erwähnt, ihren Lebensstil und ihre Berufung finden, sehen sich aber Zwängen gegenüber, die sie als unlogisch empfinden. Sie sollen sich entfalten, aber sie unterliegen auch der Schulpflicht, müssen den halben Tag in der Schule sitzen, sollen dort Sachen lernen, von denen sie vermeintlich einen Großteil im Leben nie wieder brauchen werden, und dürfen gleichzeitig nicht einmal genug Geld verdienen, um ihren gewünschten Lebensstil zu unterhalten.

Bevor ich aber darauf eingehen kann, warum es sinnvoll sein könnte, den Kindern und Jugendlichen den unbeschränkten Zugriff auf neue Technologien erst einmal vorzuenthalten, bis sie gelernt haben, sich nicht von ihnen abhängig zu machen, sie und ihre Funktionen nicht als selbstverständlich zu betrachten und sinnvoll mit ihnen umzugehen, muss ich einige Definitionen klären, die mit dem Lernen zusammenhängen.

Wissen und Wahrheit

Nein, das wird jetzt kein philosophischer Exkurs wie bei der Frage nach dem Umgang mit Medien, der nur wieder in der Erkenntnis endet, dass wir im Sinne von Platons Apologie letztlich nichts "wissen" können und dass uns das ultimative und objektive Wissen immer verwehrt bleiben wird. Die Erlangung eines Einblicks in den Konsens des aktuellen gesellschaftlich-kulturellen und wissenschaftlichen Stands der Dinge muss hier den Platzhalter des Begriffs "Wissen" ausfüllen, sonst kommen wir nicht weiter. Lernen ist in diesem Sinne das Erlangen dieses Wissens, dessen Bausteine ich im Folgenden erläutern werde. Beginnen muss ich allerdings zunächst mit dem Begriff der Wahrheit, weil diese eine notwendige Grundlage des Lernens darstellt. Im Kapitel zu Medien habe ich eine Definition vorgenommen, aber als Arbeitsbegriffe muss sie nun im Hinblick auf das Lernen aus einer anderen Blickrichtung aufgegriffen werden.

Die Wahrheit ist als Begriff nur leider ebenso verbrannt, wie das Wissen. Wahrheit impliziert immer auch ihr Gegenstück, die Unwahrheit (ausgelassene Wahrheit) oder direkt die Lüge. Was ich meine ist, dass man auf ein scheinbares Wissen stoßen, dieses verbreiten und auf allgemeine Zustimmung stoßen kann, nur um später zu lernen, dass dieses Wissen tatsächlich eine falsche Annahme und dadurch unwahr gewesen ist. Man kann natürlich auch bewusst verfügbares Wissen vorenthalten und die Unwahrheit sagen, so dass ein Lernprozess manipuliert oder verwehrt werden kann. Der Umgang mit Wahrheit und Unwahrheit ist heikel, und für gewöhnlich wird in unserer Gesellschaft davon ausgegangen, dass die vorsätzliche Einbehaltung von besserem Wissen oder sogar die Lüge kaum mehr einen Stellenwert in der Gesellschaft hat. Leider wird die Unwahrheit inzwischen auch immer mehr gleichgestellt mit der böswilligen Täuschung. Wissen ist frei verfügbar, es wird uns an allen Ecken aus Zeitungen, aus News-Feeds und aus den Mündern von Menschen entgegen geworfen. Wer nicht wahr spricht, der ist ungebildet oder ein Manipulator.

Nun betraue ich Sie mit einem streng gehüteten offenen Geheimnis. Lehrer wissen auch nicht alles, nicht einmal über ihr Spezialgebiet. Ohne eine ordentliche Vorbereitung hätte ich es auch schwer, kurz und bündig eine entsprechende Theorie aus dem Kopf vorzutragen, und würden Sie lange genug Detailfragen stellen, Sie würden mich irgendwann eiskalt erwischen, wahrscheinlich bei der Frage nach einer Jahreszahl. Das war immer meine Achillesverse. Und auch als Englischlehrer weiß ich nicht automatisch alles über jeden Corgi, den die Queen besessen hat. Und auch ich mache in Schrift und Sprache Fehler und spreche nicht akzentfrei. Das trifft sicherlich auch nicht nur auf mich zu. Was für Probleme kommen dadurch auf, dass Lehrer nun einmal auch Menschen sind? Jugendliche, die an sich höchste Ansprüche stellen und im Bewusstsein leben, dass an sie ebenfalls gewaltige Ansprüche gestellt werden, leiten einen Teil dieser Ansprüche auch an die Lehrperson weiter. Und weil Schüler wissen, dass es das Internet gibt, und ein entsprechendes Gerät haben, das ihnen Zugang dazu gibt, entstehen täglich Konflikte, die früher undenkbar gewesen wären.

In meiner eigenen Schulzeit musste ich einfach glauben, was man mir sagte. Ehrlich gesagt hatte ich auch relativ wenig Anlass, hinter jeder Aussage eine Lüge zu vermuten. Aber selbst dann wäre es notwendig gewesen, eine Person höherer akademischer Autorität aufzusuchen oder wenigstens einen Verwandten mit einem großen Wissensschatz anzusprechen, um zu erfahren, ob das Gesagte stimmt. Lexika waren auch nicht immer ideal, besonders bei Details. Ich hätte auch die lokale Bibliothek aufsuchen müssen, die zwar toll war, aber in unserem kleinen Städtchen so ziemlich nichts bereit hielt, um Wahrheitssuche zu betreiben. Und mein Verdachtsmoment hätte schon recht gewaltig ausfallen müssen, hätte es mich dazu bewegt, zur Überprüfung die Landesbibliothek in Münster aufzusuchen. Wenn sich eine Lehrperson also nicht allzu sehr in logischen Fehlern oder Widersprüchen verhedderte war ihre Integrität normalerweise sicher. Jetzt können Schüler noch im laufenden Unterricht schnell und ohne große Umstände Fakten überprüfen und die Lehrperson belehren, wann immer sie falsche Daten liefert. Aber warum sollten Kinder und Jugendliche so kleinlich sein, dass sie bei jedem Anlass in Haarspaltereien verfallen und die Glaubwürdigkeit ihrer Lehrer mit ständigen Korrekturen unterminieren? Sie tun es, so scheint es, jedenfalls häufig genug, um daraus ein Gesprächsthema in Lehrerkreisen zu machen. Zwei Gründe sind plausibel. Der erste Grund ist, dass sich Schüler in einem Abhängigkeitsverhältnis zu den Lehrern befinden und darauf vertrauen wollen oder sogar müssen, dass ihnen auch die Wahrheit gesagt, also echtes Wissen vermittelt wird. Und wenn eine Suche bei Google oder Wikipedia kurz und knapp alle Daten liefert, die ein Lehrer über Minuten oder ganze Unterrichtsstunden durch Vorträge, Texte, Methoden oder Ausflüge zu vermitteln versucht, dann stellt sich die Frage, ob man das alles nicht auch schneller in Erfahrung hätte bringen können, statt wertvolle Lebenszeit zu vergeuden. Und die Frustration und Langeweile, die sich aus diesem Gedanken ergibt, führt zum zweiten Grund. Denn zweitens gibt es Schülern eine gewisse Genugtuung, wenn sie den Spieß umdrehen können. Sie befinden sich unter einem gewaltigen Leistungsdruck, und ihre Zukunft hängt von dem Wohlwollen älterer Menschen ab, die den ganzen Tag nichts Besseres zu tun haben, als sich wichtig zu machen, sie von ihrem hohen Ross aus zu benoten, sie auf eine Zahl von eins bis sechs (oder 1-15) zu reduzieren und sie runterzumachen, wenn sie den Lernstoff nicht wiedergeben können, der von sich aus von fraglicher Relevanz ist. Die Darstellung mag überzogen sein, aber sie trifft je nach Gemütslage auf diejenigen zu, die auch kleine Unkorrektheiten anprangern. Diesen Schülern widerfährt, tatsächlich oder gefühlt, großes Unrecht, und sie drücken so ihren Widerstand aus. In den Fakultäten und Seminaren, die sich der Ausbildung der Lehrer verschrieben haben, ist man sich nicht umsonst der Notwendigkeit sehr bewusst, Selektionsfunktion und Erziehungsfunktion irgendwie miteinander zu vereinen, und entrichtet einen entsprechend großen Teil der Ausbildung auf dieses Thema. Wir müssen glaubhaft und vertrauenswürdig sein, damit die Schüler die Möglichkeit haben, uns zu glauben, was wir sagen, ohne sich bei der kleinsten Ungenauigkeit oder (gefühlt) überflüssigen Information direkt von uns abzuwenden.

Den Angriffen auf die eigene Integrität zu begegnen und das eigene Gesicht dabei zu wahren ist äußerst schwierig. Bei manchen Fakten, wie genauen Jahreszahlen, kann man nur mit den Schultern zucken und sein Unwissen eingestehen, wenn man vorher ein wenig daneben gelegen hat. Aber selbst wenn eine kleine Ungenauigkeit für die Lehrkraft kaum bedeutsam ist, heißt das noch lange nicht, dass nicht selbst dieser minimale Fehler zum Anlass genommen werden könnte, ihr nun ein Bisschen weniger zu vertrauen. Hier findet sich auch eine logische Umkehrung des notwendig geschenkten blinden Vertrauens von damals. Welchen Sinn, welche Legitimation hat schließlich eine Lehrperson, wenn sie nicht einmal Dinge weiß, die man in Sekunden googeln kann? Das Beste, was man in solchen Situationen tun kann ist scheinbar, den Schülern für die Information zu danken und sie zu bitten, das Handy jetzt bitte wegzustecken - oder dieses aktiv in den Unterricht einzubinden. Um sich gegen strittigere Gegenpositionen zu "wehren" müsste man als Lehrer den Unterricht unterbrechen, die Quelle prüfen oder eine Gegenrecherche unternehmen, was den Unterrichtsfluss endgültig zerstören würde. Und auch das ist schwierig.

Neulich überraschte ein Schüler eine Kollegin mit einem Auszug aus einem Gesetzestext, in dem es um den Gebrauch von Handys an Schulen ging. Er hatte sein Handy in der Pause in der Cafeteria benutzt und war dabei erwischt worden. Unsere Hausordnung verbot den Gebrauch, der Gesetzestext beschrieb aber, dass die Nutzung des Handys nur im Unterricht verboten werden könne. Für den Moment sah sich die Kollegin in einer Zwickmühle und entschied sich zunächst, das Handy nicht einzukassieren. Erst nachdem das Thema die Runde gemacht hatte fand man bei einer nochmaligen Prüfung unserer Dienstordnungen heraus, dass die Textstelle veraltet war und nicht für Schulen in privater Trägerschaft galt. Außerdem handelte es sich nicht einmal um Bestimmungen für Nordrhein-Westfalen. Hier wurden Schüler und Lehrerin Opfer von selektiver Wahrnehmung, und dies führt uns zur zweiten Komponente für das erfolgreiche Lernen als Wissenserwerb.

Denkprozesse und Gedächtnis

Gehen wir einmal davon aus, dass die Prämisse der Wahrheit zumindest so gut wie immer gegeben ist und weder Missverständnisse und Wissenslücken, noch arglistige Täuschungen in der Schule vorliegen. Mit dem gegebenen Vertrauen wäre zumindest eine gute Lernatmosphäre geschaffen. Aber damit ist ein ungehindertes Lernen natürlich nicht gewährleistet. Wäre es nur dieser eine Faktor, könnten wir schnell und ohne große Umstände alle Probleme lösen, denen wir derzeit noch begegnen. Wie komplex tatsächlich das Gewebe aus verschiedenen Einflüssen, Hindernissen und Fördermöglichkeiten ist, zeigt sich am Angebots-Nutzungsmodell Andreas Helmkes.

Der Erziehungswissenschaftler und Entwicklungspsychologe, an dessen Arbeit zu meiner Ausbildungszeit in Münster so ziemlich niemand vorbei kam (und das war sicher eine gute Sache), stellt in seinem Buch "Was ist guter Unterricht?" und in zahlreichen anderen Publikationen, insbesondere Artikeln, das Angebots-Nutzungs-Modell der Unterrichtswirksamkeit vor, welches er zusammen mit Franz E. Weinert auf der Grundlage der Ausführungen Helmut Fends erarbeitet hat. Es illustriert, von welchen Einflussfaktoren das erfolgreiche Lernen abhängt. Die Lehrperson ist darin nicht bedeutungslos und hat auf viele weitere Faktoren einen Einfluss, aber es wird festgestellt, dass sich bestimmte Umstände, etwa das Elternhaus und der kulturelle Kontext, genauso der Kontrolle des Lehrers und der Schule als Institution entziehen, wie individuelle Voraussetzungen des Lernens. Auf eine Aussage verkürzt wird festgestellt, dass Unterricht letztlich nur ein Angebot sein kann, denn lernen muss das Kind selbst. Man kann einen Lernprozess nicht forcieren, denn er muss von Innen kommen. Was die Schule, das Schulsystem, die Gesellschaft an sich und die Lehrperson tun können richtet sich also danach, wie Schüler zum Lernen ermutigt werden und wie dieser Prozess möglichst unbeeinträchtigt stattfinden kann, wenn das Kind den Willen entwickelt hat, sich einem Lerngegenstand zu widmen. Und dieser Wille setzt Konzentrationsfähigkeit und das Bewusstsein voraus, dass ein anstrengender und langwieriger Lernprozess in einem gegebenen Moment notwendig oder im Endeffekt belohnend ist. Bevor Schüler, und eigentlich Menschen überhaupt, eine Sache beginnen, stellen sie sich natürlich Fragen, wie diese: "Warum sollte ich das lernen? Wie wachse ich an der langfristigen und detaillierten Beschäftigung mit dieser Sache? Warum muss ich mir das merken?". Manche Themen und Inhalte werden bei einer negativen Antwort auf diese Frage abgelehnt, und ein Lernen findet nicht statt. Bestenfalls wird mit einem halben Ohr und wenig Motivation am Unterricht teilgenommen. Das einfachste und am Meisten genutzte Alltagsbeispiel für eine negative Antwort auf solche Fragen ist das auswendig Lernen von Telefonnummern, das ich früher auch konnte und was mit dem Beginn der speicherbaren Telefonnummern und mobilen Geräte deutlich zerfallen ist und nur noch funktioniert, wenn ich eine bestimmte Nummer wirklich dauernd anrufen muss. Es ist einfach nicht mehr erforderlich und wird auch nicht mehr trainiert. Aber an diesem einfachen und wahrscheinlich allen bekannten Beispiel kann man sich orientieren, weil auf einer höheren Ebene ein ähnlicher Prozess mit dem schulischen Lernen stattfindet.

Ziehen wir nun noch einmal Manfred Spitzer hinzu, der übrigens auch dieses Beispiel genutzt hat. Er belegt aus verschiedenen Perspektiven unter Berufung auf psychologische Studien und neurologische Befunde, dass es schädlich ist, Maschinen die eigenen Denkprozesse zu überlassen. Unsere Lernfähigkeit verkümmert, wenn unser gesamter Wissensschatz nur noch aus Eselsbrücken, zusammengewürfelten Einzeldaten und Trivia besteht. Auch unser Gedächtnis leidet logischerweise, wenn man sich gar nichts mehr merken muss. Spitzer verdeutlicht dies an dem Beispiel von Taxifahrern, die sich früher ganze Straßennetze einprägen mussten und konnten, sowie auch am Beispiel der Dinge, die wir damals selbstverständlich taten, nun aber nicht mehr können. Inzwischen vertrauen wir dem Navigationsgerät vollständig und sind oft aufgeschmissen, wenn es während einer längeren Fahrt in einem unbekannten Gebiet plötzlich den Geist aufgibt.

Aber wie ist das Gedächtnis beschaffen, und wie wird es durch den Gebrauch von Hilfsmitteln beeinflusst? Der aktuelle Konsens der Kognitionspsychologie lautet etwa so: Um es ganz verkürzt darzustellen kann man sich das Gedächtnis als ein großes Netzwerk an Einzelinformationen (unsere Fähigkeit, uns an diese zu erinnern) vorstellen, die vielfach miteinander verbunden sind, und jedes Geflecht dieser Informationen stellt das gesamte angesammelte Wissen über einen bestimmten Gegenstand dar. Vielleicht kennen Sie die klassische Mind-Map, die Tony Buzan zuerst als Systematisierungshilfe erdachte. Ausgehend von einem zentralen Begriff wird erst alles aufgeschrieben, was direkt damit verbunden wird, und dann wird genauso mit diesen neuen Begriffen verfahren, bis alle verfügbaren Informationen mit dem ursprünglichen Begriff verbunden sind. Und diese oft in der zweiten Dimension verbleibende Darstellung müssten Sie in die dritte Dimension übersetzen, um einen vagen Einblick zu bekommen, was eine Gedächtnisstruktur ist. Für einen korrekten Eindruck bräuchten Sie allerdings eine vierte Dimension, weil verschiedene Dinge mehrfach auch untereinander verknüpft sind. Deshalb können wir assoziieren, haben Intuition und Empathie und können Aussagen auch verstehen, wenn sie nicht vollkommen wörtlich gemeint sind. Diese Eigenschaften sind wichtig, nicht nur für das Lernen, sondern auch für den Umgang mit anderen Menschen. Deshalb besteht eine Verbindung zwischen den zwei Kritiken der älteren Generation an der Jugend, sie würde sich weder besonders gut Kompetenzen aneignen und auch keine sozialen Fähigkeiten mehr besitzen.

Eine beliebte Allegorie ist es auch, sich das Gehirn als Computer vorzustellen, bei dem das Gedächtnis aus verschiedenen Ordnern besteht, in denen verschiedene Querverweise und Daten abgespeichert sind. Lernen ist in diesem Bild der Prozess, bei dem eine neue Information in allen relevanten Ordnern gespeichert und verknüpft wird (oder gelöscht), während sich auch die Ordnerstrukturen ändern, eventuell sogar ganz neue Kategorien entstehen oder aber verworfen werden. Das Gehirn verarbeitet die gewaltigen täglichen Datenströme, um im Sprachbild zu bleiben, durch eine Kategorisierung und Vereinfachung. Wenn ich Ihnen fünf Hunde vorführe, die in ihrer Größe, Farbe und ihrem Körperbau nur geringfügig unterschiedlich sind, werden Sie wahrscheinlich alle als Hund bezeichnen und in eben jene Kategorie einordnen, selbst wenn Ihnen einige Unterschiede bewusst sind. Wenn Sie sich aber gut auskennen, können Sie Hunde anhand ihrer äußeren Merkmale eventuell in eine jeweilige Kategorie einordnen und differenzieren. Ihr Vorwissen und Ihre Disposition, hier genauer zu arbeiten, befähigt Sie zu der Differenzierung. Aus dem Ordner "Hund" wird ein Ordner mit zahlreichen Unterordnern für die Ihnen bekannten Hunderassen und deren Verbindungen zueinander.

Wenn ich das Thema Kognitionspsychologie mit einer Klasse behandle, zeige ich oft als Beispiel auf einen Baum und bitte meine Schüler, mir zu sagen, was sie sehen. Dann sagen sie, dass sie einen Baum sehen, und nicht seine Einzelteile, jedes Blatt oder Detail. Denn unser Gehirn ist dazu fähig, mit dem ständigen Beschuss an Sinneseindrücken aus unserem Alltag klarzukommen, indem es Dinge kategorisiert, vereinfacht, selektiv wahrnimmt, auf grundlegende Konzepte herunter-bricht, teilweise sogar ignoriert oder Lücken durch Interpretation anhand vorher erworbener Eindrücke schließt. Dadurch wird eine Ansammlung von Einzelteilen zum Baum, Pedale, Lenkrad, Sattel, Räder und so weiter werden als Fahrrad wahrgenommen. Das ist an sich sehr hilfreich, damit uns unser Gehirn nicht durchschmort und wir es trotzdem schaffen, einen Sinn aus allen zu gewinnen, was uns im Alltag umgibt, so dass wir schnell reagieren können. Aber durch das gleiche Verfahren gibt es auch so etwas wie den berühmten "ersten Eindruck", Stereotype und leider auch Vorurteile, sowohl bei inhaltlichen Themen, insbesondere aber auch bei dem Umgang mit Menschen, weil diese in dieser Hinsicht auch nicht mehr als inhaltliche Kategorien, die als Individuen zu komplex und zu wenig greifbar sind, als dass man sie ganz strukturiert erschließen, also als Gruppe kategorisieren könnte. Wir tun es aber trotzdem instinktiv, weil unser Gehirn keine bessere Strategie kennt. Wie unglaublich fragil und manipulierbar diese Datenkonstrukte in unserem Gehirn sind und wie sie sich selbst korrigieren und teilweise zerlegen, zeigt sich an zwei Experimenten.

Das erste Experiment wurde von Mark Snyder und Seymour Uranowitz durchgeführt und drehte sich um soziale Wahrnehmung und die Anpassung einzelner Erinnerungen an Stereotype, also vorgefertigte Schablonen, mit denen bestimmte soziale Gruppen wahrgenommen werden[62]. Der Aufbau war relativ einfach. Mehrere Studenten und andere Personen hörten sich die Biographie einer Betty K. an. Die Geschichte enthielt eine ganze Reihe von Details, Erfahrungen, Einstellungen, Gedanken und Ereignissen. Wichtig war in dem damaligen Fall, dass Betty den jeweiligen Gruppen deutlich als entweder hetero- oder homosexuelle Person vorgestellt wurde, also ein Label erhielt, bevor die eigentliche Geschichte erzählt wurde. Diese einleitende Information formte, wie sich herausstellte, sowohl die selektive Wahrnehmung der Probanden, als auch deren Erinnerung in einem erneuten Interview, in dem sie die Geschichte nach einigen Wochen selbst noch einmal nacherzählen sollten. Meistens wurde zum Beispiel der nicht unbedeutende Umstand ignoriert oder überformt, dass Betty irgendwann in ihrem Leben die jeweils andere Orientierung angenommen hatte. Auch wurden Ereignisse und Gedanken hervorgehoben, weg gelassen oder sogar erfunden, damit das jeweilige Bild Bettys für die Versuchspersonen stabil bleiben konnte.

   Einer der Schlüsse, die aus späteren Tests hervorgingen, war, dass die Gedächtnis- und Informationslücken exponentiell zu ihrer Größe mit vorgefertigten Daten-Bausteinen gefüllt werden, um ein kohärentes und möglichst einfaches und praktikables Bild zu erstellen. Zum Glück scheint eine affektive Komponente einzuspielen, so dass wir Menschen, die uns wichtig sind, und mit denen wir besonders gut klarkommen möchten, aus der allgemeinen Kategorisierung herausgenommen und separat gehandhabt werden. Das ist übrigens einer der Gründe, warum es meistens nicht hilft, zum Beispiel einem Rassisten einige "Positivbeispiele" zu vermitteln, weil er die Einzelbeispiele in eine andere Kategorie packt, ohne dass seine ursprüngliche Kategorie dadurch in irgendeiner Form verändert wird. Er isoliert den Einzelfall von der Gesamtheit.

   Das zweite Beispiel stammt aus einem sehr unterhaltsamen Buch von Alex Boese mit dem Titel "Elephants on Acid". Es geht bei dem beschriebenen Experiment um die Einpflanzung falscher Erinnerungen durch die geistige Nähe zu echten Erinnerungen. Jim Coan wollte an der University of Washington mit einem Vorgehen

---

[62] Journal of Personality and Social Psychology, Vol 36(9), Sep 1978, 941-950.
   https://stanford.edu/~gbower/1982/Person_stereotypes_memory_for_people.pdf

beweisen, dass es relativ einfach möglich ist, einer Person falsche Erinnerungen im Zusammenhang mit echten Erinnerungen quasi unterzujubeln. Er führte einen Versuch durch, bei dem er seinem eigenen Bruder mehrere Geschichten aus dessen Kindheit vortrug und unter diese Geschichten auch ein frei erfundenes Ereignis streute, bei dem der Bruder angeblich im Alter von 5 Jahren in einem Kaufhaus verloren gegangen war und erst von einem älteren Mann aufgelesen und zurück gebracht werden musste. Coans Bruder konnte zu jedem Ereignis, auch dem aus dem Kaufhaus, seine genauen Gefühle schildern und sogar weitere Details liefern, mit denen die jeweilige Geschichte an Tiefe gewann. Coan hatte die falsche Erinnerung mit dem Kaufhaus gewählt, weil das verloren Gehen oder das Gefühl des verlassen Werdens, ein sehr eindrückliches Erlebnis ist, dem die meisten Kinder irgendwann begegnen. Das Kaufhaus-Szenario ist ein von den meisten Menschen nachvollziehbares Szenario, in dem ein solches Gefühl aufkommen könnte. Im Zusammenhang mit realen Erinnerungen aus den anderen drei Geschichten wurden Erinnerungen aktiv abgerufen, die Coans Bruder dann auch als Bausteine für die falsche Erinnerung nutzte. Es ist ein wenig so wie bei dem Trick, bei dem man eine Person zehnmal das Wort "Blut" sagen lässt und dann schnell fragt, bei welcher Farbe man über die Ampel geht. Aber diese kurzfristige Verbindung, die Menschen meistens dazu treibt, "rot" zu sagen (das geht auch mit "weiß" und der Frage, was Kühe trinken), funktioniert scheinbar auch in einer nachhaltigen Weise, denn Coan konnte seinen Bruder erst mit einiger Mühe davon überzeugen, dass die Erinnerung aus dem Kaufhaus nicht real war, weil dieser inzwischen ein sehr genaues Bild konstruiert hatte. Eine verfeinerte Version des Versuchs wurde auch an späteren Versuchspersonen durchgeführt und bestätigte Coans ursprüngliche Hypothese.

Was heißt das für das schulische und soziale Lernen? Die gefüllten Lücken aus den beiden Beispielen sind potentiell hochgradig gefährlich, denn womit wir die Lücken schließen ist abhängig von unseren Vorerfahrungen oder unseren grundlegendsten, universellsten Kategorien, etwa "wichtig" und "unwichtig" oder "gut" und "schlecht/böse", aber auch zahlreichen emotionalen Einordnungen. Wenn ich im erziehungswissenschaftlichen Unterricht über Moral spreche konzentriere ich mich deswegen zum Beispiel sehr darauf, zu klären, dass Utilitarismus (platt ausgedrückt die Grundidee, dass gut und moralisch ist, was der Gesamtgesellschaft mehr hilft, als dass es ihr schadet) in manchen Punkten nicht greift, insbesondere wenn Menschen zu reinen Statistiken gemacht werden. Wenn man nur an der Oberfläche des Themas kratzt, kann man nämlich in manchen Lehren des Utilitarismus schnell in den Bereich des nationalsozialistischen Gedankenguts und einer Propaganda geraten, die das Töten von Kranken und Alten als ökonomisch erachtet, also als notwendig, wichtig und gut. Und moderner Populismus bedient sich der gleichen Mechanismen des kleinsten gemeinsamen Nenners. Einfache und leicht verständliche Lösungen und Erklärungen für Missstände werden angeboten, während der gesamte Kontext verschwiegen wird, der ihre eigentliche Komplexität oder langfristige Konsequenzen aufzeigt. Die Informationslücken schließt dann jede angesprochene Person nach ihrem Ermessen. So entsteht auf der Grundlage dieses fragmentarischen Lernens ein Hang zu extremen Haltungen, Radikalisierung und schwarz-weiß Denken. Und das ist eine der Sachen, denen Schule vorzubeugen hat. Es ist Teil unseres offiziellen Auftrags. Es ist auch der Grund, warum die zuvor beschriebene Notlösung des Minimalprogramms zur Bewältigung des Abiturstoffes zu wirklich großen Problemen führen kann.

Wenn auch oft nicht mit böser Absicht, vermitteln digitale Informationsquellen ungeschulten Benutzern eben solche Halb- und Teilwahrheiten, einfache Antworten - und in einigen Fällen tatsächlich Gedankengut, das lieber bei seinen Urhebern geblieben wäre. Durch den Gebrauch von Hilfsmitteln, die Antworten liefern, aber keinen Kontext, werden die beschriebenen Datennetze des Gedächtnisses zu einzelnen, lose miteinander verknüpften Daten. Das Kind lernt fragmentarisch und nicht mehr holistisch und erlangt letztlich kein Wissen. Die wahrhaft gewaltigen Lücken werden dann mit losem, bröckeligem Kit zusammengeklebt, der sich aus den rein persönlichen Einstellungen und aufgeschnappten Informationshappen speist, die vielleicht irgendetwas mit dem Thema zu tun haben könnten. Dies wäre eventuell eine Erklärung dafür, dass scheinbar immer mehr Kinder und Jugendliche ein beobachtbares Lernverhalten haben, das an die Probleme von Alzheimerpatienten erinnert, weil sie zum Beispiel keine Verbindungen mehr zwischen verschiedenen historischen Ereignissen herstellen können, aber dafür total weit hergeholte Querverbindungen herstellen.

Google und Wikipedia

Auf diesem Hintergrund können wir uns auch einmal ein Anwendungsbeispiel ansehen, und zwar warum Google, Wikipedia und artverwandte Verzeichnisse so unheimlich unbeliebt beim Schulpersonal sind. Wenn Sie mit Schulkindern zu tun haben wissen Sie sicherlich, dass es regelmäßig verboten wird, für Referate, Hausarbeiten oder andere Leistungen Google zu nutzen und Wikipedia als Quelle heranzuziehen oder sogar zu zitieren. Wenn ein Kind für den Englischunterricht ein Referat vorbereitet und dann Google Übersetzer nutzt, um am Ende einen Text abzulesen, hat es, da werden Sie mir zustimmen, seinen Lernprozess nicht wirklich ausgeschöpft. Aber auch bei rein inhaltlichen Recherchen, die bei Schülern erst einmal auf Grundlagenarbeit hinauslaufen, sind die Turbo-Lexika des World-Wide-Web reichlich unbeliebt. Das hat natürlich erst einmal einfach nachvollziehbare Gründe, die auch oft genannt werden. Das erste Argument ist, dass Wikipedia im besten Fall eine Sekundärquelle ist und durch ihre Open-Source-Natur von jedem Menschen mit Inhalten gefüllt werden kann, wie es gerade passt. Es gibt also keine wissenschaftlich gesicherte Quelle und keine Autorität, auf die man sich direkt beziehen kann. Es ist also kein gesichertes Wissen.

Das Argument ist nachvollziehbar, greift aber immer weniger. Auf der einen Seite sind die Kontrollen zwischen den Nutzern und von dem eigenen Personal auch durch verbesserte Technologien viel besser geworden. Die Trolle tummeln sich nur in bestimmten Bereichen der Seite, wo sie genügend Ziele erreichen, und die einzigen Einträge, die man wirklich mit besonders großer Skepsis lesen sollte, betreffen kontroverse wissenschaftliche, politische oder religiöse Themen. Wenn man schon nicht Wikipedia direkt zitieren mag, kann man auch die Verweise ansehen und die Quellen nutzen, auf deren Basis der Eintrag erstellt worden ist. Auf der anderen Seite stellen die Jugendlichen immer häufiger auch fest, dass die Quellen, die als Alternative angeboten werden, dadurch nicht ultimative Wahrheiten enthalten oder im Hinblick auf ihre Unvorgenommenheit zuverlässiger sind, insbesondere wenn sie schon das eine oder andere Jahr auf dem Buckel haben. Zu so gut wie jeder wissenschaftlich gesicherten Aussage gibt es auch eine genauso legitim erscheinende Gegenaussage. Und dann muss ja mindestens eine von beiden falsch sein. Kein Wunder also, dass sich Evolutionisten und Kreationisten in den Vereinigten Staaten immer noch uneins sind, Impfungen immer wieder neu hinterfragt werden oder sogar solche Sachen auf den Tisch kommen, wie die Theorie, dass unsere Erde am Ende doch flach sein könnte (wobei ich das immer noch für einen doofen Scherz halte, den die Trolle viel zu lieb gewonnen haben). Wikipedia zu bemühen scheint der Jugend nicht ein akademisches Verbrechen zu sein.

Ein zweites Argument ist, dass das unreflektierte Abschreiben vorgefertigter Texte kein Lernen ermöglicht. Das Argument bezieht sich meistens auf den Übungseffekt, weil - meist korrekt - davon ausgegangen wird, dass der Text nicht einmal gründlich gelesen wird, bevor er seinen Weg in die Präsentation findet. Das Problem geht aber noch eine Stufe tiefer. Es ist, wie dargestellt, so, dass die suchende Person einen unbewussten und sehr starken Einfluss darauf übt, was sie findet. Um das einfach veranschaulichen zu können muss ich an dieser Stelle ein kleines Geständnis aus dem Studium einbringen. Nicht für alle meiner längeren schriftlichen Arbeiten habe ich jedes einzelne Buch, das ich als Referenz benutzen wollte, auch wirklich komplett durchgelesen. Das war in Anbetracht der gegebenen Bearbeitungszeit, der Menge an ausstehenden Arbeiten und dem Umstand, dass ein Buch am Ende vielleicht doch nicht brauchbar war, auch nicht wirklich realistisch. Jedenfalls habe ich mir damals oft nur das entsprechende Kapitel durchgelesen und die Stelle rausgesucht, die ich als Zitat oder Referenz nutzen konnte, um meine eigenen Schlussfolgerungen zu bestätigen, auch wenn das Original im Kontext nicht zwingend genau die gleiche Meinung vertreten hatte. Ansonsten hätte ich ja meine komplette Arbeit oder Teile davon umschreiben müssen. Manches Zitat war also aus dem Zusammenhang gerissen oder ziemlich weit hergeholt. Von anderen Studenten habe ich aber auch erfahren, dass die Juristen gerne mal ganze Gesetzestexte umgeschrieben oder Paragraphen erfunden hatten, weil sie davon ausgingen, dass die ebenfalls überarbeiteten Professoren nicht die Zeit und Energie hatten, jedes kleine Detail zu überprüfen. Und in der

Psychologie begannen sich gegen Ende meines Studiums stumpf zusammenkopierte Texte so sehr zu häufen, dass die Uni schließlich drakonische Strafen für Plagiate ins Gespräch brachte.

Von Natur aus und bestärkt durch die Möglichkeiten und Mentalitäten einer Instant-Gesellschaft suchen wir tendenziell nur das, was wir am Ende auch finden wollen, und das beeinflusst auch diejenigen, denen wir diese Fundstücke dann präsentieren. Denn wenn es sich nicht zu sehr mit deren eigenen Vorstellungen beißt oder besondere Genauigkeit gefordert ist und kein Anlass zum Zweifel besteht, wird der Einfachheit halber erst einmal angenommen, dass das Präsentierte auch korrekt ist. Wir schaffen uns dadurch unsere eigene Realität. Bei den Recherchen zu diesem Buch bin ich immer wieder in Situationen geraten, in denen ich ein sicher geglaubtes Stück Fachwissen noch einmal nachgeschlagen habe, nur um festzustellen, dass ich die entsprechende Quelle damals ganz anders verstanden hatte. Der Unterschied zu damals besteht darin, dass ich es jetzt auf mich nehme, meine Ausführungen auf der Grundlage gegenteiliger Erfahrungen noch einmal zu reflektieren und neu zu strukturieren, wodurch manchmal ganze Kapitel das Zeitliche zu segnen hatten.

Und wenn korrektes Recherchieren für Erwachsene schon so unbequem ist, wie verführerisch ist es dann für den normalen Schüler, sich einfach an vorgefertigten Artikeln zu bedienen oder nach Informationen zu suchen, die die eigene Meinung unterstützen, selbst wenn sie eigentlich im größeren Zusammenhang eine komplett andere Aussage verfolgen? Und wenn man den Schülern dann auch noch den Gebrauch von Sparknotes oder Wikipedia verbieten will, kommt relativ schnell eine Frage, auf die wir besser gut vorbereitet werden sollten: "Warum soll ich mir mühselig über Bücher und andere Quellen Wissen aneignen, das ich mir innerhalb von 15 Minuten auch über Google oder Wikipedia besorgen kann?" Und diese Frage gilt es ernst zu nehmen, denn sie ist absolut legitim. Der Punkt ist, dass es sich eben nicht um Wissen handelt, sondern um Datenfragmente, die lose in die bestehenden Überzeugungen und Annahmen eingefügt werden.

Und hier kommt eben das, was die Kinder und Jugendlichen dann als Doppelmoral erleben. Wenn man bereits solides Grundwissen hat und mit den Informationsmedien umzugehen weiß, kann man sich neue

Daten aneignen, und insbesondere das Internet wird zu einem sehr praktischen Werkzeug, um sich fortzubilden oder die eigene Position anhand von alternativen Sichtweisen zu überprüfen und zu aktualisieren. Als ich zu blöd war, die olle Strandmuschel von Aldi wieder zusammenzufalten, weil ich die Anleitung nicht verstanden hatte, suchte ich mir ein Youtube-Video raus, um das dusselige Teil endlich im Keller verstauen zu können. Das hat meine grundsätzliche Fähigkeit zum problemlösenden Denken nicht verkümmern lassen, weil ich sie vorher entfaltet hatte - wie die Strandmuschel. Wenn sich ein Kind aber sein gesamtes Wissen von Anfang an aus dem Netz herunterzuladen versucht, stolpert es schnell über die eigenen Beine und macht es irgendwann zu einer Krücke, auf der es sich immer mehr aufstützen muss und irgendwann gar nicht mehr ohne sie zu laufen lernt. Ein Problem ist, dass das Kind paradoxerweise meint, durch das schnelle Nachschlagen im Netz sein eigenständiges Denken unter Beweis zu stellen. Bevor es also die Angewohnheit entwickelt, andere für sich denken zu lassen, sollte es erst einmal die Medienkompetenz entwickeln, um ordentlich zu recherchieren und Quellen einzuschätzen zu lernen. Hier leistet die Schule als Institution aber noch sehr wenig Hilfe und entscheidet sich überwiegend dafür, die Netzressourcen zu dämonisieren und tendenziell lieber zu verbannen, als sie gezielt zu integrieren. Auch ist die Frage noch nicht abschließend geklärt, in wessen Verantwortung es fällt, die nächste Generation zu kompetenten Nutzern und Konsumenten der Internetressourcen heranzuziehen.

digitale Medien in der Schule

Jetzt wird es Sie wahrscheinlich nicht überraschen, dass die Frage nach dem Umgang mit den digitalen Medien in der Schule fast genauso ungeklärt ist, wie im Elternhaus. Auch das Verhältnis der Bildungsinstitutionen und der einzelnen Lehrpersonen zu diesem Thema ist ziemlich gespalten. Einige Lehrer haben das Smartboard, Laptopklassen und die Möglichkeit, Arbeitsblätter per Mail zu verschicken, mit Begeisterung aufgenommen, weil es schnelles Arbeiten ermöglicht, Geld und natürliche Ressourcen spart und der Lebenswelt der Jugendlichen entspricht. Andere kriegen schon Pickel, wenn Schüler Tafelbilder abfotografieren wollen, weil befürchtet wird, dass sie zu faul waren, es während der Stunde abzuzeichnen und wahrscheinlich auch nicht aufgepasst haben und das gespeicherte Bild dann ebenfalls in irgendeinem Ordner verstauen, den sie nie wieder öffnen. Und so wie es derzeit aussieht, dürfte die zweite Gruppe durchaus Recht haben.

In der Primarstufe, also in der Grundschule und sogar abwärts bis in die Kindertagesstätten, sind sich Eltern und Erzieher weitestgehend einig, dass Handys, Tablets und andere solche Geräte dort nichts zu suchen haben, und stehen einer scheinbar kleinen Gruppe enthusiastischerer Eltern einerseits, und nachvollziehbar begeisterter Marktanbieter andererseits, gegenüber. Die Bandbreite der Argumente seitens der Skeptiker ist groß. Man spricht von Haltungsschäden, fragt nach dem Einfluss der ständigen Bestrahlung und weist auf das Phänomen der gelernten Hilflosigkeit hin. Der größte Faktor scheint aber insbesondere der Einfluss auf das Sozial- und Konsumverhalten der Kinder zu sein. Momentan kursieren zahlreiche Petitionen zur Verhinderung einer digitalen Kindertagesstätte, bei der auch die Besorgnis mitschwingt, dass sich irgendwann die Institutionen und die staatlichen Behörden auf die Seite der Digitalisierungsfans schlagen und die digitale Kindertagesstätte und die sinnvollerweise folgende digitalisierte Grundschule zur Norm erklären könnten. Die Konzerne, die, wie erwähnt, schon länger auch Produkte für Klein- und Kleinstkinder anbieten, haben ein sehr offenes Eigeninteresse daran, die digitale Kindertagesstätte zu fördern, da es ihre Absatzzahlen deutlich steigern würde, insbesondere wenn sich die Digi-Kita durchsetzt. Dass die Kinder schon früh daran gewöhnt werden sollen, sich von digitalen Medien abhängig zu machen und auch in ihrem späteren Leben ein exzessives Konsumverhalten antrainiert bekommen sollen, ist ein naheliegender Vorwurf der Gegner dieser Entwicklung, auch wenn die großen Namen hinter den noch relativ neuen Projekten betonen, dass es ihnen um die Förderung der Gesellschaft geht[63].

---

63 Artikel von Stefan von Borstel für die Welt vom 11.12.2014:
https://www.welt.de/politik/deutschland/article135234233/Die-digitale-Kita-ist-fuer-Eltern-eine-Horrorvision.html
Artikel von Beatrix Fricke für die Berliner Morgenpost vom 18.01.2014:

Es wird ebenfalls befürchtet, dass die sozialen Fähigkeiten durch die Isolation des Lebens vor dem Bildschirm verkümmert und echte Kommunikation immer weiter aus dem Leben gedrängt wird. Das ist ein seltsamer Gedanke, wo doch die gleichen Eltern angeblich ihren Kindern schon früh ein Handy geben, weil sie Angst haben, es könne ansonsten nicht am sozialen Leben teilhaben. Auch wenn es hier Überschneidungen gibt und die Sache ein Stückchen komplexer ist, kann man eine ungefähre Trennlinie zwischen der Primarstufe und der Sekundarstufe ausmachen, also ungefähr im 11. Lebensjahr des Kindes. An dieser Grenze wandelt sich im immer schnelleren Tempo die Abscheu zu regelrechter Begeisterung. Eltern nehmen zur Kenntnis, dass ihre älter werdenden Kinder mit der langsam sich nähernden Pubertät anfangen, ihre Freundeskreise auszubauen und ihr Sozialverhalten zu ändern, sich von ihnen abzukehren und ihr eigenes Leben leben zu wollen. Für viele Aspekte dieser schwierigen und spannungsvollen Zeit können Handys und der eigene Fernseher oder Rechner eine große Bereicherung sein, um diese Eigenständigkeit zu unterstützen und dem Kind aus dem Weg zu gehen, wenn Abstand und Privatsphäre gefragt sind. Andererseits gilt es, vorsichtig zu sein und zu verhindern, dass sich das Kind nicht isoliert, kein Suchtverhalten entwickelt und diese Mittel vorrangig zur Bereicherung des eigenen Soziallebens und der Entwicklung verantwortungsvoller Eigenständigkeit nutzt. Einfach durch die einen Spalt weit geöffnete Kinderzimmertür ein Tablet zu schmeißen und auf das Beste zu hoffen reicht da nicht aus. Und das Szenario, dass Eltern ihren Kindern erst einmal sorgfältig beibringen, wie man die digitalen Medien nutzt, bevor sie im Rahmen eines Initiationsrituals feierlich das erste Handy überreichen, wirkt so surreal und unbequem als würden sie ihr Kind irgendwann mit einem Aufklärungsvideo, einem Kondom und einem Holzpenis zum Gespräch bitten. Deshalb haben viele Eltern und auch schon die eine oder andere politische Instanz laut vorgeschlagen, dass das eine neue Aufgabe der Schule sein sollte.

Denn auch die Schule lächelt mit einem Auge und weint mit dem anderen. Stumpfes Abkopieren von Aufgaben aus dem Netz und reines

---

http://www.morgenpost.de/familie/article123981386/Wie-eine-Kita-Kindern-spielend-digitale-Medien-nahebringt.html

Abfotografieren von Tafelbildern ist kein Lernen und bringt absolut keinen Gewinn. Das reine Potential gerade des Internets wird trotzdem gelobt und gepriesen - wenn es denn nun richtig genutzt würde. In manchen Fällen, insbesondere in den Mittel- und Oberstufen, werden die neuen Medien so gehandhabt, als hätte man den Nürnberger Trichter, also den heiligen Gral der Didaktik, entdeckt: Instant-Wissen vom Rechner direkt ins Gehirn. Auch hier wird aber dann nicht daran gedacht, dass die Kinder irgendwann gelernt haben sollten, verantwortungsvoll mit diesen großartigen Möglichkeiten umzugehen und ihren eigenen Lernprozess zu bereichern, statt ihn durch das Wiederholen fremder Gedanken zu zermürben. Und dann ist die Enttäuschung groß, bei Lehrern und Schülern gleichermaßen, wenn daraus keine Genies entstehen. Aber was muss gefördert werden, um das brach liegende Feld der digitalen Medien für die Schule nutzen zu können und das Lernen nicht mit einer Art Schnitzeljagd nach fragmentierten Informationen zu machen? Ein Teil der Antwort liegt in der affektiven Komponente und dem Erlebnis als Modus der Datenaufnahme.

Motivation und Transparenz

Neben dem Gedächtnis leidet ohne eine Einbindung der Daten in einen größeren Zusammenhang irgendwann auch die Motivation zum Lernen. Während wir Lücken schließen, wenn wir nicht das gesamte Bild vor Augen haben, neigen wir dazu, neue Daten einfach abzuweisen und Informationen abzulehnen, die uns irrelevant erscheinen oder die uns unangenehm sind. Auch das Ignorieren, Ablegen und Vergessen ist ein Reflex mit einer ungeheuren Kraft, die sich auf das schulische Lernen katastrophal auswirken kann. "Wozu muss ich Geschichte lernen", denkt sich manch ein Kind "wenn ich alle historischen Daten bei Bedarf auch einfach im Netz nachschlagen kann? Wozu Latein lernen, wenn es ohnehin eine tote Sprache ist? Und ist deutsche Grammatik und Literaturkunde für mich als Muttersprachler überhaupt sinnvoll?" Auch dies sind keine ignoranten Fragen, denn sie treten natürlich auf und bedürfen einer Antwort, die, so meine ich, nicht mehr auf die Antwort hinaus laufen kann, dass es sich um gesellschaftlich wichtiges Grundwissen handelt, das in die nächste Generation getragen werden soll, oder dass man die Sachen wissen muss, weil man nicht immer das Lehrbuch oder ein Lexikon griffbereit haben kann. Das waren zu meiner Schulzeit klassische Antworten auf solche Fragen, die daheim oder in der Schule gegeben wurden. Auch ich habe mich das manchmal gefragt, obwohl ich gerne zur Schule gegangen bin. Obwohl ich das Fach Mathematik liebte fragte ich mich beispielsweise ab und zu, wozu ich bestimmte geometrische Rechnungen lernen müsste. Ich würde bestimmt sehr selten in eine Situation geraten, in der ich mit einem rechteckigen Laster, dessen Maße mir bekannt sind, durch einen parabelbogenförmigen Tunneleingang fahren muss, dessen Abmessungen ich seltsamerweise auch kenne, und mir dann ausrechnen muss, ob ich auf meiner Straßenseite bleibend noch durch passen würde.

Das Problem ist, dass unser Schulsystem schon sehr alt ist und sich als sehr stabil gegenüber Veränderungen erweist. Manche Fächer sind schon von Anfang an im Kanon gewesen und haben sich in ihrer Essenz nur langsam verändert. Wirkliche Umstürze des Systems hat es nur dann gegeben, wenn der ganze Überbau im gleichen Zug komplett neu formiert wurde, meistens nach einem Krieg oder einer anderen schweren Krise. Aber selbst nach diesen Umbrüchen haben sich die alten Muster irgendwann wieder eingestellt. Neue Schulversuche sind zwar gerade in den letzten Jahren immer wieder aufgekommen, aber letztlich waren sie meistens entweder kurzlebig oder nur alter Wein in neuen Schläuchen.

Da kann man den Schülern von heute durchaus nachsehen, dass sie nicht wirklich wissen, warum ein bestimmtes Fach oder Thema überhaupt noch unterrichtet wird, gerade wenn die Antwort staubig klingt. Was früher als geheimer Lehrplan bezeichnet wurde, aber heute problemlos im Netz nachgeschlagen werden kann, ist in vielen Fällen nicht mehr transparent, und in einigen Fällen wirkt es so, als sei einem Fach nachträglich ein fadenscheiniger pädagogischer Nutzen zugeschrieben worden, damit es seine Existenzberechtigung beibehält. Die Frage nach der Notwendigkeit, bestimmte Inhalte und sogar ganze Fächer zu unterrichten, wird oft deshalb nicht oder nur zögerlich gestellt, weil mit ihrer Absetzung ganze wissenschaftliche Zweige, Studiengänge und Institutionen leiden würden. Deshalb erfolgt in der

Regel nur dann eine Aktualisierung, wenn sie die Curricula betrifft und keine grundlegende Reform des gesamten Schulsystems erfordern würde.

Nun braucht das Schulkind trotzdem eine Antwort auf die Frage, warum es sich für 10-13+ Jahre Montags bis Freitags in ein Klassenzimmer setzen und auch daheim Zeit und Energie in das Lernen der Kompetenzen und Inhalte stecken soll, die das System von ihm abfordert. Manche Fächer haben da weniger Probleme, eine Antwort zu liefern. Die Grundmotivation für das Fach Englisch ist, sogar mehr noch als bei anderen Sprachen, direkt an der Oberfläche zu erkennen. Ich bringe den Schülern eine Sprache bei, die in einem wesentlichen Teil der Welt gesprochen wird, insbesondere in unserem Kulturkreis. Englisch in Schrift und Sprache zu beherrschen ist für fast alle Schüler eine sehr wichtige Fähigkeit, die sie in ihrem späteren Leben in einer globalisierten Gesellschaft gut gebrauchen können. Trotzdem ist mir bewusst, dass es auch zahlreiche Lebensentwürfe gibt, in denen Englisch eine marginale Rolle spielt, aber der Grundsatz bleibt, dass es eine sehr nützliche Fähigkeit ist, die fast jeder Mensch in seinem Leben gebrauchen kann.

Die Wahl der Themenfelder ist nicht immer nach dem Geschmack der Schüler, aber der Grund, warum wir uns mit England, den USA, Australien, Indien und Afrika befassen, liegt nicht nur an der historischen und kulturellen Bildung, die vermittelt werden soll, sondern dass sich die Abfolge der Themenkomplexe dazu eignet, anhand der gegebenen Beispiele in einem steigenden Komplexitätsgrad zu arbeiten und den Anspruch von den Diskussionen von der reinen Wiedergabe bis zu der Diskussion um kulturelle Differenzen zu steigern. Man kann die Hauptthemen theoretisch auch auswechseln, und zwischendurch wird auch mal das eine oder andere Segment ersetzt oder ergänzt.

Einzig der Gebrauch der Sprache in einer authentischen Kommunikationssituation ist immer wieder ein Problem, weil man nicht immer Brieffreundschaften mit anderen Schulen eingehen kann und Ausflüge und Fahrten auf Dauer sehr teuer sein würden. Bis irgendwer einen Universalübersetzer entwickelt oder weltweit nur noch eine Sprache gesprochen wird, hat Englisch wohl einen festen Platz in der Bildung aller jungen Menschen.

Schauen wir uns aber mal ein Fach an, das häufiger hinterfragt wird und allgemein wenig beliebt zu sein scheint: Mathematik. Sie wissen genauso gut wie ich, dass Mathematik ein essentielles und ehernes Schulfach ist. Auch wenn der reale Nutzen mancher Themen für die Mehrheit der Schüler in Frage gestellt werden kann, ist das Fach ein direktes Fenster in die Grundstrukturen unseres Verstandes. Mathematik ist ein Destillat reinster Logik und abstrakten Denkens gleichzeitig, und kein anderes Fach stellt einen höheren Anspruch an die Fähigkeit zur Konzentration, Erinnerung und Verknüpfung komplexer Strukturen. Im Kern könnte man das Fach als einen anhaltenden Intelligenztest ansehen.

Dadurch wird das Fach zu einem Kanarienvogel in einer Kohlenmine. Probleme in allen genannten Bereichen zeigen sich zunächst in der Mathematik, bevor sie auf andere Fächer übergreifen. Wenn ein Kind in Mathematik nicht herausfindet, dass mathematische Gesetze aufeinander aufbauen und immer in irgendeiner Form auf die Grundrechenarten und frühen Grundlagen zurückzuführen sind, wird es auch Schwierigkeit haben, Grammatik zu verinnerlichen, weil diese nach sehr ähnlichen Prinzipien arbeitet. Eine angemessene Förderung allein in diesem Fach könnte einer ganzen Reihe von Problemen vorbeugen. Darum ist es auch eigentlich nicht ganz so zentral, ob Kurvendiskussion, Wahrscheinlichkeitsrechnung oder binomische Formeln einen Gegenwert im späteren Leben aller Schüler haben. Das Denkvermögen zu trainieren ist jederzeit von besonderer Wichtigkeit für alle.

Und es ist wichtig, diese Legitimationen klar zu kommunizieren und den Schülern bewusst zu machen, denn die Frage nach dem "Warum" wird in Zukunft noch wesentlich bedeutsamer werden. Bildung als Teil der individuellen Biographie wird zunehmend zu einer Frage des persönlichen Nutzens werden, und zu Konzessionen im Sinne der gemeinsamen Unterweisung von institutionell angeordnetem Lernstoff wird die oder der Einzelne nicht mehr so einfach bereit sein.

Erlebnisse und Erfahrungen

Der Besuch der Schule und die Teilnahme am Unterricht muss für die einzelne Person also mit einem persönlichen Anliegen verbunden werden. Man braucht einen persönlichen Bezug. "Hilft mir das Fach, die Welt, in der ich lebe, besser zu verstehen? Vermittelt es mir Fähigkeiten, um dieses besser zu bewältigen? Wie wachse ich durch diese Art der Beschulung?" Bei der Beantwortung dieser Frage haben einige Fächer ein wenig mehr Kummer als die Naturwissenschaften und Fremdsprachen. Politik kann sich natürlich ein wenig aus der Affäre ziehen, und Pädagogik ist als Wahlfach der Oberstufe auch fein raus, aber Geschichte wird zusammen mit Deutsch gerne zur Zielscheibe von Äußerungen, die ihre Sinnhaftigkeit hinterfragen. Auch die Gedankenexperimente des Philosophie und Religionsunterrichts sind für viele Schüler zwar unterhaltsam, aber letztlich ist ihr realer Nutzen unklar. Musik, Sport und Kunst galten zu meiner Schulzeit in der Schülerschaft als Beschäftigungsfächer. Die Zusammenarbeit mit Kollegen dieser Fächer hat mir einen besseren Einblick in diese Fächer ermöglicht, und ich respektiere die geleistete Arbeit wesentlich mehr, als in meiner eigenen Schulzeit, aber das Stigma des "Nebenfaches", in dem Noten selten über die 3 hinaus gehen, haben diese Fächer bis heute noch nicht ganz ablegen können. Und dass dieser Eindruck besteht, dass manche Fächer marginal und andere lebensferne Fossilien sind, ist ungeachtet seines Wahrheitsgehalts ein weiteres Problem, an dem unsere Schulen derzeit kranken.

In all diesen Fächern spielt das Erleben eine deutlich größere Rolle, als die reine Vermittlung. Und dadurch entsteht ein großes Lernpotential, das in Zukunft auch für die anderen Fächer lebenswichtig werden könnte. Sie erinnern sich an die geschilderte Situation mit den Schülern in Unna, die von der Existenz von Armut in der Stadt überrascht waren. Hier hatte die Information eine gewisse Wirkung, weil sie eine so genannte kognitive Dissonanz ausgelöst hatte, also einen Moment, in dem ein neuer Gedanke den bestehenden Annahmen völlig widerspricht und das Bedürfnis auslöst, für Klarheit zu sorgen. Aber der reine Hinweis hatte damals wahrscheinlich nicht für einen tiefgreifenden Lernprozess genügt, mal abgesehen davon, dass es auch nicht der wesentliche Gegenstand der Stunde war. Viele werden schon am selben Abend die unpassende Information unbewusst aussortiert haben, oder sie wird in der Schwemme an Eindrücken und Informationen des selben Tages untergegangen sein. Nur wenige wird dieses kleine Detail am Rande einer Stunde ein

Bedürfnis vermittelt haben, sich weiter über dieses Thema zu informieren oder irgendwas mit dem Wissen um diesen Umstand anzufangen.

Man kann das schulische Lernen natürlich nicht ausschließlich auf erlebnispädagogischen Maßnahmen aufbauen, aber das systematische Problem des regulären Unterrichts liegt gerade in den kognitiven Fächern darin, dass ein uraltes Ablaufschema immer wieder genutzt wird und eben die kognitiven Strategien dominieren. Es wird immer noch überwiegend Textarbeit geleistet, die Texte werden dann zusammengefasst, analysiert, besprochen und anschließend mündlich oder schriftlich reflektiert. Wenn der Beginn einer Bearbeitung durch einen Impuls in Form eines Statements gegeben wird, ist dies auch kein Abweichen vom gängigen Schema. Das grundsätzliche Vertrauen des aktuellen Lernparadigmas liegt darin, dass durch Aufnahme, Reproduktion und Reflexion auf der Basis reiner Gedankenaktivität Lernen erfolgt. Ich habe aber inzwischen meine Zweifel daran, dass das noch genügt. Sicherlich, wenn niemand von der Armut in scheinbar reichen Ländern weiß, wird er auch keine Möglichkeit haben, davon zu lernen, solange er nicht zufällig im Alltag über eine entsprechende Information stolpert. Solche Tore müssen geöffnet werden. Aber grundlegende Dispositionen und gesellschaftliche Werte können auf diese Weise nur wenig effizient vermittelt werden.

Ein Positiv- und Negativbeispiel für Möglichkeiten des erlebenden Lernens an Schulen stellt das Thema Nationalsozialismus dar. Es wurde zu meiner Schulzeit durch die Fächer hinweg von der fünften Klasse bis ins Abitur immer wieder durchgearbeitet. Es wurde von der politischen Seite beleuchtet, von der geschichtlichen Seite, aus der Sicht der Pädagogik und Philosophie und im Deutschunterricht. Dann wieder von vorne. Wir hatten irgendwann einen gewissen Überdruss entwickelt, auch weil wir das Gefühl hatten, mit einer Erbsünde verflucht zu sein, die wir gar nicht verdient hatten, weil wir eben nicht unsere Großeltern waren und in einer anderen Zeit lebten, in der ein neu aufkommender Nationalsozialismus völlig außer Frage stand.

Diese Art der Überdehnung des Themas war gefährlich, weil es zu einer inneren Abwehrhaltung führte, die jede Einsicht verhinderte. Außerdem wurde nach dem Druckkochtopfprinzip dafür gesorgt, dass schon die Jahrgänge vor mir immer frustrierter darüber wurden, dass sie nicht mehr stolz auf ihr Land sein durften und dass viele notwendig anzusprechende politische und kulturelle Themen mit einem so absoluten Tabu belegt waren, dass man aus Angst vor dem Totschlagargument des Nazivergleichs lieber die Finger davon ließ, selbst wenn man sich produktiv einbringen wollte. Das schleppen viele Politiker auch heute noch mit sich herum.

Seitdem hat es einige begrüßenswerte Änderungen gegeben. Die inhaltliche Fülle des Themas ist reduziert worden, dafür ist der Gehalt und die Tiefe deutlich verbessert worden. Es wurde darauf geachtet, die Lehrpläne so zu gestalten, dass sich die Fächer gegenseitig ergänzen und parallel arbeiten können, und Exkursionen in Museen und Schauplätze der NS-Zeit gehören meistens dazu, damit die Schüler einen Eindruck bekommen können, statt auf dem alten Röhrenfernseher zum dritten Mal in Folge eine Reportage von Guido Knopp anzuschauen. Für die Frage nach dem modernen Bezug schaut man sich zwar immer noch ab und zu den Film "die Welle" oder andere Machwerke an, aber auf Gastbeiträge, Internetrecherchen zu lokalen Ereignissen und Bewegungen und Anlaufstellen für die Opfer von Diskriminierung wird immer mehr zurückgegriffen. Dies macht das Thema greifbar und belässt es nicht im luftleeren Raum der reinen Gedankenwelt. Es sorgt für eine emotionale Beschäftigung und bewirkt, dass das Thema für alle eine Relevanz erhält. Diese Art der Zusammenarbeit zwischen Fächern und Verknüpfung von Lebenswelten ist für das Lernen essentiell, schöpft aber nur in ausgewählten Bereichen ihr volles Potential aus. Die Frage ist am Ende, ob es möglich ist, dem wesentlichen Teil der Schülerschaft mit einer entsprechenden Darbietung des Gegenstands eine emotionale Betroffenheit und ein Gefühl der Relevanz zu vermitteln, damit die Lernprozesse effizient und nachhaltig ablaufen können.

<u>Vermischung von Leben und Lernen in der Institution</u>

Auf der Grundlage der bisherigen Beobachtungen, Überlegungen und Recherchen würde ich eigentlich zu dem Schluss kommen, dass die beobachtbaren Verhaltensweisen zurückzuführen sind auf eine Mischung aus einem problematischen Konsumverhalten, einem fehlgeleiteten pädagogischen Ansatz, prekären Bewältigungsstrategien der Jugend, ungünstigen Umständen des Aufwachsens in einer Instant-Gesellschaft, der Ambivalenz der privaten und professionellen Welt im Umgang mit digitalen Medien und einem problembehafteten Schulsystem, das den geänderten Anforderungen und Ansprüchen des Aufwachsens nicht mehr gerecht werden kann. Dies alles wird dann durch die ohnehin schon schwierige Zeit der Pubertät ergänzt und wirkt einen negativen Einfluss, der zurück bis in die frühe Kindheit reicht. Der Schluss wäre umfassend, deckte viele Bereiche ab und erschien nachvollziehbar. Außerdem wäre es genau der Schluss, zu dem viele Autoren von Fachartikeln und Sachbüchern gelangen. Aber ein Teil des Puzzles hat mich immer wieder stutzig gemacht.

Auch wenn sich die Schüler in ihrer Überlastung durch die empfundenen Ansprüche der Gesellschaft und dem Leben in einer schnellen und lauten Welt voller Ablenkungen irgendwann einigeln und abkapseln, sind sie in der Schule merkbar dennoch hochgradig soziale Wesen. Sie irren nicht wie Geister durch die Flure, als würden sie den Rest der Welt nicht wahrnehmen. Sie setzen sich mit ihrer Außenwelt auseinander und tauschen sich über alles Mögliche aus, und zwar zu jeder sich bietenden Gelegenheit. Und wie ich es darstellte gestalten sie das Bisschen Freizeit, das ihnen ihre Ausbildung lässt, sehr aktiv und bewusst, selbst wenn Computerspiele, Internet und Handy einen gewissen Raum darin besetzen. Wäre der Einfluss der genannten Faktoren so substantiell, dass er die Lernfähigkeit der heutigen Jugend zunichte machen könnte, würde er auch andere Bereiche des Lebens deutlich beeinträchtigen.

Aber auch dieses Soziale tragen sie derzeit noch eher in einer dem Lernen abträglichen Weise in die Schule, denn diese stellt oft keinen fruchtbaren Boden zur Verfügung, um das hohe Sozialisationspotential der Institution auszuschöpfen. Als Lehrer ist es für mich mehr oder minder zu einer Binsenweisheit geworden, aber die Schule ist längst nicht mehr eine reine Lehranstalt. Sie ist ein Ort der Begegnung und des Lebens. Gerade wenn man davon ausgeht, dass die Kinder und Jugendlichen immer mehr ihre Freizeit vor dem Rechner oder dem Handy verbringen, wird die Schule zu einer geradezu irritierenden Parallelwelt. Sie wäre unter der Annahme des exzessiven Medienkonsums der einzige Ort, an dem die Jugend noch einem intensiven Kontakt mit Gleichaltrigen hat. Und selbst ohne diese Annahme muss man sich mal vor Augen halten, wie besonders die gegebene soziale Situation ist. Mit einigen wenigen Ausnahmen ist kein Mensch je in seinem Leben wieder in einer vergleichbaren Situation, wie in der Schule. Für bis zu 13 Jahre wird das junge Kind per Gesetz dazu verpflichtet, Montags bis Freitags für die Hälfte des Tages (wenn man die Schlafenszeiten rausrechnet) auf relativ engem Raum mit einer großen Gruppe von Gleichaltrigen zu verbringen. Das Kind muss - oder kann - sich mit diesen Gleichaltrigen messen, vergleichen, verbinden und mit ihnen kommunizieren, wodurch es auch eine Einschätzung der eigenen Fähigkeiten und ein umfassendes Selbstbild entwickeln kann. Und die Mitschüler sind auch noch Leidensgenossen, wodurch die soziale Bindung umso stärker wird. Nicht umsonst ist das soziale Umfeld der Schule für erste tiefgreifende Freundschaften und Beziehungen das wesentliche Übungs- und Rekrutierungsfeld. Und leider verwundert es nicht, dass auch die meisten Amokläufe in Deutschland nicht im Verein oder in Einkaufszentren durchgeführt werden, sondern in der Schule[64].

Wenn die Schule keine Räume für Sozialisation bietet, drängt sich diese ins Klassenzimmer und behindert den Unterricht. Neben den genannten Situationen ergeben sich dann kuriose Gesetzmäßigkeiten. Den offiziellen Modus des Unterrichts einzuleiten und aufrecht zu erhalten gestaltet sich beispielsweise als eine äußerst anspruchsvolle Aufgabe. Sie war allerdings nie so ganz einfach. Mit dem offiziellen Modus ist gemeint, dass private Gespräche unter den Schülern und Einzelbesprechungen mit der Lehrkraft eingestellt werden, damit die gesamte Klasse der Lehrkraft oder einem Mitschüler zuhören oder für eine Methode vorbereitet werden kann. Damit die Konzentration zusammen bricht genügt es in manchen Fällen sogar, sich umzudrehen und etwas an die Tafel zu schreiben. Im so entstehenden Leerlauf beginnt augenblicklich wieder das erste Privatgespräch, das sich wie ein Lauffeuer ausbreitet. Aber selbst während des Lehrervortrags melden sich Schüler mit vollkommen themenfremden Fragen, die ihnen spontan eingefallen sind, oder sie kommen zur Lehrkraft und

---

64 Auch der Amoklauf in München war in der Wahl der Opfer durch das schulische Umfeld des Täters motiviert.

fordern eine persönliche Beratung ein. Für die zunehmende Diffusion zwischen offizieller Arbeit und dem privaten Modus ist meines Erachtens nicht maßgeblich die mangelnde Konzentrationsfähigkeit der Kinder und Jugendlichen verantwortlich, auch wenn die Fähigkeit, Langeweile und Leerlauf zu ertragen, heutzutage deutlich vermindert zu sein scheint.

Zusätzlich zu dem sozialen Bedürfnis sorgen die entwickelten Abschottungsmechanismen (der Overload) zu einer Art Sozialkontrakt, der mit Selbstabsorption verwechselt werden kann. Zu meiner Schulzeit waren Fragen an die Lehrkraft relevant für diejenigen, die die Frage nicht gestellt hatten. Zumindest mit einem halben Ohr hörte man hin, weil die Frage und Antwort vielleicht für einen selbst wichtig sein könnte. Jetzt scheint dies seltener der Fall zu sein. Es hilft jetzt wenig, dieses Verhalten als eine Form von Höflichkeit auszulegen und zu sagen, dass die Frage, die ein anderer stellt, auch zu einer Antwort führt, die an den Anderen gerichtet ist und einen selbst nichts angeht. Denn das Kernproblem bleibt erhalten. Wenn jeder für sich lernt und sozialer Austausch nur im privaten Bereich stattfindet, dann funktioniert das gemeinsame Lernen nicht mehr.

Auf der methodischen Ebene hat es im Hinblick auf dieses Phänomen in den letzten Jahren eine sehr gute Entwicklung gegeben. Zunächst wurden Konzepte des schülerzentrierten Unterrichts und der aktivierenden Lehrmethoden entwickelt. Diese sollten die Lehrperson in den Hintergrund stellen und den Schülern eine Konzentration auf den Lernstoff trotz der gesunkenen Aufmerksamkeitsspanne ermöglichen. Außerdem sollte die aktive Lernzeit aller Schüler erhöht werden. Denn gerade im Fach Englisch ist es wichtig, dass die Schüler nicht 45 Minuten einem Lehrermonolog lauschen, sondern selbst sprechen. Wenn man die verfügbare Zeit aufteilt ergibt sich mathematisch eine Redezeit von etwa 2 Minuten pro Unterrichtsstunde für jeden Schüler. Und da gehe ich noch von einer Utopie aus, in der der Lehrer gar nicht spricht, kein Leerlauf existiert, die Klasse relativ klein ist und jeder zu Wort kommt. Ein Problem war bei diesen Methoden der zu hohe Anteil an reinen Schreibübungen, die während der Gruppenphasen in Ruhe ausgeführt werden konnten, weil der Lombard-Effekt Gespräche in Kleingruppen mit der Zeit sehr anstrengend machte. Der Lombard-Effekt ist ein akustisches

Phänomen, durch das eine Person ihre Gesprächslautstärke und ihren Ton mit steigendem Hintergrundlärm ebenfalls anhebt und verändert, so dass sich ein Raum mit 30 Personen in Lautstärkebereiche begeben kann, die geradezu gehörschädigend sein können.

Im nächsten Schritt setzen sich deshalb nun ganz langsam auch kooperative Lernmethoden durch, durch die eine Kultur des Austauschs in gegenseitiger Abhängigkeit und das Lernen als gemeinschaftlicher Prozess betont werden. Die Notwendigkeit der Präsentation vor der gesamten Klasse fügt eine weitere soziale Ebene hinzu, weil der Mut, sich einem Plenum auszusetzen, durch die Art der gemeinschaftlichen Vorbereitung gestärkt wird, und auch der mündliche Vortrag geübt wird.

Aber das methodische Repertoire aufzustocken kann nur ein Anfang sein. Wenn das Grundproblem der mangelnden sozialen Entfaltungsmöglichkeiten insgesamt erhalten bleibt, werden auch die von Norm und Kathy Green konzipierten Lehr und Lernmethoden dadurch unterminiert, dass soziale Methoden abgelehnt und Austauschphasen zum Bereich des privaten Modus gezählt werden[65].

Über die kostengünstige Reform des methodischen Repertoires hinweg müssen auf Dauer auch personelle, bauliche und strukturelle Änderungen eintreten. Auf Dauer könnten die aktuell bestehenden Kompensationsstrategien nicht mehr ausreichen. Die Schule muss einen Weg finden, die Trennung von privat sozialem und dem Lernen beizubehalten und gleichzeitig einen produktiven Austausch im Kontext des schulischen Lernens zu kultivieren.

NOTWENDIGE KONSEQUENZEN

Nun zum Fazit. Was hat es mir gebracht, dieses Buch zu schreiben, und was haben Sie davon, es gelesen zu haben? Bevor ich anfing, dieses Buch zu schreiben, war ich davon überzeugt, dass die Technophobie der älteren Generationen und die Unfähigkeit des Verwaltungsapparats zusammen mit dem fossilisierten Schulsystem eine wertvolle neue Ressource in die Mülltonne tritt, mit der unsere

---

65 http://greeninstitut.squarespace.com/norm-und-kathy-green/

Gesellschaft einen gewaltigen Schritt nach vorne machen könnte. Weniger plakativ ausgedrückt war ich der Ansicht, dass es mehr Sinn macht, neue Technologien in den Unterricht und den Schulalltag zu integrieren, statt sie zu verteufeln und alle Probleme der Welt auf sie zu projizieren. Zu einem wesentlichen Teil bin ich über die Recherchen zu den verschiedenen Themen von meinen Annahmen abgerückt und habe meine Positionen korrigiert. Ich hoffe, Ihnen hat das Lesen des Buches auch die eine oder andere Einsicht ermöglicht oder Sie auf das Thema neugierig gemacht.

Zuletzt bleibt mir noch ein Blick auf zwei wesentliche Teilaspekte, ohne die ein Buch voller konstruktiver Kritik nicht enden sollte. Es würde ein Gefühl der Unzufriedenheit hinterlassen, wenn ich hier die ganze Zeit nur gemäkelt und philosophiert hätte, ohne Lösungsansätze zu liefern oder Schlüsse für meine Arbeit zu ziehen und eventuell Vorschläge zu unterbreiten, wie sich das Schul- und Erziehungssystem ändern müsste, um den aufgeworfenen Problemen entgegen zu wirken. Ich werde in drei Schritten vorgehen und erst auf den aktuellen Themenkomplex der Schulbildung eingehen, dann noch einmal einen Überblick über die gesamtgesellschaftliche Situation geben und zum Schluss versuchen, einen Ausblick über potentielle Entwicklungen in der Sache zu geben.

Im Kern mache ich mir allerdings keine großen Illusionen. Wenn ich mit diesem Buch Erfolg habe kann ich vielleicht einen kleinen Beitrag zur laufenden Debatte leisten, aber die in diesem Buch beschriebenen Beobachtungen bauen größtenteils auf der Vorarbeit von zahlreichen Fachpersonen auf, die ebenfalls schon einige Arbeit investiert haben, um die Frage nach dem Umgang mit unserem gesellschaftlichen Wandel zu beantworten. Vieles ist schon gesagt und geschrieben worden, oft auch schon in Büchern publiziert, und stellt deshalb keine wirkliche Neuigkeit dar.

Auch die Lösungsvorschläge müssen im entsprechenden Rahmen betrachtet werden. Obwohl ich mich darum bemühe, das Gesamtbild einzufangen, entgeht mir sicherlich das eine oder andere Detail, denn letztlich ist meine Perspektive die eines praktizierenden Lehrers, der sich selbst noch mit viel gutem Willen zu der Gruppe der Millennials zählen kann, aber das Thema weder vollständig von innen, noch ganz von außen betrachtet. Auf das Feld der Schulpolitik habe ich einen minimalen Zugriff und kann nur mutmaßen, warum bestimmte Ideen noch nicht umgesetzt wurden, obwohl sie teilweise seit Jahrzehnten durch die Fachschaften geistern und immer mal wieder in den Debatten um Bildung und Erziehung aufkommen. Da habe ich nur Daten aus meinem Studium, meiner Ausbildung und einigen Gesprächen mit wenigen wirklich involvierten Personen. Daher gilt für das Fazit das Gebot der Zurückhaltung.

Die Schwierigkeit, bestehende Systeme zu verändern

Wie ich zuletzt erwähnte ist die Schule eine uralte Institution, die auf Tradition aufbaut und in ihren Grundfesten so solide ist, dass jedes Vorhaben, sie komplett zu überdenken oder gar ihren Sinn in Frage zu stellen, normalerweise im Keim erstickt wird. Dabei geht es nicht einmal um eine Tabuisierung des Themas. Dass Schule da ist wird in der Regel einfach nicht hinterfragt. Aber das ist eine seltsame Sache, denn, wie ebenfalls erwähnt, nimmt sie einen gewaltigen Teil jedes jungen Lebens ein. Sie waren in der Schule, ich war in der Schule, wahrscheinlich war abgesehen von einigen Sonderfällen jeder in der Schule. Und ich gehe aus verschiedenen Gründen nicht davon aus, dass die offen gestellte Frage nach der Existenzberechtigung eines Schulsystems auf unbestimmte Zeit eine negative Antwort hervorrufen würde. Ein Grund ist neben der Gewohnheit auch die kulturell und historisch gewachsene Vertrautheit mit dem bestehenden System und der gesellschaftlich geteilte Konsens, dass eine Beschulung durch ausgebildetes Personal wichtig und nötig ist. Ein anderer Grund ist, dass es über die durchaus existierenden und sogar zahlreichen Gegenkonzepte der frühkindlichen Förderung und Ausbildung in der Jugend keinen ausreichend stabilen Konsens gibt, um diese Konzepte ernsthaft dem etablierten Schulsystem entgegen zu setzen.

Die Grundfragen, die es bei der Legitimitätsfrage der Schule zu stellen gilt, sind immer gleich geblieben, während sich die Antworten - positiv wie negativ - erstaunlich breit fächern. Was ist Bildung? Was ist Allgemeinbildung? Welche Aufgabe hat die Schule im Hinblick auf unseren Bildungsbegriff in unserer Gesellschaft? Was soll sie leisten? Was kann sie leisten? Was sind ihre Grenzen? Was soll der Jugend von wem in welchem Zeitraum mit welchen Methoden und in welchem

Rahmen vermittelt werden? Und das sind natürlich nur die Grundfragen, denen sich dann zahllose Detailfragen anfügen. Wenn man es bis zu einem gewissen Grad weiterführt kommt man auch irgendwann zu der Frage, ob Schule wie wir sie kennen, noch zeitgemäß oder vollkommen fehl am Platz ist. Dies ist also keine ketzerische Frage, die es abzuwinken gilt, sondern ein Angebot, noch einmal nachzudenken und sich nicht davor zu verschließen, auch grundlegende Änderungen in Betracht zu ziehen, um einen wichtigen Bestandteil unserer Gesellschaft und Kultur funktionsfähig zu halten, vielleicht unsere Gesellschaft als solche zu einer Besseren zu machen.

In Anbetracht dessen ist es wahrscheinlich genauso schwierig, mit diesem Buch die Fundamente des Systems zu erschüttern, wie mit dem physischen Buch zu versuchen, ein Loch in eine alte Burgmauer zu werfen. Über die Jahrhunderte hat sich nämlich in beiden Fällen eine entsprechende Struktur herausgebildet, die auch einer Reihe von Abhängigkeiten unterworfen ist und dadurch fast unangreifbar ist. Nehmen wir rein hypothetisch einmal an, dass bei einer neuen Formierung des Bildungswesens ein Fach aus dem Schulkader entfernt werden würde, weil man feststellt, dass es keinen allgemeinbildenden Charakter hat. Dies würde sich auf eine ganze Reihe von anderen Institutionen auswirken und nicht zuletzt viele Menschen ihre Stelle kosten, falls sie sich nicht schnell genug umorientieren könnten.

Wenn es auch nur um ein einzelnes Fach geht, sind die Implikationen bereits umfassend. Mein eigenes sehr junges Fach, die Erziehungswissenschaft, stand seit ihrer Einbringung in die Schulen im Jahr 1972 unter regelrechtem Beschuss. Das Fach wird derzeit nur in vier Bundesländern überhaupt unterrichtet, und dort auch nur in der gymnasialen Oberstufe, also in den letzten drei Schuljahren, die zum Abitur führen. Die eine Seite argumentierte, dass die Pädagogik ein viel zu spezifisches und praxisorientiertes Themenfeld ist und deshalb im Kanon einer allgemeinbildenden und zum Hochschulstudium führenden Einrichtung nichts zu suchen hat. Es habe keinen wissenschaftlichen Anspruch. Die andere Seite kritisierte die Erziehungswissenschaft als ein viel zu komplexes Thema wegen ihrer Grundlagen in der Psychologie und dem sehr hochgestochenen wissenschaftlichen Anspruch der Bearbeitungen. Hinter vorgehaltener

Hand wurde dem Fach auch das Stigma des "Laberfaches" zugefügt, welches sich zwar hochwissenschaftlich gibt, aber im Kern jedem ermöglicht, sich unabhängig von seinem Fachwissen in die Debatten einzubringen. Letztlich wurde auch hinterfragt, ob die Erziehungswissenschaft als solche überhaupt eine eigenständige Wissenschaft sei, denn sie setze sich aus einem Sammelsurium anderer Fachdisziplinen zusammen und betrachte nur einen bestimmten Ausschnitt, den die anderen Fächer selbst bereits abdecken. Zum Beispiel gibt es eine pädagogische Psychologie, die die Erziehungswissenschaft mehr oder minder wie einen akademischen Blutegel erscheinen lässt. Im Studium gab es in jedem Semester mindestens ein Seminar, das sich mit der Legitimationsfrage des Faches befasste oder auf das Damoklesschwert aufmerksam machte, das über den Köpfen der noch nicht einmal fertigen FachLehrer hing. Und in meiner Examensarbeit beschäftigte ich mich damals mit dieser Problematik und stellte heraus, dass in den bevorzugten Fachlehrbüchern der Anteil fremder Wissenschaftler, insbesondere von Psychologen, Medizinern, Biologen und Philosophen, deutlich überwiegt und fast keine hauptsächlichen Pädagogen und Erziehungswissenschaftler zu Wort kommen.

Nehmen wir jetzt mal an, man würde dieses junge Fach tatsächlich wieder absetzen. Die Konsequenzen für die einzelnen Lehrkräfte wären nicht schön, aber je nach Individuum würde man sich damit arrangieren müssen und entweder ein neues Fach anlernen oder das andere Lehrfach unterrichten. Für die Schulen würde durch den Wegfall des Faches erst einmal ein Ungleichgewicht in der Versorgung der Fächer entstehen, das aber durch die Verteilung des Unterrichts kompensierbar wäre, und spätestens zur Rente der Kollegen würde sich das Problem dann auswachsen. Die Studienseminare und Universitäten würden allerdings Probleme haben, bestimmte Fakultäten oder einzelne Professoren zu halten. Und wenn die Pädagogik über Bord gegangen ist, würde auch irgendwie die Stimmung kippen, denn der Rotstift kann dann sein nächstes Opfer suchen gehen.

Würde das Gleiche mit einem der ehernen Fächer passieren würde es natürlich weitaus größere Wellen schlagen, und da gäbe es auch den einen oder anderen Interessenverband, der es nicht gerne sähe, würde man den Schülern die Möglichkeit verwehren, sich für ein bestimmtes Fach begeistern zu lassen. Eine grundlegende Reform des Schulwesens würde die derzeit rund 200.000 Lehrkräfte in Nordrhein-Westfalen dazu nötigen, zurück ans Reißbrett zu gehen oder sich zumindest in ihrer Profession völlig neu auszurichten. Auch die Studienseminare und Universitäten würden sich komplett neu ausrichten müssen. Ganze Forschungseinrichtungen, deren Erkenntnisse und Publikationen würden im Kern obsolet und wären nur noch als historische Dokumente zu gebrauchen. Und selbst wenn die Begründung und die wissenschaftliche Neukonzeption von langer Hand geplant worden sind bedeutet es nicht zwingend, dass das neue System dann funktioniert oder auf Dauer erhalten bleiben kann. Es wäre sehr viel in den Sand gesetztes Geld, vergeudete Zeit und Energie.

Da kommen wir aber auch schon zu einem zweiten Punkt, warum Schule so änderungsresistent ist. Es hat natürlich auch finanzielle Gründe. Wir haben neben den zahlreichen Lehrkräften auch etwa 6.000 Schulen in Nordrhein-Westfalen. Allein die Neuausstattung der Gebäude oder architektonische Veränderungen würden Milliarden kosten, die das Land nicht hat. Verschiedene Änderungen würden auch laufende Kosten verursachen, wie zum Beispiel das Einrichten einer Cafeteria und Schulküche und die entsprechende Bereitstellung von adäquaten Mahlzeiten an allen ausreichend großen Schulen. Die notwendigen Stellen für Lernbegleiter, Sozialarbeiter und Psychologen habe ich ja schon erwähnt. Im letzten Jahr wurde bemängelt, dass Nordrhein-Westfalen eines des Bundesländer ist, die das wenigste Geld in ihr Bildungssystem investieren. Gleichzeitig wurde eine deutliche Erhöhung des Haushalts angekündigt. Man darf gespannt bleiben, was sich daraus entwickelt.

Das Bisschen, das wir jetzt haben, sollten wir also besonders gut nutzen. Aber an manchen Stellen wird mit den verfügbaren Ressourcen scheinbar nicht ganz effizient umgegangen, wie mir scheint. Was mich wirklich verwundert hat ist das Zahlenverhältnis von Schülern und Lehrern. Es hat nicht zu den zahllosen Beschwerden gepasst, dass es viel zu wenige Lehrer gibt, aber die Auflösung ist an sich ganz einfach. Erst einmal sind viele der angegebenen Stellen keine vollen Stellen. Die Zahl der Vollzeitlehreinheiten (ein wunderschöner Begriff übrigens) beläuft sich laut der Statistik auf etwa 162.000, das kann man auf 150.000 abrunden, wenn man realistisch bleiben will und die Stellen abzieht, die sich aus Freistellungen, Erkrankungen und unterrichtsfernem Einsatz zusammensetzen. Dann bleiben wir trotzdem noch bei einem statistischen Verhältnis von 1:17, was immer noch ganz nett ist. Es ist ein wenig wie mit der realen und gefühlten Temperatur. Denn natürlich ist es nicht so, dass eine Lehrperson eine Gruppe von 17 Kindern zugeteilt bekommt, die sie bis zu ihrem Abschluss begleitet und unterrichtet. Eine Lehrperson kümmert sich um bis zu 8 verschiedene Klassen, die jeweils ungefähr 25 Schüler umfassen. Das sind dann zwar nur 3 bis 4 Unterrichtsstunden pro Klasse pro Woche, aber trotzdem muss die Lehrperson dadurch in jedem laufenden Schuljahr mit 200 Biographien vertraut sein, Lernbesonderheiten im Blick behalten, mit entsprechend vielen Eltern zusammen arbeiten und für jede Klasse ein wechselndes Kollegium als Ansprechpartner nutzen. Und es ist nicht garantiert, dass die irgendwann vertrauten Schüler der Lehrkraft im kommenden Schuljahr noch erhalten bleiben. Meistens unterrichtet eine Lehrkraft die selbe Klasse nur für wenige Schuljahre, und manchmal kommt es vor, dass sie eine Klasse zu Beginn unterrichtet, sie dann einige Jahre aus den Augen verliert und sie dann wieder zugeordnet bekommt, wodurch sie erst einmal herausfinden muss, was in der Zwischenzeit passiert ist und ob die Kenntnisse über sie noch aktuell sind. Oft bedeutet das, dass die Klasse noch einmal komplett neu kennen gelernt werden muss. Das kostet eine unheimliche Menge an Energie, die dann an anderen Stellen verloren geht.

 Und dass ein Englischlehrer die selbe Klasse von der 5 (oder gar von der 1. Klasse an) bis zur 10, 12 oder 13 unterrichtet, ist strukturell gar nicht möglich und auch nicht vorgesehen. Man kann argumentieren, dass die Grundbildung in der Primarstufe einen ganz anderen Fokus legt, wesentlich pädagogischer ausgelegt ist und einen ganz anderen Anspruch an die geleistete Arbeit stellt[66]. Es sei im Kern ein völlig anderer Beruf. Aber in Anbetracht der notwendigen Kohärenz muss

---

66 ...einen anderen, nicht einen niedrigeren Anspruch. Es ist ein Unding, dass Grundschullehrer weniger Geld und sogar weniger Achtung verdienen, als etwa Gymnasiallehrer.

man dann auch in Frage stellen dürfen, ob der scharfe Schnitt zwischen der Primar- und Sekundarstufe noch zeitgemäß ist, oder ob man eine engere Verknüpfung zwischen den beiden Seiten nicht konsequenter verfolgen sollte, wie es manche Schulversuche derzeit anstreben.

Dann käme auch die Frage hinzu, ob sich Lehrpersonal unbedingt so sehr spezialisieren muss, gerade in der Sekundarstufe und insbesondere an Gymnasien und Gesamtschulen. Diese ein wenig auszuweiten und aufzulockern würde eine größere Flexibilität ermöglichen, und eine Lehrkraft könnte sich länger mit einer Lerngruppe in Verbindung setzen und sich besser mit einer kleineren Gruppe von Kollegen koordinieren. Natürlich ist es unter den gegebenen Umständen utopisch, anzunehmen, man könnte eine Lehrkraft zu einem Allrounder ausbilden, der sämtliche existierenden Fächer aller Schulstufen bis ins Abitur unterrichten könnte und auch über die Kompetenzen im pädagogischen Umgang mit Kindern und Jugendlichen jedes Alters verfügt. Aber die Zukunft der Lehrkraft als eine umfassend didaktisch und pädagogisch gebildete Lernbegleitung, die in allen Bereichen so weit ausgebildet ist, dass sie die Schüler in allen das Erwachsenenleben vorbereitenden Bereichen der Schulbildung unterstützen kann, ist auch in Anbetracht der immer besser werdenden Lehrmittel und Ressourcen nicht mehr undenkbar. Aber wenn man jetzt die Rolle der Lehrperson völlig neu konzipieren würde, bräche das ganze System erst einmal für Jahre zusammen. Der Schlüssel ist der Wandel in kleinen Schritten über einen längeren Zeitraum mit einem klaren Plan.

Und das ist dann das nächste Problem. Den Plan gibt es nur in der Form eines vorsichtigen Abtastens mehrerer Handlungsalternativen. Denn dass die Schule ein zentrales Element unserer Gesellschaft ist und ein ungeheures Einflusspotential hat, das haben mehrere Gruppierungen schon immer gewusst, gerade auch weil sie maßgeblich an der Erschaffung der Institution beteiligt gewesen sind und bis heute selbst einen gemeinsamen Einfluss wirken. Und all diese Organe haben zwar konsensfähige Vorstellungen davon, welchen Zweck die Schule erfüllen soll und wie sie arbeiten muss, aber sie haben unterschiedliche Grundinteressen, die an den entscheidenden Stellen für eine Menge Reibung sorgen.

Die wichtigste Interessengruppe ist die Bundes- und Landesregierung, die im Sinne der gesellschaftlichen Mehrheit durch die von den Bürgern gewählten Parteien und Vertrauenspersonen wirkt. Wenn sie freie Hand hätten wäre das eine schöne Sache, aber es gibt hier natürliche Grenzen des Handelns. Wenn es könnte, würde das Ministerium für Bildung möglicherweise veranlassen, dass alle Schulen restauriert, ausgebaut, mit den neuesten Mitteln ausgestattet werden, und würde jedem Kind eine eigene Lehrkraft beiseite stellen. Aber die Politik als Gesellschaftsvertreterin ist zwei wesentlichen Bindungen unterlegen. Einerseits muss sie auch das Gesamtsystem des Landes aufrecht erhalten, und die Ministerien müssen sich deshalb über die Verwendung von Ressourcen und die Handhabung zahlloser anderer Faktoren in Verbindung setzen. Bildung ist wichtig, aber auch sie kann nicht immer den Vorrang haben.

Außerdem ist auch das politische Feld nicht konsistent. Verschiedene Parteien haben verschiedene Vorstellungen davon, wie den wahrgenommenen Interessen der Gesellschaft am Besten nachzukommen ist, und das macht jede Investition in einen langfristig ausgelegten Plan zu einem riskanten Manöver. Über Jahre oder Jahrzehnte hinweg Millionen oder Milliarden in ein Projekt zu investieren, das nicht mehr zeitgemäß sein könnte, wenn es dann etabliert werden kann, wäre unverantwortlich. Auch spontane Begeisterungen sollten dann und wann im Zaum gehalten werden, bevor es zu Fehlinvestitionen führt. Stellen Sie sich nur einmal vor, man hätte von 1980 bis 2000 immer wieder versucht, alle Schulen mit modernster Technologie auszurüsten, nur um am Ende festzustellen, dass es angesichts des technologischen Fortschritts eine Sisyphusarbeit wird. Oder man hätte die Mühe auf sich genommen, Klassen mit Smartboards auszustatten und gleichzeitig nicht genug darauf geachtet, dem Lehrpersonal beizubringen, dass man die Dinger nicht mit wasserfestem Edding bemalen sollte. Außerdem ist es durchaus möglich, dass zwischenzeitlich eine andere Person, Personengruppe oder sogar eine völlig neue Partei an die Macht kommt und unweigerlich das Projekt einstampft, wodurch dann eine Menge Geld für nichts ausgegeben wurde.

Ein zweiter wesentlicher Einfluss kommt von der Kirche, auch als Vertreterin unserer kulturellen Geschichte. Es geht weniger darum, dass die angestrebte Trennung von Staat (beziehungsweise Land) und Kirche aufgrund alter Verträge und Abhängigkeiten nie ganz konsequent durchgezogen werden konnte, obwohl auch das in der Schule sichtbar ist. Immerhin wird in der Schule immer noch ein Fach unterrichtet, das ich eigentlich in den privaten Bereich oder in den Gemeinden verorten würde, unabhängig von der Konfession des entsprechenden Kindes. Es fällt natürlich deutlich in den Bereich meiner persönlichen Meinung, dass Konfessionsunterricht keinen Platz in einer allgemeinbildenden Schule hat und ihrem Bildungsanspruch eventuell sogar entgegen wirkt. Ich wurde katholisch groß gezogen, bin dann zur evangelischen Kirche gewechselt, konnte schließlich keinen wirklichen Unterschied feststellen und bin komplett aus der Kirche ausgetreten. Aber gerade weil die Unterschiede nicht so gravierend zu sein scheinen sehe ich keinen Grund in der Zweiteilung eines kompletten Faches, die an sich sogar zu einer Dreiteilung wird, weil für diejenigen, die den christlichen Religionsunterricht nicht wahrnehmen wollen, auch praktische Philosophie angeboten wird. Es ist auch bezeichnend, wie in der Schule ein lange bestehender religiöser Konflikt immer wieder in die nächste Generation übertragen wird, indem das Fach nach evangelischem und katholischem Unterricht getrennt wird, was aber auch auf das eigentliche Problem hindeutet.

Im Pädagogikunterricht behandeln wir im Rahmen des Themenbereiches "interkulturelle Bildung" ein Theorem des Erziehungswissenschaftlers Wolfgang Nieke, der unter anderem eine einfache, nachvollziehbare aber äußerst wichtige Feststellung macht. Nicht nur der Religionsunterricht, sondern auch unser gesamtes Schulsystem arbeitet hochgradig ethnozentrisch. Das heißt, dass unser Schulleben, die Art des Umgangs miteinander, die Eigenheiten unserer Sprache und eben auch die Auswahl der Inhalte unseres gesamten Unterrichts definiert sind durch unseren historisch-kulturellen Hintergrund. Mit der eventuellen Ausnahme der Naturwissenschaften liegen die inhaltlichen Schwerpunkte aller Fächer in der "westlichen" Gesellschaft, auch wenn ab und an mit sehr unterschiedlicher Priorität auch mal Beispiele aus anderen Teilen der Welt herangezogen werden. Philosophien, Literatur und andere Kulturelemente aus Bereichen der Welt, die nie aktiv an dem globalen Geschehen beteiligt waren, werden fast ausschließlich zu Betrachtungsgegenständen, und auch im evangelischen und katholischen Religionsunterricht werden alternative Religionen über den Vergleich mit der Eigenen behandelt. Ich meine nicht, dass wir die Verwurzelung unserer Schule in einem festen kulturellen Muster zugunsten einer Neugestaltung zu einer religions- und kulturneutralen pluralistischen Einrichtung auflösen sollten. Aber gerade die Durchwebung der Institution durch Dinge, die uns durch die Gewöhnung gar nicht mehr auffallen, kann zu einem Hindernis für positiven Wandel werden. Und selbst wenn eine neuerliche Debatte den Religionsunterricht in Frage stellte, wäre spätestens durch die CDU und andere dem Christentum und traditionell konservativen Werten zugewandten Parteien ein gehöriger Widerstand zu erwarten, selbst in NRW.

Zuletzt ist dann noch die Wirtschaft als Einflussfaktor zu nennen. Im Kern sind Schulen auch Zulieferer für Betriebe, Forschungseinrichtungen und die Arbeitswelt im Allgemeinen. Deshalb werden natürlich einige grundsätzliche Ansprüche gestellt, die erfüllt werden sollten. Jetzt muss man sich natürlich noch einmal in Erinnerung rufen, dass "die Wirtschaft" nicht eine Art riesiger Megakonzern ist, sondern, ähnlich wie die Politik, aus einer Vielzahl von Branchen und Verbänden besteht, die jeweils auch sehr unterschiedliche Interessen haben, die sie durchzusetzen versuchen. Dabei steht allzu oft der Vorwurf im Vordergrund, dass der wirtschaftliche Einfluss gerade nicht das Interesse der Jugend im Sinn hat, sondern die Schüler mehr als zukünftige Konsumenten sieht, die es frühestmöglich zu beeinflussen gilt. Durch diese wahrgenommene Janusköpfigkeit wird die enthusiastische Beihilfe verschiedener Organisationen zur Durchsetzung digitaler Kindertagesstätten und Kindergärten, wie etwa im Fall der Telekom, mit einiger Skepsis betrachtet. Auch gab es immer wieder Fälle, in denen Konzerne versucht hatten, Schulen kostenloses Lehrmaterial zur Verfügung zu stellen, die durchzogen von positiver Selbstdarstellung und Eigenwerbung waren oder die Inhalte des Faches auf eine Zukunft im Arbeitsumfeld des Spenders einzuengen versuchten. Insgesamt steht der Gedanke, dass Konzerne gierig die Finger nach dem eigentlich werbefreien Raum der Schule ausstrecken, unverhältnismäßig im Vordergrund, und es wird zur

Vorsicht im Umgang mit ihnen gemahnt[67]. Tatsächlich aber tragen Handelskammern und Wirtschaftsunternehmen zusammen mit Betrieben und einzelnen Eigenständigen in Absprache mit den jeweiligen Schulen sehr zu der Orientierung der Jugendlichen bei, indem sie Vorträge anbieten, Exkursionen ermöglichen und für Praktika bereit stehen. Es ist auch gerade die Wirtschaft, die im Kleinen und Großen eine der wesentlichen Kräfte für positive Veränderungen darstellt.

Ist Wandel überhaupt möglich?

Es sind nicht zuletzt finanzielle Überlegungen und Druck seitens verschiedener Wirtschaftsverbände, die G8, also die Verkürzung des Gymnasiums auf 12 Jahre, bewirkt haben und nun einer Rückkehr zum alten System entgegen wirken. Auch die Idee, das Schuleintrittsalter auf 5 Jahre herunterzusetzen, dürfte auch dem Wunsch entsprungen sein, die Schüler früher in die Arbeitswelt zu entsenden. Aber eben diese so zwiespältig gesehene Instanz hat sich auf dem bundesweiten Gebiet für sehr wichtige und positive Neuerungen eingesetzt. Ein Stichwort ist die von der OECD (Organisation für ökonomische Zusammenarbeit und Entwicklung) durchgeführte PISA-Studie (Programm zur internationalen Schülerbewertung). Die hat in Deutschland ordentlich für Wirbel gesorgt. Die PISA-Studie ist als ein Erhebungsinstrument konzipiert, mit dem seit dem Jahr 2000 alle drei Jahre verschiedene Kernkompetenzen der 15-Jährigen der teilnehmenden Länder geprüft werden, um eine Prognose für die wirtschaftliche Entwicklung des jeweiligen Landes erstellen zu können. Die gewählten Kernkompetenzen betrafen die Bereiche Lesefähigkeit, Mathematik und Naturwissenschaften. Eine gut gebildete Jugend mit ausgeprägten Kernkompetenzen in diesen Bereichen wird von der OECD als ein wesentlicher Indikator für das wirtschaftliche Wachstum des gesamten Landes angesehen, was einen hohen Anspruch und eine besondere Würdigung der Bildungseinrichtungen bedeutet. Dies führte im Jahr 2000 aber erst einmal zum "PISA-Schock".

---

67 Ein Beispiel und Überblick: http://www.deutschlandradiokultur.de/unternehmen-und-schule-lobbyismus-im-klassenzimmer.976.de.html?dram:article_id=364146

Der bestand darin, dass die Bundesrepublik Deutschland im internationalen Vergleich kein Schlusslicht war, aber deutlich schlechter abgeschnitten hatte, als es die Selbstwahrnehmung zugelassen hätte - eine fundamentale Kränkung. Eine erste Reaktion seitens der Republik und der Länder war nachvollziehbar. Es wurde die PISA-E Studie durchgeführt. Es handelte sich um die ursprüngliche Studie, jedoch wurde eine größere Menge an Schülern geprüft, und die Ergebnisse wurden nicht deutschlandweit in einen Topf geworfen, sondern zwischen den Ländern verglichen. Nachvollziehbar war dieser Schritt, weil trotz der Koexistenz als Bund jedes Land im Bezug auf sein Bildungswesen souverän ist, also neben allgemeinen Absprachen substanzielle Entscheidungsbefugnisse hat. Ein wenig kam mir aber damals der Eindruck, dass es auch darum ging, den schwarzen Peter weiterzureichen, um der Notwendigkeit grundlegender Reformen aus dem Weg zu gehen, falls sich herausstellte, dass einzelne Länder dann doch gut abschnitten. Man konnte die Schuld und Reformpflichten den Ländern zuweisen, die besonders schlecht abgeschnitten hatten und musste selbst nichts tun, was irgendwie anstrengend oder kostspielig gewesen wäre.

Der Verdacht steigerte sich bei der Beobachtung der Reaktion auf die besseren Ergebnisse der PISA-Studie von 2003, die ich für einen Vortrag zur Studie im Seminar von Prof. Dr. Jürgen Helmchen aufgearbeitet hatte. Ein Politiker, an dessen Namen ich mich aber nicht mehr erinnern kann, hatte das sehr schön nüchtern kommentiert. Man habe den Test diesmal ernster genommen, die Schüler gezielt mit klassischen Aufgabenstellungen darauf vorbereitet und sei dadurch mit dem Testformat vertrauter gewesen. Die Jugendlichen, die an der Studie von 2003 teilgenommen hatten, waren zu dem Zeitpunkt der ersten PISA-Studie immerhin bereits 12 Jahre alt und hatten bis dahin das selbe Schulsystem durchlebt, wie ihre Vorgänger. Die Auswertung, die Debatte um notwendige Veränderungen in der Bildung und deren Umsetzung hätten unmöglich so schnell greifen können, dass die Jugendlichen bis zum zweiten Test in irgendeiner grundlegenden Weise die Kernkompetenzen gelernt haben könnten, die sie dann für die PISA-Studie 2003 hätten vorzeigen können.

Zum Glück gab es auf der Verwaltungsebene eine Einsicht, und die Länder beschlossen, einige Änderungen vorzunehmen, die sich erst

2007 in der Form der zentralen Prüfungen äußerten, und ab dem Jahr 2017 auch eine bundesweite Zentralisierung ermöglichen sollten. Auch die bis dahin eher auf inhaltliche Leistungen ausgerichteten Lehrpläne wurden ersetzt oder ergänzt durch Lernziele in Form von Kompetenzformulierungen.

Einen umfassenden Eindruck von dem Wechsel zur Kompetenzorientierung habe ich noch nicht erhalten. Ein wenig habe ich das Gefühl, dass man in einigen Kollegien noch ein wenig mit dem Konzept fremdelt. In manchen Fächern, wie in Englisch, kann man mit einigen kosmetischen Änderungen fast genauso weiter unterrichten, wie zuvor. Das liegt aber daran, dass Englisch schon immer eine gewisse Kompetenzorientierung enthielt und die neuen Lehrpläne nur ein wenig herumgeschoben werden mussten, um dem neuen Konzept zu entsprechen. An diesem Punkt, also dem neuen Fokus auf Kompetenzen, würde ich aber ansetzen, weil er für viele wünschenswerte Änderungen eine Grundlage liefert.

Perspektiven für die Schule

Jetzt will ich aber erst einmal nicht allen Verdienst nur den Einflüssen von außen zusprechen. Auch die Landesregierung ist, sogar schon vor PISA, tätig gewesen. Im Jahr 1992 wurde die Bildungskommission NRW von dem Ministerpräsidenten Johannes Rau damit beauftragt, die Rolle, Funktion und Struktur des Schulwesens im Land genau zu analysieren und auf der Grundlage ihrer Expertise eine Reihe nachhaltiger und langfristiger Reformen anzuregen. Die Kommission war mit Experten aus allen möglichen Bereichen besetzt, denen man ein Mitspracherecht in der Sache zugestanden hatte. Sie erarbeitete einen Bericht, den sie zum Abschluss ihrer Arbeit im Jahr 1995 einreichte und veröffentlichte[68]. Der Bericht mit dem Titel "Zukunft der Bildung - Schule der Zukunft" enthält eine beeindruckende Bandbreite an Forderungen und Vorschlägen der Umsetzung. Einige Vorschläge wurden auch

---

68 Ausnahmsweise verweise ich für eine Zusammenfassung auf einen Wikipedia-Artikel, der den Bericht ganz gut zusammen fasst:
https://de.wikipedia.org/wiki/Bildungskommission_NRWhttp://library.fes.de/pdf-files/gpi/00946.pdf

umgesetzt. Es hatte mich ein wenig gewundert, dass Dinge, die ich als selbstverständlich angesehen hatte, eigentlich noch gar nicht so lange üblich gewesen sind, insbesondere die Bewerbungspflicht für neue Lehrer an Schulen, die vorher per Zuweisung durch das Land geregelt wurde. Auch sollten Schulen in die Eigenverantwortung und die Selbstverwaltung überführt werden.

Ein Herzstück der Reformanregungen war aber die Konzeption der Schule als "Haus des Lernens", ein Begriff, den man schon vorher gelegentlich hören und lesen konnte und der seitdem immer mal wieder als Echo erklungen ist. Es tauchen zahlreiche Forderungen und Ansprüche auf, die man heute genauso noch stellen würde. Es gab Vorschläge, wie man das bewerkstelligen könnte, ohne das ganze System gleich zu kippen, aber an dem Haus des Lernens wird immer noch kräftig gebaut. Inzwischen gibt es beispielsweise Schulversuche, in denen das 45-Minutenschema aufgelöst wird, aber meistens wird es dann durch einen anderen Rhythmus ersetzt, statt über ganz andere Formen des eigenständigen und selbstorganisierten Lernens den Bildungsprozess zu gestalten. Es gibt allerdings Beispiele, wie das eigenverantwortliche Lernen und Arbeiten (ELA) und natürlich länger bestehende Lernformen, wie die Wochenplanarbeit.

In Teilen des Berichts wird auch auf die Abschlüsse ein Blick geworfen, und ich musste feststellen, dass eine Idee, die ich einbringen wollte, schon mehr als 20 Jahre alt ist. Ist aber nicht schlimm. Entweder spricht es dafür, dass ich die richtigen Schlüsse ziehe oder dass die Änderungsvorschläge so nahe liegend sind, dass man wirklich noch einmal darüber nachdenken sollte, sie auch wirklich mal konsequent durchzusetzen. Die Frage, ob Abschlussprüfungen, etwa im Fach Englisch, überhaupt ein geeignetes Mittel darstellen, die Verfügbarkeit bestimmter Kompetenzen oder inhaltlichen Wissens nachzuweisen, hatte ich schon angezweifelt, akzeptiere aber, dass es eine praktikable, vergleichbare und regulierbare Maßnahme darstellt, um alle Schüler des Landes zentral zu prüfen und eine gewisse Fairness zu gewährleisten. Eine mündliche Prüfung wäre vielleicht angemessener, aber der Personalaufwand wäre enorm.

Der Punkt ist, dass wir zwei Paradigmen haben, die sich ziemlich genau gegenüber stehen. Auf der einen Seite steht die Zentralisierung und Standardisierung, auf der anderen Seite ist die Individualisierung der schulischen Bildung. Und hier muss es einen Konsens und eine Vereinbarung geben, dass eine Entwicklung in eine der beiden Richtungen oder ein entsprechender dritter Königsweg gefunden und konsequent verfolgt werden muss. Beide Extreme haben Vor- und Nachteile.

Derzeit wird eindeutig in Richtung Zentralisierung gearbeitet. Schulen haben die gleichen Aufträge und arbeiten mit den gleichen Zielsetzungen. Die Vorgaben und Lehrpläne sind sehr präzise formuliert und teilweise sehr eng gefasst. Am Ende steht ein standardisierter Test in Form einer zentralen Abschlussprüfung, die an allen Schulen zur selben Zeit geschrieben wird. Dies soll für Vergleichbarkeit sorgen und Schulen in die Verpflichtung nehmen, ihre Schüler auf das gleiche Niveau zu bringen, wie alle anderen Schulen auch. Es bietet auch eine Kontrolle über das Output und kann auf eventuelle Probleme aufmerksam machen. Dies ist aber auch das Kniffelige. Denn gleichzeitig haben Schulen nicht immer die gleichen Voraussetzungen. Manche sind personell schlecht aufgestellt, materiell unterversorgt und kämpfen mit anderen widrigen Umständen, die es schwierig machen, im Vergleich mit gut laufenden Schulen mitzuhalten. Ihnen fehlt dann auch die Flexibilität, alternative Programme zu fahren oder Kompensationsstrategien zu entwickeln.

Das andere Extrem wäre eine Befreiung der Schulen von äußeren Zwängen, die ihnen freie Hand in der Gestaltung ihrer Arbeitsweisen und ihrer inhaltlichen und pädagogischen Ausrichtung gäbe. Immerhin ist das Personal der jeweiligen Einrichtung über viele Jahre geschult worden und ist letztlich im öffentlichen Dienst des Landes angestellt. Ein Grundvertrauen sollte es da doch schon geben. Aber der Gedanke, die Schulen derart von der Leine zu lassen, macht es allen Personen, die einen Blick in die Praxis geworfen haben, schwer, nicht zu glauben, dass das zu gewaltigem Chaos führen würde. Mir selbst rollen sich bei dem Szenario die Fußnägel auf, und ich bin durchaus ein Fan der Deregulierung. Vielleicht liegt das daran, dass das Thema ab und zu mal aufgekommen ist und dann schnell Ideen auf dem Tisch waren, wie Profilbildung oder gleich die vollständige Privatisierung des Bildungssektors. So weit muss man aber gar nicht gehen. Das vertrauensvolle Gewähren einer gewissen Freiheit in der verantwortungsvollen Gestaltung des eigenen Schulprofils und der Abläufe bei einer gelegentlichen Qualitätskontrolle wäre keine schlechte Idee.

Meine Schule ist da ein sehr schönes Beispiel. Falls Sie es nicht wissen: Waldorfschulen haben eine strukturelle Besonderheit in der gymnasialen Oberstufe. Es gibt keine wirkliche Qualifikationsphase. Die Waldorfschulen melden ihre Schüler in der 13. Klasse zu den zentralen Prüfungen an, die dann zusammen mit allen anderen Schulen in Nordrhein-Westfalen geschrieben werden. Diese Klausuren werden für eine externe Zweitkorrektur an eine Staatsschule weiter gegeben. Für das Abiturzeugnis gelten dann fast ausschließlich die in dieser zentralen Prüfung erzielten Noten zusammen mit zwei mündlichen Prüfungen, die zusammen mit Kollegen einer Staatsschule durchgeführt werden, sowie zwei Noten in Verlaufsfächern. In den gesellschaftswissenschaftlichen Fächern können wir wie vor der Zentralisierung die Klausuren selbst erstellen und zur Bewilligung einreichen. Auch wenn das System seine Tücken hat, weil zum Beispiel ein Formtief während der punktuellen Prüfungen das ganze Abitur ruinieren kann, ist es dennoch ein großer Segen, denn es werden den Waldorfschulen große Freiheiten gelassen, den Weg bis dahin zu gestalten. Profan gesprochen könnten unsere Schüler mit der Ausnahme der Realschulprüfung in der 11 bis zum Abitur Däumchen drehen und in der Nase popeln. Würden sie es dann trotzdem schaffen, in der Prüfung eine 1 zu schreiben, hätten sie diese 1 auch auf dem Zeugnis. Dass das auch anders herum klappt wissen wir gut genug, um unsere Kinder nach Kräften bei ihrem Lernprozess zu unterstützen, und dabei ist es sehr hilfreich, Stundenpläne flexibel gestalten zu können, Klausuren sinnvoll im Kalender zu platzieren und zwischendurch auch mal locker lassen zu können, wenn der Druck zu groß wird.

Einmal war ich morgens noch geschäftlich unterwegs und sprach mit den Kollegen einer anderen Schule. Im Gespräch erwähnte ich, dass mein Englischkurs in der 13 gerade eine Klausur schreibt und dass ich deshalb so bald wie möglich gehen müsste. Ich hätte ihnen gesagt, dass sie schon einmal ohne mich anfangen könnten, ich würde ein wenig später kommen. Natürlich stellte sich die Frage, ob die Schüler nicht schummeln und unruhig sind, wenn sie gar nicht beaufsichtigt werden. Meine Antwort war ein Schulterzucken "Wozu? Das würde ihnen überhaupt nichts bringen. Dann hätten sie eine gute Note in einem Test, die nicht ins Zeugnis einfließt und aus der sich auch keine Ansprüche ableiten lassen. Das habe ich vorher mit ihnen geklärt. Außerdem hätten sie dann nicht die Gelegenheit wahrgenommen, herauszufinden, was sie schon können. Es handelt sich übrigens um eine alte Klausur vom Bildungsserver. Wollten sie schummeln, hätten sie sich vorher den Erwartungshorizont runtergeladen.", und als ich in den Klassenraum kam saß mein Kurs da, es war still, und alle waren mit ihrer Klausur beschäftigt. Zugegeben, den Luxus der Gelassenheit konnte ich mir in der Situation erlauben, weil der Kurs das Schreiben dieser Klausur vorher aktiv eingefordert hatte, weil sie noch unsicher bei der Analyse von Dramen waren. Mit manchen Gruppen habe ich auch schon einmal nach Absprache an einem Samstag geschrieben, als es keine andere Möglichkeit gab. Manchmal lass ich weit mehr Arbeiten schreiben, als an einer Staatsschule üblich wäre, insbesondere wenn meine Lerngruppe etwas kleiner ist. Meine Kinder kommen am Ende jedenfalls immer ganz gut zurecht.

Dieses Geschenk des Vertrauens seitens der Regierung nehmen wir mit großer Dankbarkeit an und gehen damit möglichst verantwortungsvoll um. Denn die gleiche Regierung, die uns diese Freiheiten einräumt, versohlt uns auch gewaltig den Hintern und kann unseren ganzen Laden dicht machen, falls wir einmal richtigen Mist bauen, insbesondere falls wir durch ersichtliches Eigenverschulden sehr wenige Abiturienten eines Jahrgangs ins Rennen schicken können oder diese immer wieder katastrophal abschneiden.

Daraus folgt aber trotzdem nicht, dass ich jetzt für die Umwandlungen aller Schulen in Waldorf- oder Privatschulen plädiere. Neben den vielen guten Eigenschaften hat das System seine ganz eigenen Macken. Aber diese Kombination aus grundsätzlicher Freiheit und unterstützender Ergebniskontrolle ist ein Arbeitsmodus, in dem ich sehr gerne arbeite. Mich würde es auch nicht stören, wenn die Ergebniskontrolle durch eine freundschaftlich beratende Prozesskontrolle ergänzt würde.

Das Beispiel meiner Schule zeigt jedenfalls, dass es möglich ist, auch außerhalb eines rigiden Systems zu arbeiten, und auch Staatsschulen könnten sich eine gewisse Flexibilisierung zunutze machen. Man könnte entweder wie an Waldorfschulen den Prozess bis zu den Prüfungen entzerren und individuell gestalten lassen oder die punktuellen vergleichenden Abschlussprüfungen aufgrund ihrer wackeligen Validität in Frage stellen und durch ein abschließendes Gutachten oder ein anderes alternatives Zertifizierungssystem ersetzen. An meiner Schule gibt es Noten erst in den höheren Schuljahren, und ansonsten ein ausführliches schriftliches Zeugnis. So anstrengend es auch ist finde ich es immer wieder sehr erhellend, Gutachten für meine Schüler zu schreiben, und freue mich über die Möglichkeit zur Reflexion. Im Endeffekt finde ich sie aussagekräftiger, als eine Zahl von 1 bis 6. Dies würde auch dem gesellschaftlichen Trend der verkürzten Darstellung entgegen wirken, der in der Instant-Gesellschaft noch einmal Aufwind bekommen hat.

Soweit es meine eigene Einschätzung betrifft wäre es notwendig, an Schulen einige Bereiche auszubauen und eine organische Verbindung von Lernen und Leben zu ermöglichen. Die Grundschule würde so arbeiten, wie sie es im Wesentlichen schon lange getan hat, und insbesondere erste soziale Kompetenzen fördern, während das Lesen, Schreiben, Schwimmen und die Grundrechenarten vermittelt werden. Weiterführende Schulen würden mit dem steigenden Kompetenzniveau der Schüler einen besonderen Fokus auf die Vermittlung von Werten und insbesondere der Selbstkompetenz legen, also auf die Fähigkeit, den eigenen Lernprozess als wichtig für die Entwicklung als Mensch zu erkennen und die Fähigkeit auszubilden, diesen Lernprozess eigenständig zu gestalten.

Nach dieser ersten Phase würden in der jetzigen Mittelstufe in einem Medienkurs die Möglichkeiten, Grenzen und Gefahren des Umgangs mit neuen Medien und Medienkompetenzen im möglichst umfangreichen Sinn des Begriffes vermittelt. Und erst dann würde ein unlimitierter Zugriff auf diese Medien empfohlen. Dies würde einen Ausbau des Kommunikationsnetzes und des Sozialkontrakts zwischen der Schule und den Elternhäusern erfordern. Wenn die Schüler die entsprechenden Lernfähigkeiten erworben haben und verantwortungsvoll mit digitalen Medien umgehen können, kann bei der anhaltenden progressiven Wertevermittlung und Charakterstärkung ein System greifen, in dem die Zukunft nach der Schullaufbahn vorbereitet wird, und diese wäre in drei Teile unterteilt: das lebenslange Lernen, die Bewältigung des Lebensalltags und die Erwerbstätigkeit. Wer dann eine akademische Karriere einschlagen will, kann auf den erworbenen Kompetenzen aufbauen und sich spezialisiert oder allgemein auf das Studium vorbereiten. Parallel zur praktischen Lebensvorbereitung, der Vermittlung einer grundlegenden Allgemeinbildung und der Charakterbildung durch ein entsprechendes soziales Umfeld könnten Fächer wie Mathematik in all diesen Bereichen weiter geführt werden, jedoch weniger als selektionsrelevantes Fach, sondern als Indikator für Lernfähigkeiten und die Entwicklung der verknüpfenden kognitiven Fähigkeiten der Schüler. Politische Bildung müsste intensiv betrieben werden, damit die Schüler die Funktionsweisen des Systems verstehen können, in dem sie aufwachsen, und ihre Rolle als mündige Bürger wahrnehmen können, statt sich von kurzlebigen Versprechungen und kurzsichtigen Agenden leiten zu lassen. Religion würde durch einen an Religionen und Weltanschauungen ungebundenen Unterricht abgelöst, in dem die Kulturen und Religionen der Welt betrachtet und interkulturelle Kompetenzen vermittelt werden. In höheren Jahrgängen würde dies auch durch Philosophieunterricht gestärkt. Eine Stärkung des Sportunterrichts im Fächerkanon wäre ebenfalls sinnvoll, um in einer zunehmend sitzenden Gesellschaft auch die Freude an Bewegung zu fördern oder wiederzufinden. Auch sehe ich keinen Grund, den Hauswirtschaftsunterricht auf spezielle Schulen zu beschränken. Überhaupt könnte man bei der Gelegenheit überlegen, einen Vorschlag der Bildungskommission von 1995 aufzugreifen und auch die Unterrichtszeiten so zu flexibilisieren, dass normaler gemeinsamer Unterricht zugunsten eigenständiger, aber dennoch unterstützter, betreuter Fortbildung mit regelmäßiger Lernkontrolle reduziert wird. Ein Problem des bisherigen Stundenplansystems ist trotz vieler organisatorischer Vorteile, dass man davon ausgehen muss, dass die Schüler zu bestimmten Zeiten und in bestimmten Zeiträumen offen für bestimmte Fächer sind. Man kann immer versuchen, die Schülerschaft zu motivieren, aber lernsensible Phasen sind nicht planbar.

Im Endeffekt müsste man zur Veränderung des Schulsystems weitere heilige Kuh schlachten. Mit etwas gutem Willen kann man behaupten, dass unser dreigliedriges Schulsystem mit den zusätzlich existierenden sonderpädagogischen Einrichtungen eine besondere Form der

Leistungsdifferenzierung darstellt. Aber so wie ich es seit meiner Kindheit durchgehend erlebt habe, ist es das Abbild einer akademischen und sozialen Hierarchie, in der gesellschaftliche Missstände durch das Ziehen von Trennlinien für bestimmte Bevölkerungsgruppen fortgeführt werden. Und auch denen, die ganz oben in der Hackordnung stehen, bringt das wenig. Wenn Sie genauso wie ich unter Akademikern aufgewachsen sind und im Bildungssektor an der "Spitze der Bildungsgesellschaft" arbeiten oder gearbeitet haben, werden Sie wissen, dass sich Gymnasien, deren Klientel und große Teile der Gesamtgesellschaft immer schon der stillen oder lauten Arroganz hingegeben haben, Gymnasiasten seien die besseren Menschen und würden die Zukunft der Gesellschaft gestalten. Dass die Gymnasien aber hauptsächlich als Denkfabrik Eierköpfe und abgehobene Elfenbeinturmbewohner erschaffen, die vom Leben in der echten Welt überfordert sind, wird diesen Institutionen regelmäßig vorgeworfen, und ganz ab vom Schlag ist diese Ansicht nicht. Trotzdem versuchen Eltern nach Möglichkeit, ihr Kind auch auf das Gymnasium zu schicken, welches auf den scheinbaren Andrang von künftigen Denkern in der Vergangenheit oft nicht durch eine härtere Auslese, sondern eine Anpassung der Anforderungen nach unten bei gleichzeitiger Steigerung des Drucks reagiert hat.

Während dessen werden die Realschüler mit einer soliden Grundbildung, pragmatischem Denken und vielen praktischen Fähigkeiten ausgerüstet, leiden aber immer wieder unter dem Stigma der Zweitklassigkeit, während ihnen viele Chancen auf dem Arbeitsmarkt verwehrt werden. Dass die Hauptschule in den Köpfen vieler eigentlich nur noch den Ruf der Sickergrube eines Sammelbeckens für soziale und intellektuelle Problemfälle hat, ist noch einmal ein ganz anderes Thema. Dass ich in die Stärkung von Gesamtschulen eine besondere Hoffnung setze, dürfte an dieser Stelle offensichtlich sein.

Wenn Gesamtschulen gestärkt werden und entsprechend ihres allgemeinbildenden und das Elternhaus unterstützenden erzieherischen Auftrags handeln sollen, muss auf Dauer auch die Ausbildung der Lehrer reformiert werden, was über einen langen Zeitraum auch sehr hohe Investitionen erfordern würde. Da kämen wir unabhängig von dem letztlich gewählten Konzept nicht drumherum.

Die Lehrperson müsste Grundfähigkeiten vermitteln können, aber in späteren Phasen der Bildung eine Lehrbegleitung sein, die fähig ist, die Aufgabe der intensiven Begleitung, Beratung und gelegentlichen Lernstands-erhebung wahrzunehmen und Eigenständigkeit zu fördern, ohne dass sich das einzelne Kind allein gelassen fühlt. Gerade in der Oberstufe würde es die hochgradige Spezialisierung auf wenige Fächer, meist zwei, auflösen und gleichzeitig die didaktische und pädagogische Ausbildung des Lehrpersonals mehr betonen. Eine stetige und regelmäßige Weiterbildung würde für die eigene Professionalisierung essentiell werden, so dass dieses bestehende Angebot in seiner Qualität gesteigert werden und regelmäßiger wahrgenommen werden müsste. Es ist zwar ein unnötiger Seitenhieb, aber ich habe inzwischen oft genug Schulz von Thun beigebracht bekommen und traue mich schon fast nicht mehr, einen Kurs zu besuchen, bei dem es um Kommunikationsstrategien geht, weil es scheinbar kaum etwas anderes gibt. Der Mann ist super, aber ich habe schon in meiner Schulzeit in zwei Fächern seine Theorie durchkauen müssen.

Die Zentralisierung und Standardisierung würde ein Konzept, bei dem die Schüler ihren eigenen Lernprozess gestalten, nicht gefährden, auch wenn am Ende wahrscheinlich weniger die etablierten Fächer und deren Inhalte abgefragt werden müssten, als die erworbenen Kompetenzen in den selbständig ausgewählten Fachbereichen oder vorher festgelegten Kernfächern. Die meisten in diesem Abschnitt angesetzten Ideen sind übrigens nicht neu oder irgendwelche persönlichen Träumereien, sondern sie basieren auf den endlosen Mengen an Konzepten für die Errichtung des Hauses des Lernens, die, wahrscheinlich von der Kommission angeregt, seit Langem von allen möglichen Seiten formuliert worden sind. Solange dies nicht bereits geschehen ist, wäre die erneute Durchführung einer Kommission "Zukunft der Bildung" begrüßenswert.

Mini-Reformen im Unterricht

Auch ohne Reformen auf der übergeordneten Ebene können Schulen Maßnahmen in die Wege leiten, um den geänderten Ansprüchen und dem Fortschritt des wissenschaftlichen Dialogs gerecht zu werden.

Für die einzelne Lehrkraft und das Kollegium ist heute mehr denn je eine Koordination und Kooperation notwendig. Das gestaltet sich aber als eine schwierigere Sache, als man annehmen sollte. Wenn ich an dieser Stelle vorschlage, dass man mit einer positiven Einstellung an die Schülerschaft herantreten sollte und sich nicht dem Gedanken hingeben sollte, dass die ganze Generation defizitär ist, würde die Idee auf Zustimmung treffen oder als Allgemeinplätzchen abgenickt werden. Wenn ich aber fordere, dass man den Schülern mehr zutrauen sollte, dass man die Lernprozesse mehr in ihre Hände legen sollte, dann wird es zwar bejaht, aber dann melden sich schnell die kritischen Stimmen, die auf die eine oder andere Weise den Schülern diese Kompetenzen absprechen. "Eine nette Forderung, die aber nur von einem Gymnasiallehrer kommen kann. Versuchen Sie das mal an einer Real- oder Hauptschule.", heißt es dann. Diese Stimmen haben teilweise Recht. Wenn man in einer Klasse versucht, eine vollkommen neue Lernkultur zu etablieren, wenn die Schüler vorher noch gar keine Berührung damit gehabt haben, dann braucht es entweder eine gewaltige Menge an Zeit und Gewöhnung, oder man setzt auf die Novität des Ansatzes, bis die Schüler dessen überdrüssig werden. Beides ist ungünstig, und weil es kein Fundament gibt, steht dann auch ein mühsam aufgebautes Haus auf wackeligem Grund.

Kooperative Lernmethoden dürften als ein gutes Beispiel dienen. All diesen Methoden ist gemein, dass sich Schüler zunächst alleine mit einer Aufgabe beschäftigen und die Ergebnisse ihrer Arbeit für sich festhalten. Im zweiten Schritt findet in einer kleinen Gruppe ein Austausch statt, in dem die Ergebnisse verglichen, besprochen und zusammen geführt werden. Am Ende wird das Ergebnis anderen, meistens der ganzen Klasse, vorgestellt. Durch die Verteilung verschiedener Aufgaben und die Aufteilung des Materials auf die verschiedenen Gruppenmitglieder bekommen alle Schüler je einen Teil des Gesamtpuzzles. Diese Methodengruppe hat viele didaktische und soziale Vorteile, weshalb sie mit Nachdruck in die verschiedenen Schulen getragen und den Kollegien nahe gebracht wurde. Nun ist das Problem, dass sich Schüler auf diese Methode einlassen und den tieferen Sinn dahinter erkennen können müssen. Wenn sie es nicht aus den letzten Schuljahren und dem sonstigen Unterricht gewohnt sind, werden sie die neue Methode bestenfalls kurz interessant finden, weil es mal eine Abwechslung ist. Aber sie werden irgendwann die Methode hinterfragen, ihre Effizienz anzweifeln oder sich schlichtweg nicht auf die Methode einlassen und statt dessen in den privaten Modus wechseln oder die Aufgabe anders bearbeiten, als vorgesehen. Dann werden den Mitschüler Textabschnitte weggenommen oder die Einzelarbeitsphase wird übersprungen.

Für die geordnete und wohldosierte Übergabe von Verantwortung an die Schüler im Großen wie im Kleinen braucht es also eine ordentliche Absprache im Kollegium, damit alle Kollegen zu einer Lernkultur beitragen können, in der die Schüler nachvollziehen oder wenigstens akzeptieren können, dass Lernprozesse manchmal kleinschrittig abzulaufen haben und die Fähigkeit zur Reflexion erfordern, die über Jahre gefördert werden muss. Konkret würde es im gegebenen Beispiel bedeuten, dass das gesamte Kollegium kooperative Lernmethoden regelmäßig, korrekt und sinnvoll einsetzt und dies im Idealfall mit einer gewissen Überzeugung tut oder zumindest nicht vor der Klasse Signale sendet, dass man die Methode eigentlich albern und unnötig findet.

Wenn Sie regelmäßig Bundestagsdebatten verfolgen oder in anderen Zusammenhängen mit einer größeren Ansammlung von Akademikern in Kontakt gekommen sind, werden Sie wissen, dass der Konsens ein glitschiger Aal ist. Alle Teilnehmer einer Diskussion über Didaktik sind langjährig akademisch vorgebildet und haben ihre individuellen Erfahrungen gemacht und persönliche Arbeitsmuster entwickelt. Wenn man dann versucht, eine Neuerung einzuführen und die Kollegen auf Linie zu bringen, ist das ein Ding der Unmöglichkeit, solange nicht ein Wunder geschieht oder die Leitung mit eiserner Hand durchgreift. Im offenen Gespräch wird es immer jemanden geben, der es besser zu wissen glaubt, jemanden, der sich die Arbeit mit der Innovation nicht machen will, jemanden, der aus kleinlichen Gründen Widerstand leistet, und mindestens einen, der ein Lippenbekenntnis ablegt und dann doch nicht mitzieht. Denn was sich in der Schülerschaft als problematisch herausstellt, das zeigt sich auch im Kollegium.

Einmal beschwerte sich ein Kollege an einer meiner Vertretungsschulen darüber, dass die Schüler die Cafeteria nicht ordentlich hinterlassen. Er forderte, einen Dienst einzuführen, die Aufsicht zu verstärken und die Schüler zur Sauberkeit anzuhalten.

Gleichzeitig habe ich noch an keiner einzigen Schule gearbeitet, in der nicht fast das gesamte Kollegium benutzte Tassen in die Küche zurück bringt oder sich die Mühe macht, die Tasse nicht auf- sondern in die Spülmaschine zu stellen - vom Ein- und Ausräumen und der Bedienung des Gerätes ganz zu schweigen. Das übernahmen immer die Sekretärinnen oder sehr wenige Lehrkräfte, wenn der Leidensdruck zu groß wurde. Jedenfalls gilt es, Strategien zu entwickeln, Konsens und die konsequente Durchführung von Neuerungen einzufordern und innerhalb des Kollegiums eine Basis zu schaffen, auf deren Grundlage alle miteinander arbeiten können, um im Notfall auch wirklich an einem Strang ziehen zu können. Der Frage, wie man mit Schülern umgehen sollte, geht erst einmal die Frage voraus, wie mit dem Kollegium umzugehen ist.

Im Unterricht werden wahrscheinlich einige Grundsätze immer wichtiger sein. Die Schüler brauchen akzeptable Antworten auf die Fragen, warum sie ein Thema jetzt gerade behandeln oder eine Methode durchführen und wie das ihren Lernprozess bereichert. Die regelmäßige Reflexion mit dem gelegentlichen Sprung auf die Metaebene darf nicht gescheut werden, weil sie für Transparenz sorgt. Auch der Unterricht muss durch Methoden und Materialien flexibler werden, allein wegen der Notwendigkeit der individuellen Förderung und Binnendifferenzierung. Gerade weil Lehrer kein enzyklopädisches Wissen haben, um jede Nachfrage sofort zu beantworten, müssen sie nun andere Wege finden, um sich Glaubwürdigkeit zu verschaffen. Verbindliche Absprachen mit dem Elternhaus und eine diplomatische Zusammenarbeit werden essentiell sein, um gemeinsam zu arbeiten, aber auch Grenzen klar zu machen und auf Verpflichtungen aller Beteiligter hinzuweisen.

Gezielte Eingeständnisse können da in manchen Fällen weniger ein Zeichen der Schwäche sein, als eines der Offenheit. Als ich zur Schule ging, zeigte uns unser Chemielehrer das Modell eines Atoms. Er erklärte es und merkte irgendwann an: "Ja, das Modell, dass ihr in diesem Buch seht, ist schon uralt, und es ist erwiesenermaßen falsch, aber es hat noch keiner eine bessere Veranschaulichung gefunden, also müssen wir damit leben." Er erklärte dann, wie man sich das Atom mehr oder weniger vorstellen müsste und arbeitete mit uns weiter. Durch solche Aktionen kann sicher gestellt werden, dass sogar die

Naturwissenschaften ein sich wandelndes Feld sind, weshalb Lehrbücher nicht etwa Lügengeschichten präsentieren, sondern dass der wissenschaftliche Kenntnisstand ein Produkt von Absprachen und aufrichtiger Arbeit ist. Auch dass die Geschichte von den Siegern geschrieben wird und jede gesellschaftliche Lehre auf ihre ethnozentrische Auslegung zu betrachten ist, sollte vorweg genommen und den Schülern transparent gemacht werden. Es geht hier gewissermaßen um die Notwendigkeit von Präventivschlägen gegen das Internet und seine Agenten, selbst wenn es eigentlich nichts Böses will.

Und das wäre für die pädagogische und didaktische Arbeit in der Institution Schule auch der letzte Punkt. Wir müssen uns zwingen, auf dem neuesten Stand zu bleiben, und mit neuen Trends und neuen Technologien vertraut machen und Wege finden, sie aktiv in den Unterricht zu integrieren oder wenigstens damit umgehen zu können, dass ihr Einfluss auf verschiedenste Weise bis ins Klassenzimmer wirksam sein kann.

Brauchen wir ein neues Internet?

Am 19. Juni 2013 äußerte sich die Bundeskanzlerin Angela Merkel während einer Pressekonferenz, die sie zusammen mit dem US-amerikanischen Präsidenten Barack Obama abhielt, folgendermaßen: "Das Internet ist für uns alle Neuland."
Diese Bemerkung hat für viel Spott gesorgt. Fairerweise muss man die Aussage in dem Kontext sehen, in dem sie gemacht wurde, auch wenn es die Sache nicht viel besser macht. Es ging um nationale Sicherheit, denn das Internet war in dieser Hinsicht ein Schwachpunkt, den man bis dahin noch nicht wirklich behoben hatte. Einerseits hatte man die Möglichkeiten der Digitalisierung und der globalen Vernetzung mit Begeisterung genutzt. Aber es gab bis zu diesem Zeitpunkt keine Strategien oder entsprechendes Personal, um sich gegen Hackerangriffe auf Homepages, Handys und staatlich geführte Organisationen zu wehren, die Angreifer zurückzuverfolgen oder Gegenmaßnahmen zu ergreifen. Auch für Propaganda und andere Manipulationen bot das Internet ein Einfalltor. Seit dem Abhörskandal aus dem selben Jahr sind wahrscheinlich auch alle Mitglieder der

Regierung davon überzeugt worden, für Dienstliches ihre verschlüsselten Handys zu nutzen. Und neulich, also im April 2017, wurde immerhin das Cyber-Kommando der Bundeswehr eingeweiht, welches solchen Problemen entgegen wirken sollte. Es wurde allerdings sofort angemerkt, dass die verfügbaren Stellen nicht attraktiv genug sind, um Fachkräfte mit dem notwendigen Kompetenzniveau anzuziehen.

Die meisten, die sich anlässlich des Kommentars der Kanzlerin belustigten und brüskierten bezogen sich darauf, dass Deutschland eben sehr langsam auf die digitale Wende aufmerksam geworden war und immer noch ein wenig hinterher hinkt, was das rechtliche, technologische und politische Feld angeht. Das bedeutet übrigens nicht, dass das rechtliche und organisatorische Feld weltweit sehr viel besser geregelt ist. Tatsächlich fremdeln die Behörden der meisten Nationen immer noch gewaltig mit neuen Technologien und können, wollen oder dürfen diese nicht zu ihrem Vorteil nutzen. Personal, das sich auskennt, zieht es in der Regel vor, selbständig zu arbeiten und sich anheuern zu lassen. Und das ist sowohl profitabel, als auch relativ leicht verdientes Geld. Im Moment sieht es noch so aus, dass sich die technische Kompetenz im Umgang mit neuen Medien immer noch in Kaskaden darstellt, und das ist ganz witzig zu beobachten. Eine Generation bezahlt teilweise ungeheure Beträge, damit eine jüngere Generation ein einfaches technisches Problem löst, das die wiederum nächste Generation bereits mit einer kurzen Google-Suche bearbeiten könnte und eventuell sogar den Durchblick hat, es auch so zu lösen.

Die Gesetzeslage ist aber für Behörden genauso problematisch wie für einzelne Personen. Spezielle Themen des digitalen Raumes, wie etwa Cyber-Mobbing oder Revenge-Porn, sind Bücher mit sieben Siegeln für die Beamten, selbst wenn es für ihr offline-Pendant klare Vorgaben gibt. Wo soziale Vernetzung aufhört und Stalking oder sexuelle Belästigung beginnt, ist im Netz scheinbar eine größere Frage. Dazu kommt die Anonymität, die das Internet gewährt, und die Möglichkeit, ein großes Publikum zu erreichen. In den letzten Monaten gerieten Internet-Plattformen, insbesondere Facebook, erneut unter Kritik, weil ihre Dienste von Straftätern genutzt wurden, um sich mit Verbrechen, wie Vergewaltigungen und sogar Mord, auch noch öffentlich darzustellen und die Opfer und deren Familien weiter

schädigten.
 Während lokale Anbieter für Internetverbindungen greifbarer sind, besteht für international handelnde Konzerne immer noch kaum eine Möglichkeit des Zugriffs. Nur unter großen Mühen war es möglich, die Betreiber von sozialen Plattformen zu nötigen, rassistische und kriminelle Inhalte aktiv aufzuspüren und möglichst schnell zu löschen. Diese beriefen sich nämlich auf die gegebene Neutralität des Internets und ihre Auffassung von Meinungsfreiheit. Außerdem wollten sie sich nicht zu Spielbällen der Zensurfreudigkeit einzelner Regierungen machen lassen. Und dann sind da noch Angebote und Anlaufstellen, wie Megaupload, Pratebay, Kino.to oder halt das gesamte Darknet.
 Megaupload gibt es seit 2012 nicht mehr. Es war ein Filesharingprovider, also ein öffentlich zugänglicher Datenspeicher, auf dem Dateien hinterlegt und für alle Nutzer verfügbar gemacht werden konnten. Unabhängig davon, was die erklärten oder geheimen Intentionen dieses speziellen Anbieters letztlich waren, entwickelte sich Megaupload irgendwann zu einem Sammelbecken für Piraten. Pirat ist Netzsprech für Personen, die sich ohne zu zahlen Musik, Videospiele, Bücher und andere Inhalte herunterladen und dadurch ein Diebstahlsdelikt begehen. Megaupload wurde jedenfalls für Musik das, was Piratebay für Videospiele war. Beide Internetpräsenzen wurden nach ausgiebigen Ermittlungen schließlich aufgelöst.
 Aber die rechtliche Verfolgung gleicht in diesem Fall einem Spiel "Whac-A-Mole". Ich werde in diesem Buch nicht darauf aufmerksam machen, aber genauso wie das Darknet ist auch das öffentliche Netz voll von illegalen Anbietern für alles, das sich irgendwie digitalisieren lässt. Das hat so weit geführt, dass sich Teile der Musik- und Filmindustrie inzwischen mit einigen Kompromissen abgefunden haben. Ein Beispiel besteht darin, dass Musikvideos jetzt auf Youtube verfügbar sind und nicht mehr durch die GEMA gesperrt werden. Anders als bei Youtube oder Megaupload ist aber nicht immer ein Konzern oder eine Person zu erkennen, auf die man mit einem Stück Papier oder Handschellen zugehen könnte. Bei der Seite kino.to handelte es sich um eine Netzstelle, die wie eine Suchmaschine aufgebaut war. Man konnte einen Film suchen und bekam mehrere Dienste und Seiten aufgelistet, auf denen man sich diesen Film dann anschauen konnte - kostenlos, zumindest für die Zuschauer. Die

Server, auf denen die Videos gespeichert waren, verteilten sich über die ganze Welt und standen teilweise in Gegenden, in denen es keine oder sehr generöse Gesetze für Copyrights gab oder gibt. Das heißt, dass der Zugriff und die Verwendung für den Nutzer in seinem eigenen Land illegal ist und er dafür von seiner eigenen Regierung belangt werden kann, aber das Angebot des Anbieters in seinem Land eben nicht. Es ist ein wenig wie mit Ausflügen nach Holland. Wenn man sich dort die entsprechende Ware besorgt, kriegt man an der Grenze Probleme, und selbst wenn man das Zeug trotzdem durchgeschmuggelt hat, ist seine Verwendung oder Weiterverbreitung in Deutschland trotzdem illegal. Nur das Internet hat diese Grenzen nicht. Kino.to wurde trotzdem eingestampft, deshalb kann ich das Beispiel hier nennen. Und für alle jüngeren Leser: Ja, ich weiß.

Obwohl viel schief läuft ist das Internet eine neutrale Instanz und kann eine Macht des Guten sein. Wie ich erwähnte sträuben sich Anbieter von Internetdiensten nicht, bestimmte Inhalte zu entfernen, weil sie schlechte Menschen wären und rassistische oder kriminelle Inhalte toll fänden, sondern weil die Interpretation dessen, was nicht angemessen ist, nicht bei einzelnen Organisationen oder Regierungen liegen darf, selbst wenn diese Interpretation sehr nahe liegt. Die Befürchtung muss beachtet werden, dass, wenn erst einmal die Schleuse geöffnet wird, diese so schnell nicht mehr zu schließen ist. Hier verweise ich noch einmal auf das Thema des Ethnozentrismus. Es gab damals und gibt heute noch Regionen, in denen Gedanken wie Demokratie, Frauenrechte und kultureller Pluralismus - sogar allgemeine Menschenrechte - als genauso gefährlich betrachtet wurden oder werden, wie bei uns Rassismus oder Nationalsozialismus. Aus unserer Sicht ist es deshalb sogar gut, dass diejenigen, die für Veränderung sorgen wollen, im Schutz der Anonymität arbeiten können.

Diese Beispiele sollen noch einmal einen Überblick darüber geben, wie wir derzeit aufgestellt sind. Die Probleme auf der höchsten Verwaltungsebene, die Schwierigkeiten mit der Gesetzgebung und die nahezu unmögliche Strafverfolgung oder Regulierung soll, ähnlich wie beim Thema der Schule, deutlich machen, wie schwierig es ist, umfassende Veränderungen zu ermöglichen. Hier sprechen sogar auch positive Gründe dafür, nicht allzu begeistert Lösungen zu fordern, die eine Regulierung oder Absetzung des Internets zu fordern. Bleiben wir aber mal im Rahmen unserer eigenen Gesellschaft, stehen der positiven Nutzung und Veränderung des Umgangs mit neuen Medien einige Einstellungen im Weg, die schwierig aus unseren Köpfen zu verbannen sind.

Eine Grundeinstellung, die wir loswerden müssen, findet sich bei den vornehmlich jüngeren Nutzern, die geschütztes geistiges Eigentum im Netz stehlen, indem sie Musik und Videospiele herunterladen oder Filme im Netz schauen. Weil sie eine klare Grenze zwischen der Welt der physisch greifbaren Dinge und der digitalen Welt sehen, ergibt sich für sie eine Logik, die ihnen in manchen Fällen jedes Schuldbewusstsein verwehrt. Wann immer auf den Tatbestand des Diebstahls hingewiesen wird, werden diese drei Argumente geliefert: "Musik und Videospiele sind sowieso zu teuer. Die zocken uns doch nur ab, und trotz der Piraterie schwimmen die doch im Geld. Also kann das nicht so schlimm sein." ; "Ich hätte mir unter normalen Umständen niemals dieses Spiel gekauft, weil ich es mir nicht leisten kann. Darum ist kein echter Schaden entstanden." ; "Wenn ich einen Apfel stehle, ist er weg, aber wenn ich etwas im Netz runterlade ist es immer noch da. Also habe ich im Endeffekt nichts gestohlen."

Das erste Argument kann man relativ einfach entkräften, weil es einer Logik folgt, mit der man auch reiche Menschen auf der Straße überfallen oder ihre Häuser ausrauben könnte. Man kann sich für sein Verhalten als Widerstandskämpfer feiern lassen, aber im Endeffekt bekennt man sich zu seiner Straftat, weshalb es nicht einmal ein wirkliches Argument ist. Das zweite Argument ist schon schwieriger, weil es auf kurzsichtigem Egoismus aufbaut, dessen Schädlichkeit erst dann ersichtlich wird, wenn man im größeren Kontext daran denkt, wie sich ein solches Verhalten auf diejenigen auswirkt, die für das Produkt bezahlen. Je mehr Menschen so denken, wie es das zweite Argument nahe legt, desto mehr Leute würden sich ebenfalls denken, dass sie ihr hart verdientes Geld nicht für etwas ausgeben wollen, das sich andere einfach gratis holen. Hier wirken Neid und Geiz in einer Synergie, die aber gerade sehr jungen Nutzern nicht so einfach erklärt werden kann. Das dritte Argument gilt sogar Erwachsenen als ein absolutes Totschlagargument und ist auch sehr schwierig glaubhaft zu entkräften. Mit einem möglichen Gegenargument haben sich inzwischen aber auch einige Autoren beschäftigt. Nelson Granados hat sich zum Beispiel in einem Artikel für das Magazin Forbes mit eben diesen Argumenten auseinandergesetzt[69]. Er schreibt, dass die Mentalität, einfach alles illegal herunterzuladen, statt dafür zu zahlen, insbesondere neuen Künstlern schadet, die auf Einkünfte aus dem Verkauf ihrer Produkte angewiesen sind. Durch die Piraterie würde auf lange Sicht kein Anreiz mehr entstehen, sich im Netz mit neuen Ideen zu präsentieren oder überhaupt in dem Bereich der Film- und Musikproduktion aktiv zu bleiben. Was aber im Kern des Arguments schief läuft ist, dass die Bezeichnung des Delikts als Diebstahl eben diese Vergleichbarkeit mit dem Mundraub nahe legt, von der man sich dann abgrenzen kann. Es geht vielmehr darum, die Faulheit und den Geiz des entsprechenden Nutzers offen zu legen, um das Argument zu entkräften. Weil im Netz aber an jeder Ecke eine Möglichkeit besteht, Piraterie zu betreiben, müsste man auch einen kritischen Blick auf das gesamte Regularium werfen und erst einmal akzeptieren, dass bestimmte Menschen keine Schuldgefühle bei einem Diebstahl haben, der ihnen derart leicht gemacht wird.

Dennoch sollten wir trotz derartiger Schattenseiten davon absehen, das Internet und das Handy oder alle verfügbaren anderen Neuheiten sofort anzuklagen und für alles verantwortlich zu machen, was in unserer Gesellschaft schlecht ist. Auch wenn es sich um einen geeigneten Sündenbock handelt, der viele echte und ausgedachte Projektionsflächen bietet, ist das nicht der richtige Weg, mit unseren gemeinschaftlichen Aufgaben umzugehen. Einen Sündenbock zu suchen bedeutet nämlich, ein Problem von sich wegzuschieben und sich dadurch echte Arbeit und unangenehme Fragen zu ersparen. Insbesondere dann, wenn man zwar behauptet, eine bestimmte Sache ausgemacht zu haben, aber nichts dagegen tun zu können, kann man mit ruhigem gewissen die Hände in den Schoß legen und sich anderen Problemen widmen. An der Stelle muss man sich dann aber fragen, warum man sich überhaupt reihenweise über die Jugend und die gesellschaftlichen Zustände aufregt, wenn man eh nicht vorhat, sich für eine Verbesserung einzusetzen. Geht es darum, sich besser zu

---

69 Artikel von Nelson Granados für das Forbes Magazine vom 03.12.2015: https://www.forbes.com/sites/nelsongranados/2015/12/03/how-piracy-hurts-the-filmmakers-and-artists-you-admire/#2bf939134554

fühlen, mal ein wenig Dampf abzulassen oder Gesprächsstoff zu haben, um darüber Wagenladungen an Artikeln und Büchern zu schreiben? Wir müssen eine neue Debatte darüber anfangen, was genau das Problem ist, wo man die Ursachen sehen könnte und ob es denn überhaupt einen echten Bedarf an einer Lösung gibt. Zum Beispiel wird in jeder Generation auf verschiedene Weise der Generationenkonflikt aufgearbeitet und festgestellt, dass die vorangegangene Generation die gleichen Konflikte hatte und frühestens seit Sokrates dieses Spiel immer und immer wieder wiederholt. Mit diesem Buch wollte ich auch anregen, sich nicht auf dieses alte Muster zurückfallen zu lassen, sondern mit der gegebenen Situation zu arbeiten.

Dazu kommt auch die Notwendigkeit, unser Befremden nicht durch Diffamierungen auszudrücken. Dinge, die wir nicht kennen und denen wir nicht zustimmen, bekommen in den Berichterstattungen gewisse Spitzen, die einfach nicht angemessen sind. Computerexperten oder Menschen mit Hobbies im digitalen Unterhaltungssektor als Nerds und Geeks zu bezeichnen und über sie zu spötteln grenzt genauso an Beleidigung und Diskriminierung wie die Darstellung dieser jungen Leute in Filmen und Serien, in denen sie meistens als Freaks, Perverse, verzweifelt Einsame, Einzelgänger, Stubenhocker oder unattraktive Loser dargestellt werden. Aus den endlosen Beispielen ist eines besonders bemerkenswert. Es geht um die damalige Berichterstattung der RTL-Sendung Explosiv über die Gamescon, eine Messe für Videospiele. Es wurde darin kaum ein Klischee oder Vorurteil ausgelassen, und die Motive und Personen wurden so gewählt und zusammengeschnitten, dass der gewünschte Eindruck bestärkt wurde[70]. Diese Überzeichnung löste eine derartige Welle des Protests aus, dass in der folgenden Sendung eine halbherzige Entschuldigung folgte[71]. Dabei gaben die Kritiker durchaus zu, dass ihre Gemeinschaft gewöhnungsbedürftig ist und auf uninformierte Beobachter angsteinflößend wirken kann.

Um noch kurz bei dem Thema zu bleiben muss ich noch einmal darauf verweisen, dass wir auch die so genannten "Killerspiele" aus

---

70 https://www.dailymotion.com/video/xkpns0_bericht-zur-gamescom_fun
71 https://www.youtube.com/watch?v=WVdF1t4SthY

der falschen Sicht betrachten. Es ist noch einmal eine ganz andere Debatte, die ich mir hier ersparen möchte, aber die Neigung, die Ursache des Problems auf eine einzige Quelle zu reduzieren, ist bequem aber gefährlich. Neben dem Verhältnis von Ursache und Wirkung und dem Umstand, dass fast jeder Junge irgendwann mit gewaltaffinen Videospielen in Berührung kommt. Allein die Verkaufszahlen des Videospiels GTA V, die nicht einmal die illegal erworbenen Kopien und geteilte Nutzungen mit einrechnen, zeigen entweder, dass es weit mehr erwachsene Gamer gibt, als demographisch nachvollziehbar ist, oder dass das Spiel auch von Minderjährigen gekauft und gespielt worden ist. Dann kommen die von mir ausführlich beschriebenen sozialen und systematischen Faktoren hinzu, sowie die Verfügbarkeit von Waffen, die bislang eher ein US-amerikanisches Problem gewesen ist.

Ich werde jetzt nicht auf das Waffenlobby-Argument zurückgreifen. Man kann die Hersteller, die Vertreiber, die Verantwortlichen, die Gesellschaft und die Konsumenten selbst in jeder beliebigen Konstellation anklagen und kommt am Ende zu nichts. Wenn unsere Kinder einen Internetzugriff haben, werden sie diesen auch benutzen. Wenn sie eine Videospielkonsole haben, werden sie Videospiele spielen. Wenn sie Geld haben, werden sie Dinge kaufen. Und wir können uns nicht gegenseitig die Verantwortlichkeit zuschieben, eine Kontrolle vorzunehmen. Wir müssen uns da koordinieren und uns nicht gegenseitig in den Rücken fallen. Aber zuerst müssen wir einen Konsens darüber finden, ob es sinnvoll, förderlich oder notwendig ist, den Kindern gefährdende Videospiele wegzunehmen oder andere Maßnahmen zu ergreifen. Soweit ich die Eltern, mit denen ich gesprochen habe, verstehe, herrscht hier übrigens das gleiche Problem wie mit der viel zu frühen Herausgabe eines Handys, nämlich die Angst, das eigene Kind zu isolieren.

Die Probleme werden auch gesehen, weil das Internet, anders als Alkohol, Tabak und Zucker, nicht nur ein Konsumgut, sondern ein Werkzeug ist. Allein sein kommerzieller Nutzen ist ein Grund, weshalb eine Abschaffung zu diesem Zeitpunkt außer Frage steht. Einige Handlungsoptionen haben wir uns inzwischen sowieso komplett verbaut. Wenn das Internet wirklich die Wurzel alles Bösen wäre, könnten wir es nicht wirklich absetzen. Was sollten wir denn tun? Sämtliche Glasfaserkabel aus dem Boden reißen, die Satelliten aus dem All schießen, die Serverfarmen abbrennen und sämtliche Geräte einkassieren, die kabellose Verbindungen ermöglichen? Und selbst dann gäbe es sicherlich noch Wege, das Internet zu nutzen. Wie bei den Versuchen, Alkohol zu verbieten, gäbe es dann noch Versorgungsrouten (oder Router) und geheime Netzwerke. Wir müssen es akzeptieren. Das Internet ist jetzt da, und wir müssen damit leben.

Ob eine Regulierung wie bei den Fernsehanbietern möglich wäre, ob man mit den Internetanbietern sprechen könnte oder ob eine Aufhebung der Anonymisierung im Netz überhaupt machbar ist kann ich überhaupt nicht einschätzen. Auch wenn es gute Gründe gibt, die Finger vom Internet zu lassen, bin ich über die Jahre zu der Ansicht gelangt, dass es auf Dauer besser wäre, die Anonymität aufzuheben. Unter ihrem Deckmantel erwacht nämlich das Schlechteste in den Menschen. Ein Fall, den ich in einer Zeitung während eines Aufenthalts in Mesum gelesen habe, liefert ein gutes Beispiel, was gerade nicht so gut läuft. Jemand hatte sich wohl ein wenig zu viel Alkohol gegönnt und meinte, es wäre angemessen, einem Politiker einen Drohbrief zu schreiben. Weil er es über ein nicht anonymes Netzwerk getan hatte, konnte die Nachricht zurück verfolgt und der Mann zur Rechenschaft gezogen werden. Es ist nur ein kleines Beispiel, aber wir müssen uns klar sein, dass wir in einer Instant-Gesellschaft leben, in der wir unsere Impulse im Griff haben müssen, was immer schwieriger wird, weil wir eine Ressource immer griffbereit haben, mit der wir innerhalb von Sekunden spontane Einkäufe tätigen, Aktionen organisieren, Mitmenschen kontaktieren, Wildfremde belästigen und jeden noch so trivialen Gedanken der ganzen Welt mitteilen können, selbst wenn wir im Nachhinein vielleicht doch davon abgesehen hätten. Mir ist aber klar, dass viele in einer Aufhebung der Neutralität einen ersten Schritt in Richtung des dystopischen Szenarios eines Überwachungsstaats sehen.

Genauso wie sich bei der Schule Standardisierung und Flexibilisierung gegenüber stehen, geht es hier um den Konflikt zwischen Freiheit auf der einen Seite und Sicherheit auf der anderen. Die Entanonymisierung des Internets würden viele als großen Rückschritt bezeichnen. Sie würden eine Gesellschaft prophezeien, wie sie George Orwell in seinem Roman "1984" beschrieb, in der "Big Brother" die gesamte Gesellschaft überwacht und eine böswillige Regierung diese Überwachung gnadenlos für ihren Vorteil nutzt. Andere Szenarien beschreiben den Überwachungsstaat mit dem gläsernen Bürger als ein System, das unfähig ist, das menschliche Handeln im Hinblick auf die menschliche Natur zu interpretieren und Versicherungskonzernen dazu verhilft, jedes kleine Vergehen gegen die ideale gesunde Lebensführung mit Geldstrafen zu belegen und die gesamte Bevölkerung nur noch zu gängeln.

Die Gegenseite ist dagegen sehr still. Eine funktionierende Gesellschaft, in der alle Menschen einen ordentlichen Umgang miteinander pflegen, weil sie sich nicht voreinander verstecken können, während ein wohlwollender Staat eine zurückhaltende und verantwortungsbewusste Kontrolle ausübt, bietet nicht viel Stoff für mitreißende Filme oder Bücher. Naja, höchstens als Parodie wie im Film "Demolition Man". Der Punkt ist, dass Kontrolle mit Verantwortungen und der notwendigen Kompetenz einhergehen muss, die daraus gewonnene potentielle Macht nicht zu missbrauchen. Und eben weil dieses Vertrauen nicht gegeben wird oder gegeben werden kann, wird ein solches Konzept abgelehnt. Wir neigen als Menschen, eigentlich aus gutem Grund, dazu, vom bösen oder schwachen Willen anderer auszugehen. Es gibt aber zumindest zwei Argumente, noch einmal darüber nachzudenken, zumindest die Aufhebung der Anonymisierung zu akzeptieren.

Erstens ist die Rückverfolgung der eigenen Aktivitäten in einem gewissen Rahmen bereits möglich, sei es durch Cookies, den Umstand, dass manche Menschen nicht wissen, wie man sich sicher im Internet bewegt, oder weil viele schon offen all ihre Geheimnisse von ihrem Rechner aus in die Hände sozialer Netzwerke und anderer Anbieter legen. Außerdem liegen alle Verbindungsdaten den Internetanbietern vor, und die wenigsten Benutzer machen sich Sorgen um die Verschlüsselung ihrer Verbindungen oder die Nutzung von Proxy-Servern.

Zweitens: Wer wirklich Anonymität benötigt, der kann sie sich so oder so herstellen. Wer sich auch nur leidlich mit den neuen Technologien auskennt, ist dem Staat und dem normalen Konsumenten ohnehin weit voraus, und das Tolle an der Freiheit ist, dass sie sich immer Bahn schlägt. Es würde ja genügen, den Zugriff auf ein anonymisiertes Netz gerade so schwierig zu gestalten, dass der normale Nutzer erst eine gewisse Motivation aufbauen muss, sich wirklich dort einzuklinken. In dem Fall gäb es eine Ebene des offiziellen Netzes, in dem jede Person als sie selbst unterwegs ist, dann eine Ebene des privaten Netzes, die dem aktuellen Internet entspricht und nicht an sich illegal ist, aber ähnlich "obskur" ist, wie das heutige Darknet, und das heutige Darknet wäre dann halt eine Art weitere Ebene, wenn sie denn unbedingt nötig ist. Die meisten Nutzer würden im offiziellen Netz die üblichen Seiten nutzen, die jetzt schon mehr oder weniger das Surfverhalten dominieren. Für neue Seiten gäbe es zwar etwas Bürokratie, aber sie könnten sich nach und nach dem öffentlichen Netz anschließen. Wer das anonyme Internet nutzen will, würde das tun können, aber er wüsste dadurch, dass er sich aktiv einen Zugriff verschaffen muss, genau, dass er sich in einen Bereich begibt, der kaum reguliert ist und eine Art Maskenball darstellt, bei dem man nie wirklich wissen kann, wer einem gerade in den Po gekniffen hat.

Wie gesagt, der moderne Mensch ist sich seiner Manipulierbarkeit bewusst, und deshalb ist er sehr sensibel für entsprechende Einflüsse. Um die Daten nicht "den Konzernen" oder der Regierung in die Hand zu geben könnte man über die Schaffung einer neuen Instanz nachdenken, die neutral und unabhängig von allen anderen Mächten ist und direkt vom Volk als Vertrauensperson gewählt wird. Ich weiß, dass diese Vorschläge naiv wirken, und sie sind es unter den gegebenen Umständen wohl auch - technologisch wie auch sozial. Aber ich glaube, dass wir das Internet in unsere offline-Welt integrieren müssen, weil sich die Welten bereits jetzt unkontrolliert vermischen und, wie es scheint, die Welt des Internet bei der Vermischung die Oberhand gewinnt, und es ist ein tendenziell noch chaotischeres Abbild unserer eigentlichen Gesellschaft und Natur.

Und es ist wichtig, diese zunehmende Vermischung wahrzunehmen. Wenn das alles nicht geht und das Internet so bleibt, wie es ist, müssen wir unsere Kompetenzen und die unserer Kinder verbessern, damit das Gute, das das Netz bereit hält, genutzt werden kann, ohne dass die negativen Aspekte einen Einfluss üben. Ein einfacher Anfang wäre, sich ein wenig zurückzuhalten und Geduld zu üben. Viele

Peinlichkeiten und Konflikte ließen sich verhindern, würde man sich nicht immer sofort seinen Ärger von der Seele schreiben. Bevor ich eine wichtige Mail verfasse, die aber ein wenig warten kann, schlafe ich noch einmal darüber, insbesondere wenn ich diese ansonsten im Rahmen eines bestehenden Konflikts schreiben würde. Meine Mails kontrolliere ich vor dem Abschicken auf Fehler und Passagen, die man mit etwas bösem Willen falsch interpretieren könnte. Und ich habe mir angewöhnt, nur so zu schreiben, wie ich es auch öffentlich und vor eventuellen Dritten äußern könnte. Es geht hier um die von mir zuvor erwähnte und notwendig bewusst zu machende Problematik des geschriebenen Wortes und die Netiquette, ein Thema, das erstaunlich oft versandet und gleichzeitig selten aus der Mottenkiste gekramt wird. Natürlich sollte man bei allem, was man ins Netz stellt, davon ausgehen, dass es von anderen gesehen werden könnte, aber das muss jeder für sich klären. Es ist auch ein Thema, das wiederum immer wieder ins Bewusstsein geholt wird, und auch ich habe es in diesem Buch angesprochen. Sich um den guten Ton und die soziale Nutzung aller Teile des Netzes für sich und andere zu kümmern dürfte auf Dauer sehr belohnend sein. Es ist anzuraten, die Mottenkiste mal zu öffnen und mal kräftig durchzulüften.

<u>Was kann die Erziehung leisten?</u>

Bei mehreren Gelegenheiten hat Angela Merkel noch eine zweite Äußerung gemacht, die ihr immer wieder als naiv und wenig einsichtig vorgeworfen wird. Es geht um ihren Rat, eine gemeinsame Lösung zu finden. Es klingt auch wie ein sehr schlabberiges Allgemeinplätzchen, und wenn sie diesen Spruch zum Beispiel im Angesicht von Unruhen in Afrika oder dem Israelisch-Palästinensischen Konflikt äußert, ist das wirklich ein Grund, sich zu wundern. So einfach ist das nicht immer. Im friedlichen Alltag ist es aber eine Routinehandlung, Probleme mit direkter und offener Kommunikation zu lösen. So wie es aussieht, steht unserer Bereitschaft, zu dieser einfachen Lösung zu greifen, auch im Alltag eine seltsame geistige Blockade im Weg.

Ein Problem, das derzeit eher der jungen Generation in die Schuhe geschoben wird, ist gerade die Unfähigkeit, zu kommunizieren, selbst in einer vollkommen vernetzten Welt. Es ist aber ein Manko, das alle Menschen teilen, ich nehme mich da gar nicht heraus. Der moderne Mensch ist nicht nur seiner Manipulierbarkeit bewusst, er neigt außerdem dazu, seinem Umfeld im Zweifelsfall einen bösen Willen oder Inkompetenz vorzuwerfen. Diese Angewohnheit ist allgemein bekannt, denn sie zeigt sich im Alltag immer wieder. Es ist einfach, über jemanden zu reden, aber es wird selten mit dieser Person gesprochen. Es ist ein solches gesellschaftliches Klischee, dass Filmemacher es regelmäßig überzeichnen. Ohne die Konflikte, die durch die mangelnde Bereitschaft eines Charakters zu einer vernünftigen Aussprache ausgelöst werden, würde einem Großteil der Handlungen der Aufhänger oder die dramatische Zuspitzung fehlen.

Im Alltag finden wir diesen Konflikt in der Angst, das eigene Kind könnte ausgegrenzt werden. Ich habe dazu zwei Beispiele gegeben. In meinen Klassen haben die Kinder etwa einen Monat lang sehr intensiv über GTA V gesprochen; und dann hatte es jeder durch, oder es genügte klar zu machen, dass man so knallhart ist, sich ein solches Spiel besorgt zu haben. Und ich hatte Schüler, die das Spiel nicht gespielt hatten. Sie wurden nicht deswegen ausgegrenzt. Wer das Spiel über Monate hinweg immer wieder ins Gespräch gebracht hatte, das waren wir, die Erwachsenen. Und die Schüler, die kein Handy hatten, während der Rest der Klasse nach und nach damit ausgerüstet wurde, waren auch nicht außen vor. Wer keine Möglichkeit hat, einer WhatsApp-Gruppe beizutreten, wird halt telefonisch informiert, wenn es was Neues und Wichtiges gibt. Normalerweise übernehmen das die Schüler freiwillig und machen auch darauf aufmerksam, wenn jemand sein Handy gerade nicht nutzen kann, keines besitzt oder sein Handy gewechselt hat. Natürlich macht das Fehlen eines Handys einige Dinge im sozialen Bereich ab einem gewissen Alter schwieriger, wie ich dargestellt habe. Aber die Jugendgemeinde ist nicht eine Art Club, in den man nur mit Handy, coolen Anziehsachen oder Ballerspielen Eintritt erhält oder daraus irgendeinen Platz in der VIP-Lounge beanspruchen kann.

Das scheint Eltern nicht immer bewusst zu sein, und manchmal wundere ich mich darüber, dass die Elternabende und die sonstigen Möglichkeiten der Kommunikation und Vernetzung so wenig genutzt werden, um sich zu informieren und abzusprechen. Klar, auch bei den

Eltern treffen verschiedene Philosophien aufeinander, und niemand wird sich vom Rest vorschreiben lassen, wie er oder sie mit dem eigenen Kind umzugehen hat. Aber trotzdem sollten sich Eltern mit ihrem Umfeld regelmäßig in irgendeiner Form koordinieren, vielleicht mit der Hilfe einer neutralen Koordination. Für den Schulbereich, immerhin neben den Vereinen und der Gemeinde das größte soziale Umfeld, das das eigene Kind mit Gleichaltrigen teilt, könnte dies eine Person aus dem Kollegium sein. Schulen veranstalten immerhin regelmäßig Elternabende in den jeweiligen Klassen, und diese bieten eine gute Gelegenheit dafür. Die Eltern könnten auf diesen Elternabenden über den Stand des Schulalltags informiert werden, Absprachen treffen und sich gegenseitig in die Verantwortung nehmen, während sie sich gleichzeitig gegenseitig in ihrer Erziehungstätigkeit unterstützen. Sie hätten vor allem die Möglichkeit zu sehen, dass andere auch mit den gleichen Problemen konfrontiert sind. So würden Missverständnisse und auf der Grundlage von Fehlannahmen durchgeführte Übersprunghandlungen vermieden werden. Mancherorts wird das auch so gemacht, und es sollte definitiv ausgeweitet werden.

Für den Erziehungsalltag ist es ratsam, einige Vorstellungen zu aktualisieren. Den Gedanken abzulegen, dass man zu alt ist, um sich mit neuen Medien und Technologien zu beschäftigen, sollte eine erste Aufgabe sein. Abgesehen von inhärenten Vorteilen liefert es eine ganze Menge an pädagogischen Handlungsoptionen, sich mit ihnen vertraut zu machen, sowohl Hardware als auch Software. Es hilft, einen Teil der Lebenswelt des eigenen Kindes oder der Enkelkinder zu verstehen und eventuell ein Teil davon zu werden. Es baut den Vorteil ab, den ein Kind als Experte in Auseinandersetzungen im Zusammenhang mit dem Thema hat und macht die Eltern ebenfalls fähig, Argumente zu verstehen und zu einer sinnvollen Vereinbarung zu gelangen oder eine souveräne und selbstsichere Weisung zu äußern.

Ich habe mich selbst dieser Sache schuldig gemacht, aber die konsequente Trennung von der Internetwelt und der realen Welt ist heute auch nicht mehr opportun. Das Internet ist nicht irgendein ferner Ort oder ein Portal in eine andere Welt, sondern es wird mehr und mehr zu einem Teil der realen Welt. Ich schrieb eben, dass GTA nicht lange ein großes Thema gewesen ist. Wissen Sie, was seit Jahren und teils seit Jahrzehnten ein großes Thema ist, wenn es um Videospiele geht? World of Warcraft (in geringerem Maße), League of Legends und verschiedene Multiplayer-Apps. Alle diese Spiele haben gemein, dass sie nicht einfach allein im Kinderzimmer gespielt werden, sondern eine aktive Gemeinschaft haben. Es sind soziale Spiele, wenn man weiß, wie man damit umgeht. Für LoL müsste man mal schauen, dass man einen besseren Weg findet, um einem Kind die Möglichkeit zu bieten, in einer kooperativen und freundlichen Gruppe zu spielen. Auch der leider sehr kurze Hype um Pokémon Go zeigte, dass Internet- und Videospielkonsum nicht unvereinbar mit Geselligkeit sein muss, denn es führte neben Verkehrsunfällen und Leichenfunden auch zu sehr netten Runden im Park und sicherlich einigen Freundschaften. Das Spiel starb aber mit dem Ende des Sommers, und man kann gespannt sein, wie künftige Projekte diesen wesentlichen Problemfaktor in Zukunft überwinden, um dauerhaft die Präsenz von Aktivitäts- und Communityspielen zu fördern.

Überhaupt ist es für Eltern genauso wichtig wie für die Institutionen, das Internet nicht einfach zu verteufeln. Dennoch sollte es ernst genommen werden. Es führt ein Doppelleben als Konsumgut und Werkzeug. Früher wurde das Fernsehen, und später das Internet, als ein geheimer Erzieher bezeichnet. Heute geht es darüber hinaus und nimmt einen wesentlich größeren Einfluss auf den pädagogischen Prozess. Gerade was die Enkulturation betrifft, also die nicht zielgerichtete Einflussnahme auf Sozialisationsprozesse, ist das Internet inzwischen ein raumgreifender Faktor geworden. Deshalb ist es angebracht, ab und zu zu kontrollieren, wovon sich das eigene Kind gerade beeinflussen lässt oder was es im Netz tut, auch wenn das zu Konflikten führen kann. Eltern, die sich mit der Technologie auskennen, können dies aber auch tun, ohne ihrem Kind allzu sehr auf die Pelle zu rücken. Reden Sie mit einer Fachperson Ihrer Wahl darüber.

Den in den Medien präsenten Produzenten von Werbespots, Filmen, Sendungen und anderen Produkten würde ich manchmal gerne auf die Finger klopfen, wenn sie trotz der Regulationen wieder einmal einen Weg gefunden haben, die Jugend für sich zu gewinnen, indem sie sich im Generationenkonflikt auf deren Seite schlagen und über die Eltern herziehen. An dieser Stelle wäre eine gemeinsame Lösung in der Form einer gegenseitigen Unterstützung oder wenigstens einer verminderten gegenseitigen Bekämpfung und Ausnutzung ganz gut. Aber hier muss ich einfach auf ein wenig Mitgefühl für die ohnehin schon schwierige Arbeit der Eltern hoffen. Als Alternative gibt es aber auch Adblocker, um wenigstens die invasive Werbung abzuwehren.

Welche Entwicklung ist ersichtlich?

Mit dem theoretischen Teil und den Überlegungen zur praktischen Umsetzung bin ich nun fertig. Es bleibt mir nur noch, den obligatorischen Ausblick auf zukünftige Entwicklungen zu werfen und Ihnen für Ihr Interesse an meinem Buch zu danken.
Unser Leben wird sich allzu bald wahrscheinlich nicht von selbst entschleunigen. Die einzige Grenze, die scheinbar noch existiert, ist der Mensch selbst, der sich im Vergleich zu seinen Schöpfungen wie ein Faultier zu bewegen scheint. Bevor der Leidensdruck zu groß wird und wir eine teilweise Rückkehr auf die rechte Fahrspur erzwingen, werden uns noch einige Durchbrüche ins Haus stehen. Wir werden virtuelle Realitäten erleben, die immer authentischer werden, wir werden ganz neue Gebiete in der Robotik erschließen und eventuell durch Neuro-Technologie Wege finden, unsere Gehirne direkt mit Geräten und anderen Personen zu vernetzen, um noch schneller und unmittelbarer Informationen austauschen zu können. Genauso wie man sich früher ein wenig über die seltsamen Gestalten gewundert hat, die im Zug sitzend plötzlich mit einer nicht anwesenden Person zu plaudern begannen, wird man sich dann vor den geradezu telepathischen Fähigkeiten der zukünftigen Jugend ängstigen. Damit wir nicht genauso ablehnend und feindselig auf diese Entwicklungen reagieren, müssen wir jetzt anfangen, up-to-date zu bleiben und uns vornehmen, dies nicht aus den Augen zu verlieren.
Die nächste Generation wird genauso schrecklich sein, wie wir. Aber sie haben wenigstens die Chance, unserem kulturellen Klischee entsprechend nicht die Alten, also uns, im Stich zu lassen, bis es im Hausflur streng riecht, sondern den Kontakt aufrecht zu erhalten. Das geht aber nur, wenn wir uns auf die neuen Technologien einlassen, die sich wahrscheinlich noch ein wenig verändern bis wir alt und faltig sind.

Von anderen Dingen werden wir uns verabschieden müssen. Ich habe in einem Gespräch mit meinen Schülern mal Internetforen erwähnt und festgestellt, dass ihnen das Konzept kaum bekannt war. Auch im Bezug auf E-Mails habe ich schon einige Änderungen wahrgenommen, die auf deren Absetzung in fünf bis zehn Jahren hindeuten.

Einige positive Entwicklungen sind schon jetzt in der Einstellung der Jugend sichtbar, auch wenn ich hierfür nur meine Schüler heranziehen kann und es leider nicht verallgemeinern darf. Einmal merkte eine Schülerin an, sie würde ihr Kind im Hinblick auf den Handygebrauch wahrscheinlich ganz anders erziehen, als es ihre eigenen Eltern gemacht haben. Sie würde erst einmal sicher stellen wollen, dass das Kind auf den Gebrauch vorbereitet ist und es auch nicht allzu früh bekommt, um auch mal ein Leben ohne den Stress, für den es steht, erleben zu können und keine Abhängigkeit entwickelt. Sie meinte auch, dass das die meisten anderen Jugendlichen aus ihrem Bekanntenkreis ähnlich vorhaben. Die Klasse stimmte ihr zu. Der Klasse, meinem Abiturjahrgang von 2016, habe ich auch sehr gute Anregungen aus Gesprächen über Wertewandel zu verdanken.

Auf meine derzeitige Betreuungsklasse bin ich ebenfalls sehr stolz und blicke positiv in deren Zukunft. Sie haben das System ziemlich gut durchschaut. Von einem Schüler stammte der bemerkenswerte Kommentar: "Neulich haben sie aufgehört, über Aleppo zu berichten. Seit die ganze 'Action' (er meinte publikumswirksame Tragödie) vorbei ist, muss ich mich über irgendwelche Seiten informieren, was mit all den Leuten passiert.". Als ich mit der Klasse über die Gestaltung der Oberstufe sprach, waren sie bereit, zusätzliche Inhalte in ihren Stundenplan aufzunehmen, auch wenn sie nicht relevant für das Abiturzeugnis waren. Sie empfanden es als wichtig für ihr persönliches Wachstum. Als ich sie in einer Unterrichtseinheit im Fach Erziehungswissenschaft fragte, was Schule leisten solle, kamen erstmals seit langer Zeit nicht solche Antworten, wie "Ist doch egal, ich will mein Abi haben. Möglichst ein Gutes, und darauf will ich vorbereitet werden. Alles andere ist gerade für mich kein Thema.", oder "Es soll Spaß machen.". Was die Schüler an die erste Stelle setzten war, dass sie auf das Leben vorbereitet werden möchten, das nach der Schule auf sie wartet, um für sich die richtige Zukunft

auswählen zu können. An zweiter Stelle stand die Charakterbildung. Sie wünschten sich, als bessere Menschen die Schule zu verlassen. Erst an dritter Stelle stand dann die Allgemeinbildung im Sinne einer Ausstattung mit Fähigkeiten und Kompetenzen, das Alltagsleben zu bestreiten. Ich glaube zwar, dass es viel Arbeit erfordert, aber wir werden Wege finden, die scheinbaren Probleme dieser Generation nicht in die nächste Generation zu tragen.
Alles wird gut.